포르노 이슈

포르노로 할 수 있는 일곱 가지 이야기

포르노 이슈: 포르노로 할 수 있는 일곱 가지 이야기

발행일 초판1쇄 2013년 5월 10일 | **엮은이** 몸문화연구소
펴낸곳 (주)그린비출판사 | **펴낸이** 유재건 | **주소** 서울 마포구 동교로17길 7, 4층(서교동, 은혜빌딩)
전화 02-702-2717 | **이메일** editor@greenbee.co.kr | **등록번호** 제313-1990-32호

ISBN 978-89-7682-777-7 03300
이 도서의 국립중앙도서관 출판시도서목록(CIP)은 서지정보유통지원시스템 홈페이지(http://seoji.nl.go.kr)와 국가자
료공동목록시스템(http://www.nl.go.kr/kolisnet)에서 이용하실 수 있습니다.(CIP제어번호: CIP2013005238)

나를 바꾸는 책, 세상을 바꾸는 책 www.greenbee.co.kr

포르노 이슈

포르노로 할 수 있는 일곱 가지 이야기

몸문화연구소 엮음

ㄱB
그린비

차례

| 일러두기 |

1 이 책은 2012년 4월 21일 건국대학교 몸문화연구소 춘계 학술대회 '포르노(Pornography)를 말한다'를 위해 작성되어 발표된 원고들을 토대로 각 저자들이 보완·수정한 것을 묶은 것이다.
2 단행본·정기간행물에는 겹낫표(『 』)를, 그림·사진·영화 등에는 낫표(「 」)를 사용했다.
3 외국 인명이나 지명, 작품명은 2002년 국립국어원에서 펴낸 외래어표기법을 따르는 것을 원칙으로 했다. 다만 관례가 굳어서 쓰이는 것들은 관례를 따랐다.(예: 마셜 맥루한)

포르노를 말한다

-김종갑

1.

현대인에게 포르노는 무엇일까? 과거에 포르노를 보기 위해서는 청계천 노점상에 가서 외국의 잡지를 구입해야 했다. 구입하는 경로도 복잡하고 값도 비싸서 아무나 쉽게 손에 넣을 수 있는 노획물이 아니었다. 그러나 인터넷 시대는 포르노의 황금시대를 열어 놓았다. 마우스를 한 번 클릭하기만 하면 전광석화처럼 재빨리 포르노 세계(pornotopia)에 입장할 수 있다. 구태여 포르노를 찾아 나설 필요도 없다. 온갖 매체에 범람하는 유사 포르노물에 의해 사방팔방으로 융단폭격을 당하고 있기 때문이다. 과거와 달리 포르노는 특정 공간과 특정 시간대에만 있는 것이 아니다. 언제 어디서나 국경과 나이, 인종, 성별을 초월해서 도처에 편재하기 때문이다. 이러한 이유로 포르노에 대한 연구와 성찰은 과거 어느 때보다도 더욱 절실하고 시급한 형편이 되었다.

    1960년대 후반 이후로 유럽에서 포르노가 혁명과 반항, 자유라는 고상한 개념과 연결되었던 시절이 있었다. 가부장적 권위와 위선으로 봉인했던 금단의 열매를 따먹으면 성의 해방과 더불어서 새로운 시대가 열릴 것이라는 희망으로 부풀었던 시절이었다. 억압은 무조건적인 악(惡)이었으며 해방은 무조건적 선(善)으로 간주되었다. 포르노는 자유의 표현이며 상징이었던 것이다. 반면에 포르노를 성적 도착과 폭력으로 단죄하면서 "포르노는 이론이요, 강간은 실천이다"라고 외치며 금지와 검열, 법적 제재를 요구했던 도덕적 엄숙주의의 시기도 있었다. 또 성의 건강한 예술적 재현과 달리 포르노는 성의 대상화와 파편화, 비인간화를 조장한다는 비판이 세를 얻기도 했다. 그런가 하면 상상의 자유를 요구하면서 포르노를 옹호하는 세력도 있었다. 이와 같이 다양한 이해관계와 명분의 차이가 왁자지껄하게 이론적·정치적 각축을 벌이는 광장에 포르노가 놓여 있다.

그러나 몇몇 산발적인 논의를 제외하면 우리나라에서 포르노가 진지하게 논의된 적이 없었다. 내놓고 광장에서 이야기하기에는 불편한 사안이었다. 예술적 에로티카가 아니라 비속하고 외설적인 '야동'을 다뤄야 하는 경우에는 더욱더 그러하였다. 밀실 정치처럼 광장보다는 밀실에 어울리는 주제였으며, 학문적 논의로 끌어올리기에는 2%가 부족하다는 혐의에서 벗어나지 못했다. 진지한 논의가 어려웠던 또하나의 이유는, 연구자가 문학작품을 읽듯이 포르노를 '열심히' 또 '꼼꼼하게' 봐야 한다는 부담도 있었을 것이다. 그것은 학자로서 구미가 당기지 않을 뿐 아니라 체면을 구기는 일이었다. 또 연구자가 여성인 경우에는 혐오감의 문턱을 넘어야만 했다.

그럼에도 필자를 포함한 일곱 명의 연구진은 이 '불편한 주제'를 다루기로 의기투합하였다. 그것도 예술과 외설의 차이나 포르노의 역사, 통계자료와 같은 학문적 주제의 '우회로'가 아니라 '정공법'으로 나가기로, 즉 야동의 중심에서 야동을 말하기로 뜻을 모았다. 우리 연구진은 클라우드에 올려놓은 야동을 보고 분석과 토론을 해야 했으며, 또 관람하는 동안에 우리의 심리에 일어나는 미세한 표정과 뉘앙스의 변화를 살펴야 했다. 무엇보다도 야동에 취약한 현대인의 심리를 이해하는 것이 절실했다. 그런 다음에야 미래의 야동을, 여성의 야동을, 야동의 환상을, 야동과 현대사회의 관계를, 음란 규제 법리를, 야동과 진화론의 관계를 이야기할 수 있었다. 비록 바라보는 관점과 대상의 차이가 있기는 하지만 우리의 시선은 "왜 야동을 보는가?" 그리고 "왜 현대사회에서 야동이 범람하게 되었는가?"라는 질문으로 수렴될 수가 있다. 상아탑의 높은 고지에서 내려다보는 고고한 태도나 도덕적 훈계조는 우리와 거리가 멀다. 포르노에 전방위로 노출된 현대사회를 살아가는 동시대인으로서 포르노를 통해 우리 사회의 증상을 담론화하는 것이 우리 연구의 목적이었다.

2.

"이 시점에서 왜 포르노를 이야기해야 하는가?"라는 질문은 우리가 약 1년의 기간 동안 독회와 세미나, 토론을 병행하면서 각자의 주제를 정하고 초안을 작성하며 학술대회에서 발표를 하는 동안에, 마치 형사에게 쫓기는 피의자처럼 우리의 뒤를 따라다니며 심문하고 괴롭히던 질문이었다. 왜 하필 포르노인가?

연구에 착수했던 가장 큰 이유는 포르노가 일상화된 현대의 상황과 성적 욕망의 범람에서 찾을 수 있다. 새로운 상황의 등장은, 과거에 상상할 수 없었던 새로운 문제의식과 관점, 용어를 탄생케 하고, 이에 대한 분석과 진단을 불가피하게 만든다. 『플레이보이』와 같은 잡지가 전부였던 과거 포르노의 세계가 이제는 사이버섹스, 사이버 포르노게임, 음란 채팅, 몸캠, 섹스 인형 등으로 확대 재생산되기 시작하였다. 가(可)와 불가(不可)의 구별과 경계, 19금(禁)의 보호벽을 흘러넘쳐 일상으로 삼투된 포르노는 현대의 성적 욕망의 지형을 적나라하게 보여주고 있다. 성적 욕망이 일상의 일부로 자리를 잡은 것이다. 이 점에서 최근에 출판된 『포르노를 허하라』(2011)나 『욕망해도 괜찮아』(2012)와 같은 책들은 케케묵고 구태의연한, 시대착오적 문제의식을 보여 주고 있다고 말해도 과언이 아니다. 현재가 2010년대가 아니라 1970년대라면 그러한 책들도 나름대로의 도발적인 의미와 명분, 정당성을 가질 것이다. 이데올로기적 투쟁이 한창이던 1980년대 중반까지만 하더라도 욕망은 일종의 금기어처럼 여겨졌기 때문이다. 그러나 1988년 올림픽 이후로 우리나라의 지형이 욕망과 소비의 문화로 바뀌었다. 이미 1990년대 초반에 '욕망해도 좋다'는 구호가 일상의 언어가 되지 않았던가. 일상에서 포르노와 쉽게 접속할 수 있는 현재 우리는 새삼 "포르노를 허하라!"라며 광야의 선각자처럼 목소리를 높일 필요가 없다. "욕망하지 말라!"는 근엄한 대타자의 목소리는 이미 기억에서조차 가물가물하며 "욕망하라!"가 새로운 정언명령으로 우리를 옥죄는 시대에, 여전히 지금이 조선시대라는 듯 "욕망해도 괜찮아!"라고 인심을 쓰듯 말하는 것은 시대착오적이어도 보통 시대착오적인 것이 아니다.

여기에 우리 연구진이 포르노를 주제로 책을 내는 이유가 있다. 이러한 시대착오적 문제의식에서 벗어나 현재의 이름으로 현재를 말하기 위해 포르노 연구에 착수해야 했다.

　이 책을 기획한 첫째 이유가 포르노토피아적 현실 지형과 관련된 것이라면 두번째 이유는 보다 이론적이다. 현재까지 우리나라에서 포르노에 대한 연구서는 김수기 편집의 『섹스 포르노 에로티즘: 쾌락의 악몽을 넘어서』(1994)와 박종성의 『포르노는 없다』(2003)가 전부이다. 『섹스 포르노 에로티즘』은 욕망의 봇물이 막 터지기 시작하던 1990년대 초반의 현실에서는 매우 진보적이고 현실 간섭적인 작업이었다. 포르노는 이성애적이며 남성중심적이고 가부장적인 성규범에 대한 저항의 담론이 결집되는 지점으로 간주되었다. 1960~1970년대의 유럽에서 그러하였듯이 당시 에로티즘은 해방의 담론적 기능을 가지고 있었다. 그러나 2010년대 초반인 현재 포르노는 해방적이거나 저항적인 기능을 더 이상 가지고 있지 않다. 그것은 이제 거대한 유흥산업의 일부가 되었다. 자본은 성적 욕망에 무성하게 기생하고 있는 것이다. 이 점에서, 포르노물 하나 제대로 제작하지 못하는 우리의 현실을 개탄하는 『포르노는 없다』와 같은 책은 여전히 과거의 문제의식에 사로잡혀 있는 저서라고 할 수 있다. 우리 연구진은 포르노를 찬성하거나 금지하는 도덕적 논의나 당위성 여부에는 아무런 관심이 없다.

　포르노는 현대사회의 맥락과 떼어 놓고 성적 욕망으로만 단일하게 설명하기에는 너무나 복합적인 현상이다. 포르노는 성적 욕망이 과학기술 및 사회의 변동과 더불어서 진화한다는 사실을 가장 첨예하게 극적으로 보여 주는 공간이다. 젠더 차이, 인간관계, 스마트폰, 시각테크놀로지, 자본주의, 후기산업사회, 정보사회, 위험사회 등이 한꺼번에 어우러져서 포르노토피아의 지형을 변화시키고 있기 때문이다. 이러한 이유로 학제적으로 구성된 연구진은 복합적 현상으로서 포르노를 다루기 위해서 많은 토론과 고민을 해야 했다.

3.

포르노는 포르노그래피(pornography)라는 용어의 줄임말이다. 일상어로 유입되면 더욱 간단해지는 경향이 있어서 아예 폰(porn)이라고도 불린다. 이 용어의 역사는 의외로 짧아서 고대희랍어 'porne'(매춘부)와 'graphy'(이야기)를 합성해서 1857년에 처음으로 등장했으며, 'porno'라는 약칭은 1952년부터, 'porn'은 1962년부터 사용되기 시작하였다. 그러나 포르노 장르에 해당하는 글이나 책, 그림이 19세기에 비로소 등장하였다고 생각하면 안 된다. 이전에도 외설적 작품들은 존재했다. 일찍이 외설적 작품이 존재하지 않던 시대는 없었다. 조지프 슬레이드(Joseph W. Slade)의 『포르노와 성적 재현』(*Pornography and Sexual Representation*)에 의하면 최초의 본격적 외설서는 줄리오 로마노의 『체위』(*I Modi*, 1524)와 피에트로 아레티노의 『음란한 소네트』(*Sonetti lussuriosi*, 1527)였다. 신기하게 들리겠지만 계몽주의가 무르익던 18세기에 외설적 작품들이 유행하기 시작하였다. 대표적인 예로 유명한 계몽주의 철학자 디드로도 『경솔한 보석들』(*Les Bijoux indiscrets*)이라는 외설적 작품을 1748년에 출간했다. 중세에 음지에 갇혀 있었던 성적 쾌락을 백주 대낮에 이야기하는 것 자체가 계몽적 기획의 일부였다. 자신의 욕망에 대해서도 당당해야 한다고 생각했던 것이다. 같은 해에 출간된 존 클리랜드의 『패니 힐』(*Fanny Hill*)은 포르노의 고전에 속한다.

『포르노그라피의 발명』에서 린 헌트는 포르노가 원래는 극히 정치적인 작업이었다고 주장하였다. 18세기 말엽까지 포르노는 하나의 독립적 장르가 아니라 성을 이용해 기존의 권위를 비판하는 저항의 수단이었다는 것이다. 당시에는 노골적인 성의 묘사 자체가 지극히 전복적이었다. 적당히 감추어지고 은폐되지 않으면 기존의 도덕적 규범이나 정치체제가 유지될 수 없었기 때문이다. 외설 장르만큼 권력자의 위선을 폭로하기에 효율적인 수단을 찾기도 어려울 것이다. 육체적 욕망에 초연하다고 간주되었던 종교지도자들도 그들의 문란한 사생활이 폭로되는 순간에 평범한 대중들과 다를 바가 없게 된다. 포르노에는 성과 속, 도덕과 부도덕, 위와 아래의 차이를 해체하는 역할이 부여되었던 것이다. 금지되었던 성적 행동을 자유롭게 묘사함으로써 도덕적 규범의 허구성이 백일하에 폭로될 수 있었다. 이 점에서 『저스틴』(*Justine ou les Malheurs de la vertu*, 1791)이나 『침실의 철학』(*La Philosophie dans le boudoir*, 1795)과 같은 사드 후작의 작품은 전범적이라 할 수 있다. 성은 정치적이었던 것이다.

그러나 모든 포르노가 정치적이거나 해방적이지 않음은 물론이다. 한때 전복적이었던 포르노도 시간이 지나면 체제 순응적이며 보수적이 된다. 1960년대 후반에서 1980년대 중반까지 포르노의 정치적 황금기를 구가했던 미국이나, 1970년대까지 섹스에 정치적·저항적 메시지를 담았던 일본도 예외가 아니다. 섹스에 대해서 말하고 적나라하게 보여 주며 즐기는 행위 그 자체는 정치적이지 않다. 그것이 정치적 전복성의 효과를 발휘하기 위해서는 성적 욕망을 금하는 상징적 질서와 권위가 두 눈을 시퍼렇게 뜨고 있어야 한다. 그래야 "하지 말라!"는 권위의 명령에 외설적인 도전장을 내밀 수 있기 때문이다. 그러나 현대에는 "하지 말라!"고 금하는 상징적 대타자가 더 이상 살아 있지 않다. "금욕하라!"가 아니라 "즐겨라!"가 우리 시대의 구호이지 않은가. 쾌락이 권장되는 시대에 정치적이거나 해방적인 포르노를 기대하기는 매우 어렵다.

외설적 표현을 하거나 외설적 이미지를 보여 주면 큰일이 났던 과거와 달리 현대에는 포르노에 대한 연구도 이미 제도권으로 유입되고 있다. 앞서 소개된 책에서 헌트는 자신의 경험을 언급하면서 1992년이 그러한 연구가 제도화되는 시점이었다고 주장하였다. 이전에는 도서관에서 포르노 관련 자료를 열람할 때에 신분증을 제시하고 그 학문적 용도를 증명해야 했지만 이후로는 그런 번거로운 절차를 거치지 않고도 자유롭게 열람할 수 있었다는 것이다. 그러한 자유로운 분위기가 확산되면서 대학에서도 포르노에 대한 과목이 설강되기 시작하였다. 포르노 연구로 유명한 린다 윌리엄스가 재직하는 버클리대학, 그리고 애리조나대학에 그러한 과목이 설강되어 있다.

4.

포르노가 무엇인지 확실하게 정의를 내리는 일은 쉽지 않다. 엄밀하게 정의하려 하면 할수록 그것은 더욱더 애매모호하고 경계가 불분명해지는 듯이 보인다. 헌트는 "성적 감정을 일으킬 목적으로 성기나 성행위를 노골적으로 묘사한 재현물", 수전 구바는 "여성의 몸에 강박적으로 카메라를 들이대면서, 일차적으로 남자를 위해서 만들어진 특정 젠더 장르", 캐서린 매키넌과 안드레아 드워킨은 "시각적·성적으로 적나라한 여성의 성적 지배"라고 포르노를 규정하였다. 유명한 미술사가인 케네스 클라크는 "직접적으로 행동을 자극하는 재현물은 예술이 아니다"라고 주장하였다. 이러한 정의가 포르노를 이해하는 데 아무런 도움이 되지 않는다고 말하려는 것은 아니다. 이것은 방향을 가르쳐 주기는 하지만 대답까지 알려 주지는 않는다. 예술 작품과 포르노의 차이를 분명하게 가를 수가 없기 때문이다. 남녀의 사랑이 지배적인 소설에서 성적 감정을 일으키지 않는 묘사를 찾는 것은 거의 불가능한 일이다. 또 르네상스 시대의 루벤스와 렘브란트를 비롯해서 근대의 로댕이나 피카소에 이르기까지 적나라한 성적 묘사가 등장하지 않는 그림을 기대하기는 어렵다. D. H. 로렌스의 『채털리 부인의 사랑』은 말할 나위도 없고 제임스 조이스의 난해한 『율리시즈』도 외설로 분류되어 판매 금지되었던 적이 있다. 그렇다고 예술과 포르노 사이에 차이가 없다고 주장하려는 것은 아니다. 양자 사이에 크고 작은 차이가 있음은 누구도 부인할 수 없다. 그러나 그 차이를 적시하는 것은 불가능하고, 또 바람직하지도 않다.

포르노의 정의가 불가능한 이유는 성적 재현물 자체보다는 그것을 읽고 보며 감상하는 독자의 존재로부터 찾을 수 있다. 과거 권위적이던 시대, 특히 신분사회에서는 소수의 지배자와 엘리트, 관료들이 예술과 문학, 학문적 담론을 지배했다. 어떤 작품이 외설인지 아닌지 판단하는 주체도 그러한 소수의 엘리트였음은 두말할 나위가 없다. 대부분의 일반 민중은 읽고 쓸 수 있는 교육을 받을 기회가 없었으며, 인권이나 평등이라는 개념을 접할 기회는 더구나 없었다. 먹을 것을 생산하는 노동이 민중의 몫이었다면 읽고 쓰고 판단하고 시비를 가리는 일은 엘리트의 몫이었다. 일반 민중은 옳고 그름이나 좋고 나쁨의 차이에 대해서 생각할 필요도 없었다. 예술과 포르노를 구분하는 것도 많이 배운 양반들의 소관이었다.

그러나 근대 이후 민주주의 사회로 접어들면서 상황이 일변하기 시작하였다. 이제 모든 국민들이 읽고 쓸 수 있으며, '나'가 이해하고 생각하는 바를 자유롭게 말할 수 있는 시대가 된 것이다. 이제 권위나 경찰의 눈치를 볼 필요도 없다. 이러한 민주주의적 상황에서 독자들은 독서와 해석의 자유를 마음껏 누릴 수 있다. 각자 자기의 관점과 처지, 심미안에 따라서 포르노와 외설의 차이를 판단하고 말할 수 있는 것이다. 여성은 여성으로서, 남성은 남성으로서, 아동은 아동으로서, 성인은 성인으로서, 노동자는 노동자로서 자신의 견해를 내놓을 수 있다. 이때 포르노에 대한 남자의 관점과 여자의 관점, 성인과 아동의 관점은 일치하지 않는다. 양자 사이에는 건너기 어려운 심연이 가로놓여 있는 것이다. 이러한 차이가 포르노와 예술의 차이에 대해 한 목소리로 말할 수 없는 원인이 된다. 민주주의는 하나의 권위적인 목소리가 아니라 다성(多聲)의 축제이기 때문이다.

위와 같이 개인의 권리와 자유가 번창하는 상황에서 사회는 포르노로 몸살을 앓으며, 인터넷에는 포르노물이 범람하고, 심지어 미성년자와 아동들이 수시로 포르노에 접속할 수 있다. 설상가상으로 포르노 중독자가 생겨나고, 특히 포르노를 즐겨 보았다는 성범죄자들의 진술에서 우리는 포르노가 성범죄를 자극하고 유도하는 촉매나 매개가 될 위험도 감지할 수 있다. 최근에 끔찍하고 잔인한 아동성추행 사건이 빈발하면서 포르노 규제에 대한 목소리가 세력을 얻고 있다. 인권의 이름으로 인권을 제한할 필요가 제기되고 있는 실정이다. 아직 성적으로 성숙하지 않았으며 자기방어의 능력이 없는 유약한 아동들이 성적 착취를 당하고 있다면, 이들의 인권을 지키기 위해서 국가는 포르노 이용자들의 자유에 족쇄를 채울 수가 있다. 이러한 규제의 요구는 한 발자국 더 나갈 수도 있다. 아동이 아니라 성인이 출연하는 영상물이라고 할지라도 여성을 하나의 독립된 인격체가 아니라 성적 대상으로 격하시키고 모욕을 주는 작품을 엄격하게 규제해야 한다는 것이다. 여성의 인권을 보호하기 위해서.

규제와 검열의 요구는 우리를 해묵은 논쟁의 와중으로 끌어들인다. 물론 미성년자를 성적 대상으로 착취하는 아동 포르노는 철저하게 검열하고 단속해야 한다. 아동의 인권을 보호하기 위해서 세계의 모든 나라들은 엄격하게 아동 포르노를 금지하고 있다. 성인 포르노의 제작과 유통을 허용하는 일본이나 유럽, 미국도 마찬가지이다. 그러나 아동 음란물을 제외한 포르노에 대해서는 찬반의 논쟁은 더 이상 의미가 없는 듯이 보인다. 예술과 외설의 경계를 설정하는 일이 불가능하다면 검열의 대상 자체도 애매모호해진다. 또 포르노를 절대적인 악으로 볼 이유도 없다. 독일에서는 출산을 장려하기 위해서 밤늦은 시간에 공영방송이 포르노를 방영한다고 한다. 문학과 예술이 판타지의 세계라면 포르노도 마찬가지로 현실이 아니라 성적 판타지의 세계이다. 그렇다고 우리는 해악과 역기능을 상쇄할 정도로 포르노의 순기능이 많다고 주장하려는 것은 아니다. 다만 성적 자기결정권을 포함해서 선택의 자유가 민주주의 사회의 본질이라는 사실을 강조하고 싶을 따름이다. 현대사회의 시민들은 대부분 고등교육을 받은 교양인들이다. 포르노를 비롯해서 다양한 정보에 대해 나름대로 판단할 수 있는 능력이 있는 계몽된 주체인 것이다. 그렇다면 문제는 포르노 자체가 아니라 그것을 소비하는 사용자의 능력과 판단력에 있다고 할 수 있다. 포르노의 선과 악은 그것 자체가 아니라 사용자에게 달려 있는 것이다.

5.

독자의 편의를 위해서 이 책에 실린 글들의 내용을 요약해서 미리 설명하기로 하겠다. 「포르노그래피의 자연사: 진화·신경학적 접근」에서 장대익은 과학적 관점에서 포르노를 살펴봐야 한다고 주장한다. 포르노는 왜 진화했을까? 포르노에 대한 반응의 성차는 왜 있는 것일까? 포르노는 사람을 어떻게 중독시키는가? 포르노 소비 현상을 신경과학적으로 이해할 수 있는가? 포르노가 우리 인간에게 주는 이득이 있는가? 포르노의 확산은 대체 누구(또는 무엇)에게 이득이 되는가? 인간 본성의 진화의 측면에서 포르노는 어떤 의미를 가지는가? 포르노는 미래에 어떻게 진화해 나갈 것인가? 이런 질문들에 대해 답하면서 그는 마음 및 행동의 진화의 관점에서 포르노를 이해할 수 있는 가능성을 타진한다. '진화론적 인간론'에 따르면 인간은 생존 기계이고 연애 기계이며 동시에 밈 기계(meme machine)이다. 그는 이 밈 기계가 '거울뉴런'(mirror neuron)의 진화와 밀접히 연관되어 있다는 사실에 착안해서 밈 기계로 진화한 호모 사피엔스에게 포르노가 어떤 의미를 갖고 있는지를 외계인의 시선에서 조명하였다.

「미래의 포르노는 어떤 미래를 만드는가?: 포르노 테크놀로지와 미래 사회」에서 김운하는 포르노그래피도 테크놀로지의 산물이라는 점에 주목한다. 그리고 21세기 정보통신과 로봇기술의 발달로 생기는 첨단 포르노 테크놀로지는 이전의 근대적인 형태의 포르노와는 차별화된 위상을 갖게 된다고 진단한다. 급격한 테크놀로지의 발달이 초래하는 사회와 인간관계의 변화, 특히 개인들의 원자화·고립화 속에서 첨단 포르노 테크놀로지가 어떤 의미를 갖는지를 고찰하는 것이 그의 글의 목적이다. 과거에는 성적 욕망이 이성과 이성의 인격적 결합을 통해서 충족되었다면 포르노의 세계에서는 더 이상 인간이라는 성적 상대가 필요하지 않게 된다.

「실재를 향한 열정으로서 포르노」에서 김종갑은 포르노가 "섹스란 무엇인가?" 하는 관심과 더불어 시작한다는 당연한 사실을 가지고 글을 시작한다. 일찍이 이러한 관심이 없었던 사회는 존재한 적이 없었다고 진단하면서, 그는 그러한 관심이 실재에 대한 열정과 결합되어 하이퍼섹스로 폭발하는 것은 탈근대적 현상이라고 주장한다. 성의 실재를 보고야 말겠다는 욕망은 근대의 발명이며 후유증이다. 유니섹스의 유행과 더불어서 성전환까지 가능한 현대사회에서는 드러난 현상만으로는 남성과 여성을 구별하는 것이 쉽지 않게 되었다. 성적으로 매력을 느끼는 여자가 진짜 여자가 아닐지도 모른다는 가능성은 대상을 진짜와 가짜, 실재와 현상으로 양분시켜 놓는다. 그러면서 여자의 진짜 성을 향한 시각적 욕망에 발동이 걸리는 지점에서 포르노가 출현한다고 그는 주장한다. 포르노는 실재를 향한 욕망을 무한한 욕망으로 바꾸어 놓는다. 여자의 진짜가 누드라면 누드의 진짜는 성기이고 성기의 진짜는 그것 내부의 살, 살의 실재는? 이러한 일련의 공제의 과정을 거치면서 여성의 성은 해체되어 버린다. 그녀는 가짜 여자인 것이다. 물론 이 실망감은 또다시 진짜 여자를 향한 욕망을 낳는다. 포르노는 실재를 향한 욕망을 부추기면서 진짜 여자를 가짜로 만드는 무한퇴행의 메커니즘이라는 것이 결론이다.

「법은 포르노를 어떻게 판단하는가?」에서 서윤호는 '우리 사회가 포르노에 대해 향유의 자유를 얼마만큼 허용하고 있는가?'라는 질문을 던진다. 더불어서 포르노에 대한 법적 규제는 과연 정당성을 확보하고 있는지, 또 포르노 규제의 법리가 가지는 성 정치학의 차원은 무엇인지, 공동체가 허용하지 못하는 포르노는 무엇인지, 그리고 자유주의자들과 여성주의자들이 포르노에 대해 취하는 입장들은 어떤 문제를 안고 있는지와 같은 다양한 질문의 층위에 그의 글을 위치시킨다. 무엇보다도 중요한 질문은 성의 자유를 구가하는 현대사회에서 "포르노를 허하라"라는 목소리에 대해 공동체의 법은 이제 무어라 답할 것인가에 대한 것이다. 이 글에서 그는 현대 다원사회에서 포르노 허용과 금지를 둘러싼 다양한 정치적 입장의 논란을 음란물 규제에 대한 현행법의 규정과 판례, 비교법적 고찰을 중심으로 법규제의 측면에서 살펴보았다.

「'여성의 몸'과 불가능한 주이상스」에서 김석은 성욕의 논리만으로는 포르노의 지속적 생명력과 매력을 설명할 수 없다는 주장을 전개한다. 그렇다고 성적 욕망을 충족하는 것의 중요성을 부정하는 것은 아니다. 동물의 짝짓기와 같은 성적 본능과 인간의 성적 욕망은 동일하지 않다. 성적 본능에 '기호'와 '향유', '성화'와 같은 심리적 성향이 덧붙여지면서 인간의 에로티즘으로 발전하기 때문이다. 이 점에서 성욕을 초월하는 에로티즘이 포르노의 정념적 속성이라 할 수 있다. 이러한 속성을 밝히기 위해서 김석은 육체를 기호화하는 다양한 방식의 대표적 예(이를테면 '파괴와 혐오의 대상', '에로스와 충동의 시관적 동력으로서 대상' 등)를 이론적으로 검토하면서 포르노의 심리적 메커니즘을 분석하는 작업에 나선다. 포르노의 대상이 되는 육체는 생물학적 육체가 아니라, 사드가 탐닉하면서 법을 통해 길들이고자 했던 죽음 대상(Thing)을 향한 끝없는 환상, 망상과 좌절을 낳은 기호화된 육체라는 것이 그의 주장이다.

「여자도 포르노를 할 수 있을까?: 관능과 쾌락과 욕망의 관점에서 본 포르노」라는 도발적인 제목의 글에서 이은정은 지금까지 남자의 성적 욕망은 당연시되었던 반면에, 여자의 성적인 욕망은 무시되었다는 사실을 지적한다. 그녀는 『여자는 로맨스하고 싶고 남자는 포르노하고 싶다』나 『포르노 보는 남자, 로맨스 읽는 여자』와 같은 책의 제목은 여성과 남성의 욕망의 차이를 강조하고 있다고 말한다. 그녀의 질문은 여자의 욕망은 남자의 그것과 어떻게 다른가에 대한 것이다. 일반적으로 여자들은 남자들이 즐기는 포르노를 좋아하지 않는다. 그 이유는 진화심리학적이거나 생물학적이지 않다. 남자들은 포르노를 즐기는 반면에 여자들은 혐오하도록 진화하였다는 주장은 허구라는 것이다. 그녀의 대답은 다음과 같다. 남성들이 즐기는 포르노에는 여성이 싫어하도록 만드는 무엇인가가 있다는 것이다. 이것을 증명하기 위해서 그녀는 여자들이 즐겨 보는 포르노(예를 들면 야오이류의 포르노물)를 제시한다. 여자도 포르노하고 싶은 욕망이 있다는 것이다. 이것을 주제화하는 데 이 글의 목적이 있다.

「남성 성자유주의를 넘어: 페미니스트는 포르노 문제에 어떻게 대응할 것인가」에서 이명호는 먼저, 1997년 포르노를 둘러싼 검열과 표현의 자유 논쟁이 한국 사회에 불거졌을 때 자유주의자인 문화비평가 이재현이 "왜 한국의 페미니스트는 섹시하지 않은가?"라는 반대심문을 던지며 한국 사회에서 "포르노에 관한 논의는 아직 시작되지 않았다"라고 말한 주장에 주목한다. 그의 논점에 따르면 포르노 논의에 참여하기 위해서는 여자도 자기 몸을 즐길 줄 알아야 하는데, 한국 사회에서는 보수적 남성뿐 아니라 페미니스트도 그러한 몸의 향유를 결여하고 있다. 이명호는 이러한 이재현의 판단에 동의하는 한편으로, '젠더화된 존재로서 개인들이 어떻게 몸을 즐길 수 있는가'라는 물음은 '인간은 무엇을 원하는가'라는 물음만큼이나 어렵다는 사실을 지적한다. 이 글에서 그녀는 남성들이 몸을 즐기기 위해 활용하는 '주류 이성애 남성 포르노'가 어떻게 구성되어 있고, 왜 남성들은 반복해서 포르노 텍스트 속으로 빨려 들어가는지, 그 매혹의 메커니즘을 분석하였다. 그러한 분석을 통해서 남자가 어떻게 만들어지는지 이해하는 것이 그녀의 글의 또 다른 목적이기도 하다.

포 토 프롤로그

여성을 위한 포르노 사이트 'playgirl.com' 메인 화면

———

만일 호모 사피엔스의 행동 패턴을 연구하는 외계 과학자가 있다고 해보자. 틀림없이 그 외계인은 지구인들의 포르노 소비 행태에 깊은 인상을 받을 것이다. 전 세계 온라인 포르노 사이트의 규모는 가히 천문학적이다. 그런데 더욱 놀라운 사실은 엄청난 포르노 시장의 소비자가 거의 전부 남성이라는 사실이다. 남성들이 실제로 방문하는 웹사이트의 상위권은 늘 포르노 사이트가 차지하고 있다. 그렇다면 그 시간에 여성들은 대체 무엇을 하고 있는 것일까? 성적 판타지의 성차를 연구해 온 진화심리학자들에 따르면, 남성이 포르노를 즐기는 만큼 여성은 로맨스 소설이나 드라마 등을 소비하는 데 많은 시간을 보낸다. 실제로 '여성을 위한 포르노'를 표방하며 출범한 사이트 'playgirl.com' 등은 섹시한 남성들이 여성의 마우스 클릭을 유도해 왔지만 사실상 게이들을 위한 공간으로 소비되어 왔다. 여성이 성적으로 억압받아 왔기 때문일까? 아니다. 진화심리학에 의하면, 여성의 뇌는 자신이 포르노를 보는 것만으로는 임신할 수 없다는 사실을 충분히 이해하지 못하는데, 이것은 남성이 포르노 속 여성과 성교를 할 수 없다는 것을 그의 뇌가 모르는 것과 똑같다. (장대익)

성적 판타지의 생산과 소비에도 성차가 존재한다

포르노를 볼 때 우리의 뇌에서는 어떤 일이 일어날까? 표준적인 대답은, 포르노 시청이 섹스에 대한 생각을 하도록 만들고 그 생각이 우리를 성적으로 흥분하게 만든다는 것이다. 즉, 감각작용이 특정 생각을 야기하고 그 생각이 그에 대응하는 신체 반응을 야기한다는 통념이다. 하지만 최근에 발견된 거울뉴런계(mirror neurons system)에 대한 연구에 따르면 포르노를 보는 것은 자극 그 이상이다. 타인들의 성행위를 보는 우리의 뇌는 그 자신이 실제 성행위를 할 때 우리 뇌 속에서 벌어지는 일을 동일하게 겪는다. 즉, 뇌 작용의 관점에서는 "보는 것은 하는 것"인 셈이다. 이런 '섹스에 대한 공감'은 남성과 여성 모두에게서 나타나지만, 이에 관한 성차가 어떤 측면에서 어느 정도 존재하는가에 대해서는 아직 연구가 덜 된 상태이다. 사진 속에는 포르노를 함께 보는 한 커플이 있는데, 남성은 흥분과 호기심의 표정을, 여성은 호기심과 꺼림의 표정을 짓고 있는 듯하다. (장대익)

섹스 로봇 록시와 개발자 더글러스 하인스

——

2010년 세계 최초로 파트너와 대화를 나누는 섹스 로봇이 등장했다. 미국 라스베이거스에서 열렸던 성인용품 엑스포(AVN)에서 세계 최초로 선보인 여성 로봇 '록시'(Roxxxy)가 그 주인공. 록시는 인공지능과 함께, 실제 인체 같은 합성고무 소재 피부도 갖고 있다. 신체 안에 내장된 랩톱 컴퓨터와 피부 센서를 통해 주인과 다양한 형태의 쌍방향 접촉이 가능하다. 물론 아직까지는 혼자 일어나서 걸을 수도 없고, 자발적인 감정적 의사소통도 불가능하다. 저명한 로봇과학자인 한스 모라벡은 미래에는 로봇도 의식을 갖게 될 것이고 인간과 사랑에 빠질 수도 있다고 강력히 주장한다. 의식을 가진 로봇 문제는 여전히 논쟁 중이지만, 미래 사회는 점점 더 유례없는 충격적인 모습으로 다가오고 있다. (김운하)

영화 「데몰리션 맨」(1993)의 한 장면

———

인터넷과 가상현실이 현실세계로 들어온 이후부터 사실상 세계는 점점 더 가상화·매트릭스화되어 가고 있다. 매트릭스 세계란, 뇌를 인터페이스로 하여 실제 현실 속의 몸과 가상현실 속의 영혼이 완전히 분리되는 세계를 말한다. 그런 세상에서는 가상과 현실이 뇌 신경을 통해 완전히 하나로 통합된다. 현대의 포르노 테크놀로지가 궁극적으로 지향하는 지점도 바로 그런 것이다. 촉감 포르노는 실제 현실에서의 인간 타자를 완전히 불필요하게 만들 것이다. 과연 기술을 통해 실제 육체들이 접촉할 때와 동일한 혹은 거의 유사한 촉감을 생성시킬 수 있을 것인가? 그런 기술이 과연 실현 가능할 것인가? 물론이다. 다만 시간의 문제일 뿐이다. 21세기 초엽에 이른 지금 단계는 다만 그런 단계로 넘어가기 위한 초기적인 형태를 보여 주고 있을 뿐이다. 마르코 브람빌라가 감독한 영화 「데몰리션 맨」의 한 장면은 그런 미래의 가능성을 보여 준다. (김운하)

마르셀 뒤샹, 「주어진 것」(Etant donnés), 1946~1966

무너진 성벽의 구멍 사이로 바깥 풍경이 보인다. 언뜻 보면 자연의 일부 같은데 자세히 보면 한 여인이 나체로 풀밭에 누워서 가스등을 들고 있다. 그녀의 얼굴, 왼팔, 양쪽 발목은 가려서 보이지 않는다. 이 그림의 중심은 얼굴이 아니라 그녀의 은밀한 부위이다. 우리는 무너진 성벽 틈—혹은 은밀한 부위—사이로 무엇을 보고 있는 것일까? 그것은 우리 존재의 비밀을 열어 주는 열쇠일까? 그녀의 손에 쥐어진 가스등은 구원을 약속하는 불빛일까? 도대체 여기에서 우리는 무엇을 보고 있는 것일까? 또 그녀의 파편화된 몸에서 무엇을 찾고 있는 것일까? 이 그림을 보는 우리의 시선은 분명히 관음증적·포르노적 시선이다. 이 그림에서 눈을 뗄 수 없는 우리는 존재의 비밀을 그녀에게서 찾고 있는 것일까? 그것이 실재를 향한 열정이기 때문일까? 포르노가 외설적이면 외설적일수록, 적나라하면 적나라할수록 실재를 향한 우리의 열정이 더욱더 외설적이고 적나라하게 자극되는 것이 아닐까? (김종갑)

김인규, 「우리 부부」, 1996

이 사진은 몇 년 전 사회적으로 큰 논란이 되었던 미술교사 사건에서 문제가 된 작품의 하나이다. 충남디자인예술고등학교(당시 서천 비인중학교) 미술교사인 김인규는 교사 생활 틈틈이 제작한 자신의 미술 작품, 사진, 동영상을 개인 홈페이지에 게시했다. 그중 음란성의 혐의가 짙다고 판단된 여섯 가지가 전기통신망을 이용해 음란한 영상을 공연히 전시한 혐의를 받아 검찰에 기소되었다. 하급심인 대전법원 홍성지원과 대전고등법원 합의부는 무죄를 선고했지만, 대법원은 이 작품들 중 일부가 음란물에 해당한다고 판결했다. 이 사진에 대한 대법원의 판결의 요지는 이렇다. 공소사실 제3항에 해당하는 김 씨 부부의 전라사진은 있는 그대로의 신체의 아름다움을 느끼자는 제작 의도가 있었다 해도 얼굴과 성기를 가리지 않은 채 적나라하게 나신을 드러낼 논리적 필연성이 없다는 이유로 음란물에 해당한다. 이 판결은 시민사회의 커다란 반발과 음란성의 판단기준에 대한 논의를 불러일으켰다. (서윤호)

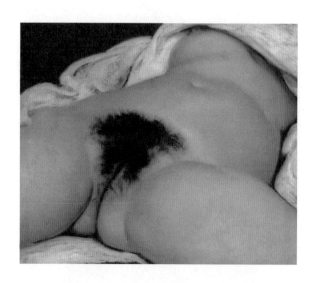

귀스타브 쿠르베, 「세상의 근원」(L'Origine du monde), 1866

———

방송통신심의위원회의 심의위원으로 활동하던 고려대학교 박경신 교수가 방통심의위의 음란물 판정에 반발하면서 자신의 블로그에 당시 심의결정의 대상이 되었던 남자의 성기 사진을 올려 논란이 일자 이를 삭제하고 '보지 못하는 사람들을 위하여'라는 제목과 함께 프랑스 화가 쿠르베 (1819~1877)의 이 그림을 대신 블로그에 올렸다. 박 교수는 "내가 (전에) 올린 문제의 사진들은 「세상의 근원」과 같은 수위의 것"이라고 주장하면서, 성적 서사가 없는 성기 사진이 사회질서를 침해한다고 볼 수 없으며, 방통심의위의 삭제 결정은 표현의 자유를 훼손하는 검열이라고 강변했다. 도대체 포르노란 무엇인가? 우리 사회는 포르노에 대해 얼마만큼 향유의 자유를 허용하고 있는가? 포르노에 대한 법적 규제는 과연 정당성을 확보하고 있는가? 포르노 규제의 법리가 가지는 성 정치학의 차원은 무엇인가? 그 어느 때보다 성의 자유를 구가하는 현대사회에서 '포르노를 허하라'라는 목소리에 대해 공동체의 법은 이제 무어라 답할 것인가? (서윤호)

한스 벨머, 「인형 놀이」(Die Spiele der Puppe), 1949

벨머가 제작한 실물 크기의 접합 인형들은 그로테스크한 감정과 아주 낯설고 에로틱한 성적 환상의 여운을 깊게 남기며 초현실주의 세계로 우리를 인도한다. 여성의 신체 이미지는 파편화되고 뒤틀리고 극도로 부풀려지거나 변형되면서 낯선 기호로 재배치되는데, 이런 비틀린 에로티즘을 통해 벨머는 '여성의 몸'을 예술적으로 보여 준다. 노골적으로 여성의 몸을 재현한 마네킹보다 벨머의 인형들은 더 리얼하게 뭐라 표현할 수 없는 여성성의 극단을 몸으로 느끼게 해준다. 인형이 주는 이런 외설성과 섬뜩한 죽음의 이미지는 우리가 포르노를 접할 때 환상 속에서 보는 여성적 기호의 본질이다. (김석)

일본 AV시리즈 「인간가축목장」(人間家畜牧場)의 한 장면

동물처럼 번호 달린 목줄에 매여 우리 속에 갇혀 있는 이 여성을 보라. 당신이 지금 보는 이미지는 실제 여자가 아니라 신기루처럼 우리를 유혹하는 물화된 페티시이다. 사물이 된 그녀는 입이 있으되 말할 수 없고, 동물처럼 우리에서 뒹굴며 벌거벗고도 부끄러움이 없다. 인격성을 박탈당한 몸은 주체가지닌 본원적 결여를 환상을 통해 채우려 할 때 사용하는 한갓 오브제 역할만 한다. 포르노에서 여성의육체는 이런 나르시시즘적 주물로서 환상 속에서 작동하는 상상적 기표일 뿐이고 성적 쾌락은 불가능한 주이상스로 남는다. 여성을 환상의 대상으로 변형시키는 포르노야말로 '성관계는 없다'는 명제의 실체를 잘 보여 준다. (김석)

파블로 피카소, 「두 나체와 한 마리의 고양이」(Deux nus et un chat), 1902

———

보고자 하는 욕망은 인간이 지닌 자연스러운 욕망의 하나이다. 보고자 하는 욕망은 다른 욕망과 결합하여 쾌락의 거센 물줄기를 이룬다. 세차게 흐르는 물줄기가 대지의 깊은 곳을 뚫으며 돌진할 때 욕망은 절정에서 꽃을 피우고 사라지는 듯하나, 사라지지 않고 휴식을 취한다, 다시 시작하기 위해서……. 포르노와 관음. 관음은 포르노에서 유일한 욕망도 가장 두드러진 욕망도 아니다. 시각 욕망의 과다 충족은 현대 포르노의 한 특징이라 할 수 있을 것이다. 그러한 과잉은 욕망을 넘어 혐오를 불러일으키기도 한다. 포르노는 욕망의 결집이며, 더 큰 쾌락에 봉사한다. 더 큰 쾌락을 위해, 포르노는 관능을 극대화하고자 할 뿐 아니라, 그러한 이유에서 또한 그 관능을 시각 욕망에 제공한다. 피카소의 그림은 여자의 관능을 화폭에 옮긴다. 그리고 그처럼 대상화한 관능을 훔쳐보는 눈이 있다. 여자의 관능이 양성을 모두 만족시킬 수 있음에도, 그 눈은 그렇지만 남자의 욕망에 더 가깝다. 포르노는 여자의 욕망을 구현해 내는 데 실패한다. 포르노의 욕망은 남자의 욕망이다. (이은정)

에곤 실레, 「꿈에서 본 여인」(Die Traumbeschaute), 1911

———

에곤 실레의 이 그림은 관능적이라기보다 도발적이다. 그림 속 여인은 자신의 성기를 까 보이며 마치 조롱하듯 관객을 향해 미소 짓는다. 여인이 조롱하는 것은 포르노적 시각이다. 쾌락의 실제를 성기에서 찾고자 하는 헛된 욕망을 여인은 비웃는 듯하다. 거기에는 끈적끈적한 점액질 모양의 흉물스러운 살만이 있을 뿐이다. 쾌락도 관능도 욕망도 보고자 할수록 더 숨어들 뿐이다. 보고자 하는 욕망이 보고자 하는 것은 자기 자신의 삶이다. 그리고 그와 같은 타자의 삶이다. 그 삶이 실제의 몸을 이룬다. 대상화된 몸은 실제의 몸이 아니다. 실제의 몸은 대상화될 수 없고, 대상화될 수 없기에 또한 실제의 몸이다. 그림 속 여인의 몸통은 마치 하나의 요람을 이루는 듯하다. 그 요람 속으로 우리는 들어갈 수 없다. '거기서' 우리는 여인의 실제 삶을 만날 수 없다. 그의 쾌락과 관능과 욕망을……. '거기', 눈으로 보고 손으로 잡히는 바로 거기. (이은정)

영화 「목구멍 깊숙이」(Deep Throat, 1972)의 포스터

제라드 데미아노의 영화 「목구멍 깊숙이」는 1972년 2만 5000달러를 투자하여 6일 동안 촬영한 포르노 영화다. 개봉 후 전 세계적으로 6억 달러를 벌어들이며 흥행돌풍을 일으켰다. 하지만 흥행수익이 이 영화의 전부를 말해 주진 않는다. 이 영화는 미국 대중들에게(특히 여성관객들에게) 대형 스크린을 통해 여성의 입과 남성의 성기가 합쳐지는 모습을 생생하게 보여 주었다. 당시 포르노 영화가 극장에서 상영되는 것은 상상할 수 없는 일이었지만, 「목구멍 깊숙이」는 미국 전역 300여 개 극장에서 거의 동시에 개봉했고 수년 동안 상영됐다. 밥 호프와 자니 카슨은 자신이 진행하는 토크쇼에서 이 영화를 언급했고, 『뉴욕타임스』는 '세련된 포르노'(porn chic)라는 신조어를 만들어 냄으로써 이 영화에 대해 우호적 의견을 조성했다. 주연배우 린다 러브레이스는 첫 남편 척 트레이너의 폭력적 강압 속에서 영화를 찍었다며 반(反)포르노 페미니즘 운동에 가담하지만, 후일 페미니스트들 역시 자신을 이용했을 뿐이라며 반대 입장을 밝힌다. 「목구멍 깊숙이」는 이후 만들어진 포르노 영화의 전범이 되었지만, 검열과 표현의 자유를 둘러싼 격렬한 사회적 논쟁을 유발하기도 했다. (이명호)

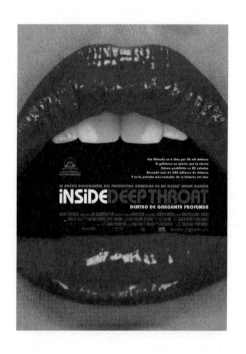

영화「인사이드 딥스로트」(2005)의 포스터

「인사이드 딥스로트」는 포르노 영화「목구멍 깊숙이」의 제작 과정과 이후 사회적 파장을 기록한 다큐멘터리 영화다. 2005년 펜튼 베일리 감독이 제작했다. 이 다큐멘터리는「목구멍 깊숙이」의 제라드 데미아노 감독, 주연배우 린다 러브레이스와 해리 림스를 포함하여 영화제작에 참여했던 주변 인물들과 사회적 명사들을 취재해 모은 800시간의 방대한 분량 중 92분을 솎아 냈다. 영화를 기소하던 보수적 검사와 사회적 단죄세력들의 목소리도 담고 있다. 존 린지 뉴욕 시장이 선거운동을 위해「목구멍 깊숙이」를 타겟으로 삼은 것이나 닉슨 정부가 해리 림스를 구속한 것, 포르노에 반대하는 페미니스트들과 린다의 복잡한 관계, 지하 폭력조직이 영화수익을 위해 살인까지 저질렀던 일 등이 영화를 둘러싼 1970년대 미국사회의 다양한 면모들을 읽을 수 있다. (이명호)

1부

—

'몸'과 포르노

포르노그래피의 자연사: 진화·신경학적 접근[1]

- 장대익

1. 포르노 '현상'

지구라는 행성에 온 어떤 외계인이 호모 사피엔스에 대한 보고서를 작성하기 위해 인간의 행동을 연구하고 있다고 해보자. 과연 그는 우리의 어떠한 행동들에 관심을 보일까? 문화나 종교 행위도 그중 하나일 것이다. 하지만 그의 관심을 끌기에 충분한 좀더 은밀한 행위가 있다. 타인들의 (연출된) 섹스 행위를 보는 행위, 즉 포르노그래피(이하 '포르노')의 소비 행위가 그것이다.

　최근 미국 IT 전문 매체 '익스트림테크'는 구글의 웹사이트 분석을 통해 전 세계 온라인 포르노 사이트의 규모를 조사한 바 있다. 이에 따르면 전 세계 최대의 온라인 포르노 사이트 'xvideo.com'의 월별 페이

1 　이 글은 건국대학교 몸문화연구소가 주최한 '포르노를 말한다'라는 주제의 춘계학술대회(2012년)에 발표된 글을 수정 보완한 것으로 한국비평이론학회, 「비평과 이론」, 17권 1호, 2012, 261~284쪽에 실렸다.

지뷰는 무려 44억 건이나 되는데, 이는 CNN의 3배, 뉴욕타임스의 10배에 해당된다. 또한 온라인 포르노 사이트의 방문객은 한 사이트에 들어가 평균적으로 15~20분 정도를 머무는데, 이는 다른 사이트를 방문해 기사 정도를 읽는 경우에 비해 훨씬 더 긴 시간이다. 데이터량에 있어서도 포르노 시청은 기사 검색보다 훨씬 더 많은 정보량을 필요로 한다. 실제로 포르노를 5초만 시청해도 한 편의 기사가 포함한 정보량과 비슷해진다. 이런 규모를 감안할 때 대형 포르노 사이트는 마이크로소프트, 구글, 페이스북과 같은 초대형 사이트만 제하면 그야말로 최대 규모다.[2] 틀림없이 그 외계인은 지구인들의 이런 엄청난 포르노 소비 행태에 크게 한 번 놀랄 것이다.

그런데 만일 그 외계인이 더 면밀하게 지구인의 포르노 소비 행태를 관찰한다면 어떻게 될까? 그 엄청난 시장의 소비자가 거의 전부 남성이라는 사실을 발견하고는 다시 한 번 놀랄 것이다. 실제로 남성들이 방문하는 웹사이트의 순위를 보면 상위권이 거의 전부가 포르노 사이트인데, 그중 방문자 수가 매월 1600만 정도나 되는 사이트도 있다. 어쩌다 포르노 '현상'을 파고들게 된 그 외계인의 궁금증은 여기서 끝이 날 것 같지 않다. '그렇다면 대체 여성은 그 시간에 무엇을 하고 있는 것일까?' 그는 남성이 포르노를 즐기는 만큼 여성은 로맨스 드라마나 소설 등을 소비하는 데 많은 시간을 보낸다는 사실을 곧 알게 되고 또 한 번 놀랄 것이다.[3]

---

2 최근 인터넷 포르노 사이트의 규모와 특징에 대한 익스트림테크의 분석으로는 http://www.extreme tech.com/computing/123929-just-how-big-are-porn-sites를 참조하라.
3 인터넷에서의 포르노 현상을 연구한 오기 오가스와 사이 가담에 따르면, 인터넷에서 남성들은 이미지

지구인의 모든 면이 낯설게 느껴질 외계인의 관점에서 보자면, 우리 인간의 이런 행동 패턴은 설명을 필요로 한다. 우리에게는 일상이기 때문에 특별하게 느껴지지 않는다고 해서, 다른 존재도 우리와 똑같이 느낀다고 할 수는 없을 것이다. 오히려 제3인칭의 시각으로 보아야만 일상이라는 이름 뒤에 놓여진 인간 행동의 특유한 패턴을 제대로 읽을 수 있는 경우들이 있다. 예컨대 인간의 종교 행태의 독특한 패턴을 더 명확히 알기 위해서는 외계인의 3인칭적 관점이 유용할 수 있다.[4] 나는 포르노 '현상'에 대한 올바른 이해를 위해서도 똑같은 방식의 시선이 필요하다고 생각한다. 대체 인간에게 포르노는 무엇인가?

이 글은 이런 포르노 '현상'을 외계인의 관점, 즉 3인칭의 과학자 시각으로 이해하려는 시도이다. 포르노는 왜 진화했을까? 포르노의 소비에는 왜 성차(性差)가 존재하는 것일까? 뇌과학의 관점에서 포르노 소비 현상은 어떻게 이해될 수 있는가? 포르노는 앞으로 어떻게 진화해 갈 것인가? 이런 질문들에 대한 진화론적·신경과학적 대답을 찾아보려는 것이 이 글의 목표이다. 이를 위해 나는 짝짓기 본능에 대한 진화심리학적 연구, 공감과 모방을 가능하게 하는 거울뉴런에 대한 연

를 선호하는 경향이 있는 반면 여성들은 이야기를 선호한다. 인터넷상에서의 포르노 소비의 성차와 그 진화적 이유에 대해서는 오기 오가스·사이 가담, 『포르노 보는 남자, 로맨스 읽는 여자』, 왕수민 옮김, 웅진지식하우스, 2012를 참조하라. 포르노 소비의 성차를 진화론적으로 분석한 선구적 논의로는 도널드 시먼스, 『섹슈얼리티의 진화』, 김성한 옮김, 한길사, 2007, 특히 6장을 참조하라. 그런데 여기서 나는 포르노의 소비 패턴에 대해서만 논의할 것이므로 로맨스 드라마나 소설의 소비에 대해서는 다루지 않을 것이다. 만일 이 글의 주제가 '성적 판타지'(sexual fantasy)의 성차에 관한 것이라면, 로맨스 스토리의 소비 현상에 대해서도 깊이 다뤄야 할 것이다.

4 종교를 '자연현상'으로 놓고 3인칭적 관점에서 진화론적으로 탐구한 글로는 진화철학자 대니얼 데닛의 『주문을 깨다』(김한영 옮김, 동녘사이언스, 2010)가 대표적이다. 여기서 '외계인의 3인칭적 관점'이란 실제로 존재하는 외계인이 관찰한다는 뜻이 아니라 마치 외계인의 시각에서 보자는 제안이다.

구, 그리고 새로운 복제자로서 우리의 마음과 행동에 영향을 주는 밈(meme)에 대한 연구를 활용할 것이다.

2. 연애 본능의 진화

왜 인간은 포르노를 만들고 소비하게 되었을까? 포르노의 진화와 확산을 이해하기 위해서는 인간의 연애 본능(mating instinct)이 어떻게 진화해 왔는지를 먼저 살펴보아야 한다. 인간의 짝짓기 심리와 행동에 대한 것은 진화심리학(evolutionary psychology) 분야에서 지난 20~30년 동안 가장 활발히 논의됐던 주제이다.

진화심리학은 인간의 마음에 대한 계산주의 이론(computational theory of mind)과 행동생태학이 결합하여 생겨난 학문으로서 인간의 마음(mind)은 여러 종류의 수많은 적응(adaptation)들로 구성되어 있다고 본다. 인간은 오랜 진화의 역사를 거치면서 여러 유형의 '적응 문제들'(adaptive problems)에 직면했었고, 그런 문제들을 해결하도록 설계된 마음을 가진 개체만이 진화적으로 성공했을 것이다. 그런데 여기서 중요한 것은, 우리 마음이 일반적인 문제들을 해결하기 위해 설계된 것이 아니라, 특정한 적응 문제들——예를 들어 적절한 음식을 찾는 일, 짝을 찾는(또는 지키는) 일, 상대방의 마음을 읽는 일, 동맹을 만드는 일 등——을 해결하게끔 자연선택에 의해 설계되었다는 대목이다. 이는 마치 우리의 신체가 적응적인 여러 기관들(눈, 다리, 심장 등)로 구성되어 있듯이 인간의 마음도 하나의 적응적인 기관이라는 뜻이다. 진화심리학자들은 인간의 마음이 적응 문제들을 해결하기 위한 '특화

된' 인지 처리 장치들로 구성되어 있다고 이해한다.[5]

진화심리학적 관점에서는 인간의 짝짓기 심리와 행동은 진화 과정에서 '번식의 문제'를 해결하기 위해 특화된 인지 장치들의 산물이라고 이해될 수 있다. 진화심리학의 주요 이론들 중에서 짝짓기 심리와 행동을 이해하는 것과 직접적으로 관련된 몇 가지 핵심 이론들을 간략히 검토해 보자.[6]

첫번째는 진화 이론학자인 윌리엄 해밀턴에 의해 창시된 포괄 적응도 이론(inclusive fitness theory)이다. 이 이론은, 어떤 개체의 행동이 자기 자신의 적응도뿐만 아니라 자신의 유전자를 공유하는 다른 개체(혈연관계에 있는)의 적응도에도 미칠 수 있는 영향을 함께 고려하여 적응도를 포괄적으로 계산해야 한다는 이론으로서 전통적 의미의 적응도를 혈연관계에까지 확장시킨 매우 혁명적인 발상이었다. 진화생물학의 주요 이론들 중 가장 기본적인 원리로 자리 잡은 이 이론은 생명체의 모든 행동을 생존과 번식의 측면에서 이해할 수 있게 해준다.

한편 성 선택 이론(sexual selection theory)은 번식과 관련된 선택압(selective pressure)[7]만을 다룬다. 이 이론은 동성 경쟁자와의 경쟁을

---

5 진화심리학의 기초와 응용에 관해서는 Jerome H. Barkow et al., *The Adapted Mind*, Oxford; New York: Oxford University Press, 1992; Steven Pinker, *How the Mind Works*, New York: Norton, 1997 [스티븐 핑커, 『마음은 어떻게 작동하는가』, 김한영 옮김, 동녘사이언스, 2007]; Charles Crawford and Dennis Krebs, *Handbook of Evolutionary Psychology*, Mahwah, N.J.: Lawrence Erlbaum, 1998; David M. Buss, *Evolutionary Psychology*, 2nd edition, Boston: Allyn and Bacon, 2004; Robin Dunbar and Louise Barrett eds., *The Oxford Handbook of Evolutionary Psychology*, Oxford; New York: Oxford University Press, 2007을 참조하라.

6 인간 짝짓기의 진화심리학 이론들에 대한 더 자세한 논의는 최재천·한영우·김호·황희선·홍승효·장대익, 『살인의 진화심리학: 조선 후기의 가족 살해와 배우자 살해』, 서울대학교출판부, 2003을 참조하라. 이 절의 내용은 『살인의 진화심리학』 1장 중 성 선택과 관련된 부분을 요약한 것이다.

통해 얻은 짝짓기 이득과, 이성에 의해 짝으로 선택되어 생긴 짝짓기 이득을 통해 동물의 행동이 진화할 수 있음을 설명한다.[8] 예컨대 행동생태학자들은 이 이론을 통해 경쟁, 폭력, 살인, 위험 감수 행위, 짝 선택, 지위 상승 욕구 등에 있어서의 성차들이 왜 생겨났으며 어떻게 작동하는지를 이해하게 되었다. 성 선택 이론은 인간과 다른 영장류 내에서 발견되는 많은 성차들을 통합적으로 이해하는 데 가장 유력한 이론으로 간주된다.[9]

좀더 세부적으로 양육 투자 이론(parental investment theory)은 성 선택의 두 요인들(즉, 동성 간의 경쟁과 이성의 짝 선택)이 어떻게 작동하는지에 대한 이론적인 예측을 한다.[10] 이 이론에 따르면, 자손에게 더 많이 투자한 성은 짝 선택을 하는 데 있어서 다른 성보다 더 까다로운 반면, 자손에게 덜 투자한 성은 짝짓기를 위한 동성 간 경쟁에 있어서 다른 성에 비해 더욱 치열하다. 양육 투자 이론은 인간의 짝짓기 전략에 대한 중요한 발견들을 이끌어 냈다.[11]

---

7 집단에서 환경에 가장 적합한 개체가 부모로 선택될 개연성과 보통의 다른 개체들이 부모로 선택될 개연성의 비율을 말한다. 물리적 환경 말고도 생물학적 환경도 선택압의 주요한 요소이다.

8 성 선택 이론은 찰스 다윈이 『종의 기원』(1859)에서 처음 제시했다. 자세한 논의는 『종의 기원』 4장을 참조하라.

9 이런 생각은 David M. Buss, "Sexual Conflict: Evolutionary Insights into Feminist and the "Battle of the Sexes"", eds. David M. Buss and N. M. Malamuth, *Sex, Power, Conflict: Evolutionary and Feminist Perspectives*, Oxford; New York: Oxford University Press, 1996에 잘 드러나 있다.

10 양육 투자 이론은 Robert Trivers, "Parental Investment and Sexual Selection", ed. Bernard Campbell, *Sexual Selection and the Descent of Man: 1871-1971*, Chicago: Aldine, 1972, pp.136~179에서 처음으로 제시한 이론으로서 그 이후에 행동생태학의 근간으로 자리 잡았다.

11 생물학적으로 성(sex)은 성세포의 크기 차이로 규정된다. 성숙한 생식 세포는 '생식자'(gametes)로 불리는데, 각 생식자는 다른 성의 생식자와 만나 수정을 거쳐 접합자(zygote)를 형성한다. 여기서 수컷은 작은 생식자를 가진 성으로 정의되고, 암컷은 더 큰 생식자를 가진 성으로 정의된다. 암컷 생식자는 풍부한 영양분을 가지며 특별한 운동을 하지 않는 데 비해, 수컷 생식자는 상당한 운동성을 가지

양육 투자 측면에서 암컷의 초기 투자는 난자 생산으로부터 시작한다. 하지만 이것은 단지 시작일 뿐이다. 그 이후에 벌어질 수 있는 수정과 임신도 포유류의 경우에는 암컷의 몸 내부에서 일어나기 때문이다. 따라서 임신한 암컷이 치러야 할 몇 달간의 투자는 단 한 번의 성교 행위를 위한 노력이면 족한 수컷의 투자에 비해 엄청나게 클 수밖에 없다. 게다가 출산은 암컷의 양육 투자의 끝도 아니다. 아기가 모유 이외의 음식을 먹을 수 있을 때까지 암컷은 상당 기간 동안 젖을 물려야 하며 젖을 뗀 이후의 양육 투자도 만만치는 않다.[12]

암컷의 이런 비대칭적 양육 투자량은 암컷 자신을 소중한 번식 자원으로 만든다. 임신, 출산, 젖먹이기, 보육, 보호, 그리고 아이를 먹이는 일은 누구에게나 맘씨 좋게 퍼줄 수는 없는 중대한 번식 자원들이다. 진화의 과거에서 암컷은 성의 분화와 더불어 엄청난 양의 투자를 하기 시작했기 때문에 자연선택은 자신의 이성 짝에 대해 매우 신중한

고 있다. 크기와 운동성의 차이 외에 양의 차이도 존재한다. 인간의 경우 남성은 수백만 개의 정자를 생산할 수 있고 시간당 1200만 개 정도의 정자가 다시 채워질 수 있는 데 비해, 여성은 일생에 약 400개 정도의 난자만을 생산할 수 있을 뿐이다. 양육 투자 이론은 이런 비대칭에 의한 짝짓기 전략의 성차를 예측한다. David M. Buss, *The Evolution of Desire: Strategies of Human Mating*, Revised edition, New York: Basic Books, 2003 [『욕망의 진화』, 전중환 옮김, 사이언스북스, 2007]에서 버스는 인간의 짝짓기 전략이 남성과 여성에게 어떤 방식으로 다르게 진화해 왔는지를 잘 보여 준다.

12 물론 암컷이 반드시 수컷보다 더 많이 투자를 해야 하는 것은 아니다. 사실 모르몬귀뚜라미, 해마와 같은 몇몇 종은 수컷이 암컷보다 더 많이 투자한다. 가령, 수컷 모르몬귀뚜라미는 영양분이 채워진 커다란 정자주머니를 만든다. 먹이가 희귀한 곳에서 큰 정자주머니는 암컷에게 매우 중요한 자원이 된다. 그런데 그 정자주머니를 만들기 위해서 수컷은 엄청난 양의 먹이를 먹고 소화시켜야 하기 때문에 여간 부담스럽지 않다. 이런 경우에는 오히려 암컷들이 보다 큰 정자주머니를 갖고 있는 수컷 짝을 차지하기 위해 서로 경쟁한다. 이렇게 '상대적' 양육 투자의 비중에서 성 역할이 바뀌어 있는 종의 경우에는 짝짓기에 관한 한 수컷이 암컷에 비해 더 까다로운 태도를 보인다. 하지만 이것은 예외적인 경우이다. 왜냐하면 포유류의 모든 종(대략 4000종)과 영장류의 모든 종(200여 종)에서는 암컷이 체내 수정과 임신을 수행하기 때문이다.

암컷을 더 선호했다. 짝을 대충 고르는 암컷이 있었다면 그녀의 번식 성공도(reproductive success)는 더 까다로운 암컷들에 비해 더 낮았을 것이고 번식 연령까지 살아남은 자식의 숫자도 상대적으로 적었을 것이다. 반면, 수컷의 입장에서는 번식 가치(reproductive value)[13]가 그다지 높지 않은 암컷과 짝짓기를 하더라도 별로 손해 볼 것이 없었다. 수컷이 잃는 것이라곤 단지 몇 방울의 정자와 잠시의 시간, 다소간의 에너지에 불과하기 때문이다.

따라서 성 선택 이론과 양육 투자 이론에 의하면 동물의 짝짓기 심리와 행동에 대해 다음의 두 가지 중요한 사항이 예측된다. 첫째, 자손에 더 많은 투자를 하는 성은 짝짓기에 대해서 더 신중하고 까다롭다. 그리고 늘 그런 것은 아니지만 많은 경우 암컷이 그런 성향을 갖는다. 둘째, 자손에 투자를 덜 하는 성은 많이 투자를 하는 성에 접근 권한을 갖기 위해 더 경쟁적이다. 그렇다면 인간의 짝짓기 행동도 이런 이론들로 동일하게 설명될 수 있을까?

인간은 유성생식을 하는 종이기 때문에 번식을 하려면 우선 이성 짝을 찾아야 한다. 하지만 짝을 고르는 일은 쉽지 않다. 적절한 짝을 고르는 문제는 틀림없이 우리 조상들에게 매우 중요한 적응 문제였을 것이고, 자연선택은 이러한 문제를 해결하는 인간의 심리 메커니즘을 설계했을 것이다. 적절한 짝을 고르는 것은 매우 중요한데, 짝은 자기 자식의 생존에 반드시 필요한 질 좋은 유전자와 보살핌을 제공하기 때문

---

13 해당 연령에서 앞으로 남은 일생 동안 낳을 수 있을 것으로 기대되는 자식 수의 기대값 평균을 의미한다. 특히 자식의 수는 번식을 시작할 연령까지 생존하는 값을 유효값으로 친다.

이다. 자식의 생존 가능성은 이 두 가지 자원의 품질에 따라 크게 좌우된다.

자신의 짝이 자기 자손의 생존 기회를 높이는 첫번째 방식은 자식에게 훌륭한 유전자를 물려주는 일이다. 유성생식을 하는 종에서 자식은 유전학적으로 양쪽 부모로부터 각각 유전자의 반을 물려받는다. 만일 생존과 번식에 부적합한 질 나쁜 유전자를 가진 짝을 배우자로 삼는다면, 자녀가 그 나쁜 유전자를 물려받을 개연성이 높아진다. 자손의 생존과 번식의 기회는 결국 감소될 것이며 궁극적으로는 자기 자신의 번식 성공도가 낮아지는 결과를 가져올 것이다. 반면, 좋은 유전자를 가진 짝을 배우자로 삼으면 자신의 유전자는 세대를 거치면서 더욱 번창할 것이다.[14]

진화심리학적 관점에서 보면 배우자를 선택하기 위해 남성과 여성은 서로 다른 적응 문제를 풀어야 한다. 특히 '단기적 짝짓기 전략'(short-term mating strategy)을 구사할 때 이런 차이는 두드러진다. 이 전략은 남성과 여성이 모두 사용할 수 있지만 똑같은 방식을 택하지는

14 그렇다면 우리 조상들은 상대방의 자질을 어떻게 알았을까? 외모는 그 사람의 유전자의 자질을 가늠하게끔 해주는 중요한 단서들을 제공한다. 예컨대 몸의 좌우대칭 정도가 높은 사람일수록 그 사람의 유전자는 평균적으로 더 좋다고 볼 수 있다. 왜냐하면, 양질의 유전자는 신체적 부상이나 기생충과 같은 환경의 위협에도 불구하고 몸이 정상적인 모양을 유지할 수 있게 하기 때문이다. 실제로 사람들은 자신의 짝을 고를 때 얼굴과 몸이 얼마나 대칭적인가를 무의식적으로 계산하여 약간의 차이에도 비교적 민감하게 반응한다. 갠지스태드와 손힐은 손과 발의 폭에서 귀의 폭과 길이에 이르기까지 여러 가지 특징들을 측정하여 각 사람의 전체적인 신체 대칭성 지수를 구했다. 그런 다음 피험자들에게 사진을 보여 주며 누구에게서 더 매력을 느끼는지를 평가해 달라고 부탁을 했다. 그 결과 매력과 대칭성의 정도는 긴밀한 양의 상관관계를 나타냈다. Steven W. Gangestad and Randy Thornhill, "Human Sexual Selection and Developmental Stability", eds. Jeffry A. Simpson and Douglas T. Kenrick, *Evolutionary Social Psychology*, Mahwah, N.J.: Erlbaum, 1997, pp.169~195를 참조하라.

않는다. 남성에게 이상적인 단기적 짝짓기 전략이란 한 여자와 성관계를 한 후에 그로부터 생겨난 아이에 대해서는 되도록 양육 투자를 회피하는 것인데, 임신을 하는 쪽은 여성이기 때문에 여성은 자신이 치러야 할 최소한의 양육 투자를 헛된 것으로 만들지 않기 위해 이런 상황을 미리 방지해야 할 필요가 있다. 짝이 자신을 장기적 짝짓기 대상으로 생각하는지 아니면 단기적 짝짓기 대상으로 여기고 있는지를 제대로 구별하지 못하는 여성은 미혼모가 될 위험이 높았을 것이다. 자연선택은 여성들에게 이런 불운을 막을 수 있도록 하는 심리 메커니즘을 설계했을 텐데 여성이 남성에 비해 성관계에 응하는 데 더 신중성을 기하는 것은 그런 메커니즘 중 하나일 것이다.[15]

실제로 전 세계적으로 여성들이 자신보다 나이가 많은 남성을 선호하는 데 비해 남성들은 일반적으로 젊은 여성들을 좋아한다는 점, 여성들은 배우자를 고를 때 남성에 비해 이성 짝의 지위와 경제력 등에 대해 더 큰 고려를 한다는 점 등은 인간의 짝짓기 전략에 대한 위의 설명과 잘 부합한다.[16]

하지만 하룻밤을 함께 보낼 섹스 파트너를 고르는 게 아니라 장기적인 짝을 선택하려 한다면 남성이나 여성은 모두 서로에게 충실한

15 이러한 단기적 짝짓기 전략의 성차는 번식 성공도의 최대치의 성차로 이해될 수 있다. 예컨대 100명의 여성과 성관계를 맺은 한 남성은 이론적으로 최대 100명의 자기 자식을 가질 가능성이 있지만, 한 여성이 평생 동안 자식을 낳을 수 있는 수는 남성에 비하여 제한적이다. 유사 이래로 한 여성이 평생 낳은 자녀의 수 최대 기록은 69명인 데 반하여 남성의 경우 최소 888명인 것으로 추정된다.
16 남성이 평균적으로 젊은 여성을 선호하는 진화적 이유는 그녀들이 상대적으로 더 높은 번식 가치를 지니기 때문이다. 짝짓기 전략에 있어서 상대의 연령, 지위, 경제력 등이 어떤 변수인지에 대한 연구들을 종합해 놓은 책으로는 Buss, *The Evolution of Desire*를 참조할 것.

짝을 골라야만 한다. 그런데 흥미롭게도 여성보다는 남성이 파트너의 성적인 정절을 더욱 중요시하는데, 진화적으로 보면 그럴 만한 이유가 남성에게 충분하다. 짝이 바람을 피울 경우 감수해야 하는 잠재적 대가를 생각하면 그 까닭을 알 수 있다. 아내의 입장에서 보면 남편이 바람날 경우 자신과 자신의 자식에게로 올 남편의 양육 투자량이 줄어들 수 있기 때문에 곤란해진다. 반면 남편의 입장에서는 아내가 함께 바람피운 남자의 아이를 낳았는데 아무것도 모른 채 정성을 다해 그 자식을 돌볼 가능성이 있다. 남성은 인류의 진화사 내내 자신의 짝이 낳은 자식이 과연 자신의 친자식인지 100% 확인하기 힘든 불확실성에 늘 노출되어 있었다. 진화론적으로 보면 이런 '부성 불확실성'(paternity uncertainty)은 남성이 반드시 해결해야 한 중대한 적응 문제였다. 반면, 여성에게 있어서의 적응 문제는 자신의 이성 짝이 다른 여성에게 마음을 빼앗겨 자원을 그녀에게 갖다 바치지 못하도록 하는 것이었다.

성적 질투의 방식이 남성과 여성에게 있어서 서로 다른 형태로 나타난다는 사실은 자연선택이 어떻게 이런 적응 문제를 남성과 여성에게서 서로 다른 방식으로 해결하게 했는지를 흥미롭게 보여 준다. 데이비드 M. 버스는 동서양을 막론하고 성적 질투심에 성차가 존재한다는 사실을 밝혀 주었다. 남성은 여성이 정절을 깨는 것에 대해 훨씬 큰 분노를 느끼는 데 비해 여성은 남성이 다른 여성에게 정서적인 친밀감을 보이는 것에 대해 더 크게 분노한다. 흥미롭게도 한국의 경우도 여기서 예외가 되지 않는다. 이런 성적인 질투는 성인들 간에 벌어지는 폭력과 살인의 직접적인 원인이 되기도 한다.[17]

3. 포르노와 연애 본능

그렇다면 인간의 연애 본능의 진화와 포르노의 생산 및 소비는 어떻게 연관될 수 있는가? 우선, 우리는 양육 투자에 있어서의 성차가 포르노를 생산하고 소비하고 확산시키는 행동에 있어서의 성차와 밀접히 연관되어 있음을 짐작할 수 있다.

앞서 살펴보았듯이, 자연은 남성이 여성에 비해 훨씬 더 많은 섹스 파트너를 추구하게끔 심리기제를 진화시켰다. 성적 다양성을 더 강하게 추구하는 이런 남성의 욕망은 성적 판타지를 생산하고 소비하는 측면에서도 여성과는 다른 방식을 택했다. 진화심리학자 도널드 시먼스의 연구에 따르면, "지금까지 얼마나 많은 섹스 파트너와의 성적 접촉을 상상해 봤는가?"라는 설문에 대해 청년들의 32%가 "1000명 이상"을 답했지만, 그와 비슷한 답변을 한 젊은 여성의 비율은 8% 정도에 그쳤다. 심지어 성적인 공상 중에 파트너를 교체하는 비율도 남성이

---

17 성적 질투심의 성차가 동서양에서 어떤 형태로 (공통적으로) 나타나는지에 대한 연구로는 David M. Buss et al., "Jealousy and the Nature of Beliefs about Infidelity: Tests of Competing Hypotheses about Sex Differences in the United States, Korea, and Japan", *Personal Relationships* 6(1), 1999, pp.125~150 참조. 성적 질투심에 의한 폭력과 살인에 대한 고전적인 연구로는 Martin Daly and Margo Wilson, *Homicide*, New York: A. de Gruyter, 1988을 참조하라. 남성의 성적 질투심이 서사의 중심인 문학작품들은 꽤 많다. 가령, 모파상의 단편 「쓸모없는 아름다움」은 남편의 소유욕으로 억눌림을 당하던 아내가 남성의 성적 질투심을 이용해 복수하는 이야기다. 이른바 '문학적 다윈주의'(literary Darwinism)는 진화론적 관점에서 문학을 이해하려는 새로운 시도이다. 이에 대한 리뷰 논문으로는 Joseph Carroll, "Evolutionary Approaches to Literature and Drama", eds. Dunbar and Barrett, *The Oxford Handbook of Evolutionary Psychology*가 있고, 포괄적인 연구서로는 Joseph Carroll, *Literary Darwinism: Evolution, Human Nature and Literature*, New York: Routledge, 2004가 있고 다양한 논문들이 실려 있는 Jonathan Gottschall and David S. Wilson eds., *The Literary Animal: Evolution and the Nature of Narrative*, Evanston: Northwestern Press, 2005는 선집으로 유용하다.

여성에 비해 훨씬 더 높았다. 즉, 남성이 여성에 비해 성적 판타지 측면에서 포르노적 상상력을 훨씬 더 많이 발휘한다는 것이다. 반면 여성은 남성에 비해 포르노보다는 로맨스 소설처럼 친밀도가 높은 대상과의 접촉을 상대적으로 더 선호했다. 이런 결과는 포르노 시장의 소비자가 거의 남성인 반면, 로맨스 문학의 소비자는 거의 여성이라는 사실과 정확히 일치한다.[18]

그런데 여기서 한 가지 의문이 생긴다. 포르노를 보는 행위가 남성의 번식 성공도를 직접적으로 높여 주지 않을 텐데, 왜 그런 행위를 하는 경향이 남성에게 상대적으로 높은가 하는 것이다. 반대의 질문도 가능하다. 포르노를 보는 행위만으로는 여성의 번식 성공도를 직접적으로 낮춰 주지 않을 텐데, 왜 여성은 남성에 비해 상대적으로 그런 행위를 꺼리는가 하는 것이다. 진화심리학자들은 우리의 심리 메커니즘의 오래된 진화가 이 두 질문에 대한 동일한 대답이라고 말한다. 다시 말해, 인류의 역사에서 절대적인 기간을 차지했던 수렵채집기 동안에 성적 다양성을 추구하게끔 진화된 남성의 마음과 그것을 경계하게끔 진화된 여성의 마음이 성적 판타지에 대해 다르게 작동하고 있다는 것

18 성적 판타지의 성차에 관한 진화심리학적 연구로는 Bruce J. Ellis and Donald Symons, "Sex Differences in Fantasy: An Evolutionary Psychological Approach", *Journal of Sex Research* 27, 1990, pp.527~556이 대표적이다. 이 논문에서 저자들은 미국 캘리포니아주립대학 학생 307명(182명의 여성과 125명의 남성)에게 성적 판타지에 대한 설문조사를 실시했다. 그 결과 남성과 여성은 시각 이미지, 터치, 맥락, 개인화, 감정, 파트너의 다양성, 파트너의 반응 등에서 현격한 차이를 보였다. 예컨대 "성적 판타지를 경험하는 동안 당신은 어떤 것에 더 집중을 하는가?"라는 질문을 주고 '시각 이미지'와 '감정'을 보기로 주었을 때, 남성은 81%가 '시각 이미지'에, 여성은 57%가 '감정'에 답을 했다. 그런데 이 연구의 결론 중 하나는, 포르노적 판타지를 추구하는 성향에 있어서 성차가 나타남에도 불구하고, 여성이 막상 포르노 소비를 할 때에는 남성과 비슷하게 흥분한다는 사실이다.

이다. 하지만 이것이 남성의 마음은 포르노를 즐기게끔, 여성의 마음은 로맨스 소설을 즐기게끔 '직접적으로' 자연선택된 산물(즉, '적응')임을 뜻하는 것은 아니다. 오히려 짝짓기의 적응 심리가 성적 판타지 테크놀로지의 출현에 자연스럽게 반응했다는 논리이다.[19]

심리언어학자 스티븐 핑커는 『마음은 어떻게 작동하는가』에서 포르노를 '쾌락 단추'(pleasure button)로 설명한다. 그는 인간의 문학, 종교, 예술 등은 인간 사회에서만 나타나는 현상으로서 매우 복잡한 구조를 갖고 있지만, 자연선택에 의해서 직접적으로 진화한 인지적 적응이라기보다는 다른 적응들 때문에 생겨난 부산물이라고 주장한다. 부산물 이론을 설명하기 위해 그는 다음과 같이 치즈케이크 비유를 든다. 우리 중에 치즈케이크를 싫어하는 사람은 거의 없을 것이다. 왜 그럴까? 치즈케이크를 위한 미각을 진화시켰기 때문은 아닐 것이다. 우리가 진화시킨 것은 잘 익은 과일의 달콤한 맛으로부터 소량의 기쁨을, 견과류와 고기로부터 지방과 기름의 부드럽고 매끄러운 감촉을, 신선한 물로부터 시원함을 느끼게 해주는 그런 회로들이다. 치즈케이크에는 자연계의 어떤 것에도 존재하지 않는 감각적 충격이 풍부하게 농축되어 있다. 그 속에는 우리 뇌 속에 있는 '쾌락 단추'를 누르기에 충분한, 인공적으로 조합한 과다한 양의 유쾌한 자극들이 가득 채워져 있다.[20]

핑커는 "포르노나 로맨스 소설은 또 하나의 쾌락 테크놀로지"라고

---

19 소극적인 '반응'보다 오히려 그런 테크놀로지를 '발명'했다고 해야 더 정확할 것이다.
20 Pinker, *How the Mind Works*, p.524.

말한다.[21] 그리고 문학을 포함한 예술이 모두 이와 같은 것이라고 주장한다. 다시 말해 음악은 청각 치즈케이크이고 미술은 시각 치즈케이크인 셈이다. 그는 책이나 영화에 빠졌을 때를 생각해 보라고 한다. "그때 우리는 숨이 멎을 듯한 경치를 관람하고, 중요한 사람들과 허물없이 사귀고, 매혹적인 남녀들과 사랑에 빠지고, 사랑하는 사람들을 지켜 주고, 불가능한 목표를 성취하고, 사악한 적을 물리친다. 7달러의 비용이 드니 결코 손해 보는 장사가 아니다."[22] 그에 따르면, 예술은 우리 뇌 속에 하나의 적응으로 장착된 '쾌락 단추'가 눌릴 때마다 나오는 부산물이다.

포르노가 남성이 진화시킨 남성을 위한 테크놀로지라는 주장을 입증하는 증거들은 상당히 많다. 누드에 대한 남녀 관심도의 차이, 특히 남성의 여성 성기에 대한 집착은 포르노를 보는 남성의 심리가 여성의 그것과 진화적으로 다르다는 점을 보여 준다. 다양한 문화권에서 조사된 바에 따르면, 이성의 성기를 봄으로써 성적으로 자극을 받는 것은 대체로 여성이 아니며, 상대의 성기를 보기 위한 질긴 욕망을 드러내는 쪽도 여성이 아니다.[23] 화장실이나 섹스 장소에서 불법적으로 몰카를 찍는 쪽은 남성이며 유통하고 소비하는 쪽도 남성이다.

성기에 대한 이런 집착의 성차도 진화론적 관점이 아니면 잘 설명되지 않는다. 여성의 성기에 관심이 없는 남성과 집착하는 남성 중에

---

21 Pinker, *How the Mind Works*, p.525.
22 *Ibid*., p.539.
23 시각적인 성적 자극에 반응하는 남녀 간의 차이에 관해서는 시먼스, 「섹슈얼리티의 진화」, 6장을 참조하라.

서 우리의 조상은 과연 어느 쪽이었겠는가? 남성의 성기에 쉽게 흥분하는 여성과 꺼리는 여성 중에 누가 우리의 할머니였을까? 대답은 분명하다. 남성은 여성의 벗은 몸을 일종의 유혹으로, 여성은 남성의 벗은 몸을 일종의 위협으로 본다. 실제로 캘리포니아대학교 버클리캠퍼스에서 '네이키드 가이'로 불리던 한 남학생이 억압적인 전통적 성 문화에 항의하기 위해 벗은 몸으로 일상을 즐겼다가 여학생들에 의해 성희롱으로 고소를 당해 결국 퇴학 조치를 당한 사례도 있었다.

실제 포르노 산업에서 여성들을 위한 포르노가 지난 반세기 동안 상대적으로 고전을 면치 못하고 있는 현상도 앞서 본 연애 본능의 진화론에 잘 부합한다. 여성 포르노 시장을 개척하겠다고 야심차게 출범한 『플레이걸』의 주요 구매자들이 실제로는 여성이 아닌 남성 동성애자들이라는 사실은 더 이상 비밀이 아니다. 남성 동성애자를 위한 섹스 기구들이 이 잡지의 주요 광고물인 것만으로도 금방 짐작된다(24쪽 '포토 프롤로그' 참조).

대신, 여성이 대개 스토리가 있는 로맨스 소설이나 드라마에 빠져 있다는 사실도 연애 본능 이론과 일치한다. 실제로 대부분의 포르노에는 스토리 라인이 없고 감정적 선도 없이 시청각적인 자극만이 난무한다. 이에 대한 여성들의 대체적인 반응은 "지루하다"는 것이다.[24] 대신 짝 결속과 관련이 깊은 낭만이나 헌신이 들어 있는 로맨스 작품에 빠져든다. 포르노의 시장이 어마어마한 것도 놀라운 일이지만, 로맨스

24 포르노에 대한 여성들의 일반적인 반응에 대해서는 오가스·가담, 『포르노 보는 남자, 로맨스 읽는 여자』, 특히 5장을 참조하라.

문학의 시장도 그에 못지않다는 사실은 더욱 놀라운 일이다. 진화심리학은 이런 놀라움에 대한 가장 유력한 설명이다. 진화심리학자 도널드 시먼스와 캐서린 새먼은 다음과 같이 설명한다.

> 남자들이 꿈꾸는 포르노 왕국의 섹스는 순전히 욕정, 그리고 육체적 만족과 관련이 있다. 구애, 헌신, 지속적 관계, 배우자로서의 노력 같은 것은 찾기 힘들다. 포르노 영상에서는 플롯이 최소한만 존재한다. 그 대신 섹스 행위 자체가 초점이고, 여성의 몸이 부각된다. 특히 여성의 얼굴, 가슴, 음문이 클로즈업된다. 하지만 여성이 상상하는 로맨스 왕국은 이와는 딴판이다. 로맨스 소설에서 여주인공의 목표는 섹스 그 자체, 즉 낯선 이와 별 교감 없이 몸을 섞는 것과는 동떨어져 있다. 로맨스 소설의 플롯은 대개 러브 스토리이며 주인공은 온갖 장애물을 극복하고 사랑을 찾아가고 그 사람의 마음을 얻고 결국 결혼에 골인한다.[25]

4. 포르노의 신경학: 거울뉴런과 모방

포르노와 로맨스 소설이 남녀의 연애 본능의 부산물이라면, 이 부산물은 어떤 신경학적 메커니즘에 의해 작동하는 것일까? 여기서는 거울뉴런과 포르노의 관계에 대한 간단한 예비고찰을 해보고자 한다. 질문은 단순하다. 포르노를 볼 때 우리의 뇌에서는 어떤 일이 벌어지는가? 이때 거울뉴런은 무엇을 하는가? 이 질문에 직접적인 대답을 해주는

---

25 오가스·가담, 『포르노 보는 남자, 로맨스 읽는 여자』, 57쪽에서 재인용.

연구가 아직까지 많지는 않지만, 몇 가지 관련 연구를 살펴봄으로써 포르노의 뇌 작동 메커니즘에 관해 논의해 볼 수 있다. 우선 거울뉴런에 대해서 이야기해 보자.

마카크 원숭이 뇌 안의 F5영역의 발견으로 처음 시작된 거울뉴런계에 대한 연구는 지난 10여 년 동안 수많은 성과들을 내놓았다. 거울뉴런은 다른 행위자가 행한 행동을 관찰하기만 해도 자신이 그 행위를 직접 할 때와 똑같은 활성을 내는 신경세포이다. 이 뉴런은 인간 뇌에서 하전두회(Inferior Frontal Gyrus, IFG)와 하두정엽(Inferior Parietal Lobule, IPL)에 존재하는데 이 부분을 두정엽-전두엽(P-F) 거울뉴런계라고 일컫는다. 이 P-F 거울뉴런계 외에도 이 거울뉴런계에 시각정보를 제공해 주는 후부 상측두구와 거울뉴런계의 작용을 통제하고 상위 수준으로 조직하는 데 활성화되는 전두엽 부분이 함께 작용하여 복잡한 거울뉴런 반응을 만들어 낸다.[26]

우리는 거울뉴런계를 통해 타인의 행동을 관찰하는 것만으로도 상대방의 행동을 온몸으로 이해할 수 있으며, 그 행위를 나의 운동계획과 비교해 실행으로 바꾸는 과정을 용이하게 함으로써 타인의 행동에 대한 모방을 가능하게 한다. 전자는 공감에 관한 것이며 후자는 모방 능력에 관한 내용이다. 공감은 도덕성의 기초이고 모방은 문화의 동력이다.

그런데 모방은 행동에 대한 관찰과 이해를 바탕으로 이루어진다.

---

26 거울뉴런의 발견에서부터 최근 연구 성과까지를 정리해 놓은 리뷰 논문으로는 Giacomo Rizzolatti and Maddalena Fabbri-Destro, "Mirror Neurons: From Discovery to Autism", *Exp. Brain Res.* 200(3-4), 2010, pp.223~237을 참조하라.

물론 이 관찰과 이해가 꼭 거울뉴런계의 작동을 통해서만 가능할 이유는 없다. 하지만 신경과학자 마르코 야코보니는 인간의 거울뉴런계가 모방의 신경 메커니즘의 중심축을 형성하고 있다는 사실을 밝혀냈다. 그는 특정 행동에 대해 그 행동을 관찰하기만 하는 경우, 관찰하지 않고 실행만 하는 경우, 그리고 모방을 하는 경우로 나눈 후에 거울뉴런계가 각각 어떻게 발화하는지를 살펴보았다. 연구 결과에 의하면, 거울뉴런이 세 조건(행위 관찰, 행위 실행, 모방) 모두에 반응하는 세포이지만, 행위 관찰과 실행을 모두 포함하는 모방의 경우가 활성도가 가장 높았다.[27]

그렇다면 모방 능력은 인간의 전유물인가? 연구자들에 의하면 인간을 제외한 다른 영장류, 개, 돌고래, 새 그리고 심지어 어류에서도 모방 능력은 존재한다. 하지만 이 종들은 물체와 연관되어 있으면서 행위의 목적과 결과가 분명한 행위에 대해서만 모방 능력을 발휘한다. 반면 행위의 목표가 되는 물체가 없는 상황(가령, 무언극 상황)에서는 행위 자체를 그대로 따라하는 데 실패한다. 예를 들어, 원숭이의 거울뉴런계 대부분은 행위의 목적, 즉 '무엇을'에 해당하는 내용을 부호화하지만, '어떻게'(방식)나 '왜'(의도)에 대해서는 그렇게 하지 못한다.[28]

모방 능력에서 왜 이런 차이가 발생할까? 사실, 행동의 결과 수준

---

27 거울뉴런계와 모방과의 관계에 대한 연구 성과들과 그에 관한 논쟁으로는 Vittorio Gallese and Morton Ann Gernsbacher et al., "Mirror Neuron Forum", *Perspectives on Psychological Science* 6(4), 2011, pp.369~407을 참조하라.
28 거울뉴런계가 인간 및 다른 동물들의 모방 행동에 있어서 어떤 관련성을 갖는지에 대한 연구로는 Marco Iacoboni, "Neurobiology of Imitation", *Curr, Opin, Neurobiol* 19(6), 2009; 마르코 야코보니, 『미러링 피플』, 김미선 옮김, 갤리온, 2009를 참조하라.

에서 볼 때 물체 지향적 행동의 모방에 신경을 쓰게 되면 신체 지향적 행동을 충실하게 따라 하는 것에 방해가 된다. 이렇게 동물은 다른 개체의 행동 목표만을 따라 함으로써 행동의 효율성을 높이는 쪽으로 진화했다. 반면, 인간은 일견 비효율적으로 보이는 '무작정 따라 하기' 전략을 진화시켰다고 할 수 있다. 이런 차이가 발생한 이유는, 인간의 경우 유아기가 다른 영장류에 비해 상대적으로 길고 사회·물리적 환경도 비교적 복잡하기 때문에 보여지는 대로 타인의 행동을 그대로 따라 하는 아기의 전략이 그렇지 않은 아기의 전략보다 더 유리하기 때문이다. 요약하면, 인간의 거울뉴런은 다른 동물들의 거울뉴런처럼 모방 행동을 가능하게 하는 신경세포지만, 다른 동물들의 거울뉴런과는 달리 의도와 방식까지도 정교하게 따라할 수 있게 한다.[29]

그렇다면 인간의 이런 거울뉴런계는 포르노에 어떻게 반응할까? 우선, 포르노 시청과 뇌의 작용 간의 관계부터 논의해 보자. 누군가의 성행위 장면을 보며 흥분하는 우리의 뇌에서는 대체 어떤 일이 벌어질까? 표준적인 대답은, 포르노 시청이 '섹스에 대한 생각'을 하도록 만들고, 그 생각이 우리를 성적으로 흥분되게 만든다는 것이다. 즉, 감각 작용이 특정 생각을 야기하고 그 생각이 그에 대응하는 신체 반응을 야기한다는 통념을 포르노의 사례에 적용한 경우이다.

하지만 거울뉴런계에 대한 연구는 이 통념을 뒤집는다. 포르노 시청은 우리가 '섹스에 대해' 생각하게끔 만들지 않기 때문이다. 오히

---

29 이런 '무작정 따라 하기'야말로 문화의 축적을 가능하게 하는 메커니즘이다. 동물에게 진정한 문화를 찾아보기 힘든 이유가 바로 이것 때문이다.

려 그것은 우리가 '섹스하고 있다'고 생각하게끔 만든다. 뇌를 흥분시키는 아이디어가 아니며, 아이디어는 되레 그 흥분의 결과물이다. 다시 말해, 뇌가 포르노에 반응하는 메커니즘은 포르노에 대한 지각(perception)이 아니라 포르노 행위(action) 그 자체이다. 거울뉴런계는 타인의 행동을 보는 것으로도 자신의 몸으로 그 행동을 이해하게 만든다. 뇌의 관점에서는 포르노 시청이 곧 포르노 행위가 되는 것이다. 스크린 속의 포르노 배우가 아닌데도 포르노를 단지 시청하는 것만으로 쾌락을 느끼는 데에는 이러한 신경학적 이유가 있다.

실제로 포르노 시청과 거울뉴런계의 작동 사이에 어떤 관련이 있는지를 연구한 최근 사례가 있다. 연구자들은 이성애자와 동성애자로 구성된 피험자 남녀를 기능적 자기공명영상(fMRI) 장비 속에 넣고 그들에게 발기된 성기 이미지들을 보여 준 후 뇌 작동의 변화를 보았다. 그 결과, 동성애자 남성의 뇌는 이성애자 여성의 뇌 작동과 비슷한 반응을 보였고, 이성애자 남성의 뇌는 동성애자 여성의 뇌 작동과 유사한 반응을 보였다. 물론 이것은 성적 선호도에 관한 결과로서 충분히 예측되었던 사실이다. 하지만 흥미로운 결과는 포르노를 볼 때 발기된 남성의 거울뉴런이 그의 발기 강직도와 비례하여 활성화되었다는 사실이다. 즉, 포르노를 보는 것만으로도 그와 같은 성행위를 하는 것과 동일한 신경작용이 일어난다는 것이다. 뇌의 활동 측면에서만 보면, 보는 것은 하는 것이다![30]

---

30 시각적인 성적 자극과 거울뉴런의 관계를 탐구한 연구로는 Harold Mouras et al., "Activation of Mirrorneuron System by Erotic Video Clips Predicts Degree of Induced Erection: An fMRI Study", *NeuroImage* 42, 2008, pp.1142~1500이 대표적이다.

하지만 이렇게 거울뉴런에 대한 연구가 포르노 소비에 대한 신경학적 이해를 재고하게는 만들지만, 포르노 소비의 성차에 대한 설명은 아직 못하고 있다. 실제로 여성의 거울뉴런 활성화 정도와 여성의 실제 흥분 정도의 관계에 관한 연구는 아직 없다. 이 대목에서 진화론적 고려를 해본다면, 여성의 거울뉴런계의 작동이 남성과 차이를 가질 것이라는 가설을 제시해 볼 수도 있을 것이다. 2절과 3절에서 자세히 논의했듯이 진화적인 이유에서 포르노 소비의 성차가 존재하는바, 포르노를 볼 때 여성의 거울뉴런계에 모종의 억제 메커니즘이 작동할 수도 있을 것이기 때문이다.

5. 나오며: 밈의 탄생과 포르노의 진화

인간의 연애 본능에 대한 진화론적 접근이 진화심리학만 있는 것은 아니다. 그리고 진화심리학은 인간의 짝짓기 행동을 비롯한 인간 본성의 중요한 부분들에 대해 설득력 있는 설명을 제공해 왔지만, 다른 한편으로는 인간만이 갖고 있는 독특성을 제대로 설명하고 있지 못하다는 비판도 받아 왔다. 넓게 보면, 그것은 인간의 문화에 대한 진화심리학적 설명이 불충분하다는 것이며, 문화를 만드는 인간을 넘어서 문화에 지배받는 인간에 대한 과학적 이론이 요구된다는 통찰이다. 밈 이론은 이런 통찰에서 출발한 문화진화론의 한 유형이다. 마지막으로 이 절에서는 밈 이론을 포르노의 진화를 이해하는 데 필요한 정도로만 한정하여 검토하려 한다.[31]

'밈'이란 무엇인가? 동물행동학자 리처드 도킨스의 『이기적 유전자』11장에는 인간 문화 현상에 대한 새로운 진화론적 설명이 등장한다. 장 제목처럼 거기서 그는 '밈'이라는 '새로운 복제자'를 탐구한다.

나는 새로운 종류의 복제자가 지구상에 최근에 출현했다고 생각한다. 이것은 우리 눈앞에 있다. 아직은 유아기에 있으며 원시 수프 속에서 서투르게 헤매고 있는 중이다. 하지만 낡은 유전자들이 따라잡을 수 없는 속도로 진화적 변화를 겪고 있다. 이 새로운 수프는 인간 문화의 수프이다. 우리에겐 새로운 복제자의 이름이 필요한데, 그것은 문화 전달(transmission)의 단위, 혹은 모방(imitation)의 단위라는 개념을 표현해 줘야 한다. 이에 관한 그리스어 어원은 'Mimeme'이지만, 나는 'gene'과 같은 단음절을 원한다. 내가 'mimeme'를 'meme'으로 줄여 부를 때 고전학자 동료들이 나를 용서해 줬으면 한다. 이를 양해해 준다면, 이것은 'memory', 혹은 프랑스어의 'même'과 연관된 것으로 간주될 수도 있을 것이다.[32]

문화에 관해 이야기하지 않고 인간을 이해할 수는 없을 것이다. 그는 밈의 사례로 "선율, 아이디어, 캐치프레이즈, 패션, 주전자 만드는 방법, 문 만드는 기술" 등을 들었다.[33] 그리고 신 개념(idea of God)을

---

31 밈학에 대한 가장 포괄적인 논의로는 수전 블랙모어, 『문화를 창조하는 새로운 복제자 밈』, 김영남 옮김, 바다출판사, 2010이 있다. 밈 이론의 입장에서 문화 진화(특히 종교적 믿음의 기원과 전파)를 이해하려는 시도로는 장대익의 「일반 복제자 이론: 유전자, 밈, 그리고 지향계」, 『과학철학』, 114, 2008, 1~33쪽을 참조하라.

32 Richard Dawkins, *The Selfish Gene*, Oxford; New York: Oxford University Press, 1976, p.192.

33 *Ibid.*, p.192.

일종의 '복제자 이론'(replicator theory)으로 설명한다.[34]

　우선, 밈을 또 하나의 복제자로 간주한다는 것은, 예컨대 복제자의 세 가지 요건들 ──수명(longevity), 산출력(fecundity), 복제 충실성(copying-fidelity) ──이 밈 영역에서 어떻게 적용되는지, 그리고 그것들이 유전자의 경우와 어떻게 유사하고 다른지를 비교한 후에 유전자가 복제자인 이유와 똑같은 의미에서 밈도 복제자라고 간주한다는 뜻이다. 가령, 복제 충실도 면에서 유전 복제자는 높지만 문화 복제자의 경우에는 그렇지 않다는 가상 반론에 대해, 그는 유전 복제의 경우에도 그 충실도가 낮은 경우가 있으며 문화 복제의 경우에도 오히려 충실도가 높은 경우들이 존재한다고 대답한다.

　따라서 도킨스가 밈을 복제자로 간주하는 것은 밈이 유전자와 중요한 면에서 상당히 유사하기 때문이라기보다는 유전자와 마찬가지로 밈도 복제자의 주요 특징들을 대체로 만족시키기 때문이라고 봐야 한다. 이런 맥락에서 밈과 유전자가 서로를 강화하기도 하고 충돌하기도 한다는 그의 설명은 은유를 넘어선다. 가령, 독신에 대해 생각해 보자. 이것은 유전적 적응도의 관점에서 보면 이해되기 힘든 이상한 행동이지만 특정 종교나 이념, 가치의 문화적 적응도 관점에서 보면 충분히 이해되는 현상이다. 이렇게 문화를 만들고 전파하는 인간의 행동은 유전자와 (다른) 유전자 사이, 유전자와 밈 사이, 그리고 밈과 (다른) 밈 사이의 이해 충돌로 설명되어야 한다. 밈은 유전자와 동등한 자격에서 인간의 행동에 영향을 주는 행위자(agent)이기 때문이다.

---

34 _Ibid._, pp.192~193.

1장 · 포르노그래피의 자연사_장대익　61

도킨스의 밈 이론이 급진적인 진짜 이유는 그것이 이른바 '수혜자 질문'(qui bono question)을 던지기 때문이다. 이 질문이란 말 그대로 "결국 무엇이 이득을 얻는가?"라는 물음이다. 사람들은 대개 유기체 중심적 사고를 갖고 있어서 스스로 자기 자신의 이득을 위해 행동한다고 생각하는 경향이 강하다. 하지만 도킨스는 유전자가 자신의 복사본을 더 많이 퍼뜨리기 위해 운반자인 유기체를 만들어 냈다는 진화의 사실을 드러내 보임으로써, 그리고 때로는 유전자 수준에서의 '욕구'와 개체 수준에서의 '욕구'가 충돌할 수 있음을 보임으로써, 수혜자 질문을 다시 철학의 테이블 위에 올려놓았다.[35]

수혜자 질문이 대두되면서 얻어진 자연스런 귀결 중 하나는, 이제 사람들이 '집단의 응집력'이라는 것이 전에 생각했던 것보다 훨씬 더 깨지기 쉬운 것임을 알게 되었다는 사실이다. 몇몇 논자들이 새로운 유형의 집단 선택론을 들고 나와 집단의 응집성 조건을 탐구하고 있긴 하지만 그 조건은 현실세계에서는 매우 드물게 만족된다.

그런데 수혜자 질문의 파괴력은 오히려 밈에 대한 논의에서 더 커진다. 왜냐하면 만일 밈도 유전자와 마찬가지로 복제자이고, 유전자가 자신의 유전적 적응도를 높이는 방식으로 행동한다면, 밈도 자신의 밈적 적응도(memetic fitness)를 높이는 방식으로 행동한다는 결론이 나오기 때문이다. 이런 결론이 왜 도발적이란 말인가? 밈은 문화의 전달 단위이다. 특정 단어, 아이디어, 인공물 등도 밈이 될 수 있다. 그런데

---

35 수혜자 질문이 왜 필요하고 무엇이며 어떤 철학적 의미를 담고 있는지에 대해서는 Daniel Dennett, *Darwin's Dangerous Idea: Evolution and the Meanings of Life*, New York: Simon&Schuster, 1995를 참조하라.

이 밈들은 원칙적으로 그것의 창시자나 운반자(vehicle)의 적응도를 위해서가 아니라 그 자신의 적응도를 높이게끔 행동한다.

예를 들어 보자. 아마 이런 광경을 본 적이 있을 것이다. 매년 한 번씩 100만이 넘는 이슬람 신자들이 메카 주변에 하즈 순례를 하기 위해서 모인다. 이슬람뿐만 아니라 기독교든 불교든 대규모 집회가 있다. 이런 광경 자체는 우리에게 친숙한 것이어서 그리 놀랄 만한 일이 아니다. 그러나 당신이 외계인 과학자라고 생각해 보자. 그는 지구에 가서 호모 사피엔스라는 인간 종을 연구해서 보고서를 써야 한다. 그런 외계인 과학자가 인간의 저런 행동을 본다면 무릎을 치면서 놀랄 것이다. 얼마나 흥미로운 광경인가? 다른 동물들에게서는 절대 볼 수 없는 행동들이다. 예컨대 당신의 정원에 개미가 5000마리가 살고 있다. 그런데 매년 12월 24일 날 정원 어딘가에 개미들이 모두 모여서 춤을 춘다. 만약 당신이 그런 광경을 본다면 놀랍지 않을까? 우리 자신도 인간이기 때문에 그것이 특별한 행동이라고 생각을 하지 못하는데, 한 발 떨어져, 즉 외계인의 관점에서 보면 설명이 필요한 매우 독특한 행동인 것이다.

이런 행동들은 유전자의 관점에서 보면 쓸모없는 행동이다. 그러나 밈의 관점에서 보면 이해할 수 있다. 중요한 것은 누가 이익을 얻느냐는 것이다. 종교, 민주주의를 위한 희생과 같은 행동을 통해서 누가 이득을 얻는가? 이익을 얻는 것은 바로 밈 자신이다. 그런 행동을 통해서 개체는 희생되지만 대신 밈은 더 널리 퍼지게 되기 때문이다. 이렇게 유전자의 관점에서만 인간의 정신과 행동을 조망한 것이 진화심리학이라면, 밈학(memetics)은 유전자와 밈의 관점에서 인간 본성을 이해하려는 시도라고 할 수 있다.

그렇다면 밈학의 관점에서 포르노 현상은 어떻게 이해될 수 있을까? 포르노의 진화론과 신경학을 결합시켜 보자. 포르노는 진화한 연애 본능의 부산물이었다. 즉, 남성의 연애 본능(성적 다양성)의 부산물이었고, 인간의 거울뉴런계의 작동으로 잘 소비되고 있다. 그런데 이 포르노가 디지털 테크놀로지의 비약적 발전으로 인해 엄청난 속도와 양으로, 그리고 누구나 쉽게 접근할 수 있는 방식으로 우리의 거울뉴런계를 자극하고 있다. 그래서 이제는 거울뉴런계가 포르노를 '향유'한다기보다, 오히려 포르노 밈이 우리의 거울뉴런계를 '갈취'한다고 해야 할지 모른다.

'창형흡충'(lancet fluke)이라는 기생충은 개미의 뇌를 감염시켜 그로 하여금 풀잎 위로 힘겹게 올라가게 만든다. 언뜻 보면 풀잎 위로 올라가는 이런 행동이 개미에게 이로울 것이라고 생각되지만 사실은 전혀 그렇지 않다. 흡충에게 번식의 최적지는 소의 위장인데, 혼자 힘으로는 다다를 수 없으니, 자신을 운반해 줄 개미의 뇌를 감염시켜 풀을 뜯는 소에게 잘 먹히도록 개미의 행동을 조정한 경우이다. 인간의 경우에 뇌를 감염시키는 것은 기생충이 아니라 밈이다. 밈은 자신의 운반자를 돌보지 않는다. 우리의 뇌는 유전자와 다른 유전자, 유전자와 밈, 그리고 어떤 밈과 다른 밈들 간의 전쟁이 벌어지는 '복제자 전쟁터'이다.

포르노는 이제 우리의 유전자에 대롱대롱 매달려 있던 시대(부산물로서의 포르노)를 넘어, 이제 자신만을 위해 존재하는 밈의 세계로 진화했다. 앞서 살펴보았듯이, 포르노가 준자율적인 밈의 세계로 진입하게 된 데에는 모방과 공감을 가능하게 하는 정교한 거울뉴런계가 큰 역할을 했을 것이다. 포르노 밈은 이 신경학적 메커니즘을 '이용하여' 전 세계의 사람들(특히 남성들)이 포르노를 '시청하게 하고' 흥분 상태로 '빠뜨리고'(때로는 중독되게 '만들고'), '따라하게 하며' 널리 '전파하게끔' 우리의 행동을 조정한다고도 할 수 있다.[36] 이런 관점에서 보면 포르노의 확산을 통해 이득을 보는 수혜자는 우리가 아니다. 포르노 산업 종사자도 아니다. 어쩌면 포르노 밈 자신일지 모른다. 포르노의 자연사는 이렇게 유전자에서 밈의 세계로 진화 중이다.

---

36 이런 해석은 포르노 밈이 실제로 마음을 가지고 있어서 그런 지향성을 갖는다는 뜻이 아니라, 마치 (as if) 그것이 그런 지향성을 가진다고 가정할 때, 포르노의 소비 패턴이 가장 잘 설명될 수 있다는 뜻이다.

2장

미래의 포르노는 어떤 미래를 만드는가?:
포르노 테크놀로지와 미래 사회

-김운하

"나도 알아. 내가 느끼는 맛이 가짜라는 거. 진짜 맛있는 게 아니라 스테이크가 입에 들어가면 내 두뇌로 '맛있다'라는 전기신호가 가서 그렇게 느끼는 거지. 이건 가짜야. 하지만 그게 무슨 상관이겠어. 비참한 진짜보다 가짜라도 편한 게 더 나은 거 아닌가? 그러니 날 매트릭스로 다시 돌려보내 줘." (영화「매트릭스」중 사이퍼의 대사)

세계 최초로 파트너와 대화를 나누는 섹스 로봇이 등장했다. 미국 라스베이거스에서 열리고 있는 성인용품 엑스포(AVN)에서 세계 최초로 선보인 여성 로봇 '록시'(Roxxxy)가 그 주인공. …… 인공 지능과 함께, 실제 인체 같은 합성고무 소재 피부도 갖고 있다. 록시를 개발한 미국 뉴저지주 트루컴패니언사의 더글러스 하인스 씨는 "그녀는 청소도, 요리도할 줄 모른다. 하지만 다른 모든 면에서는 거의 만능"이라고 말했다. 무엇보다 큰 특징은 신체 안에 내장된 랩톱 컴퓨터와 피부 센서를 통해 주인과 다양한 형태의 쌍방향 접촉이 가능하다는 점. 하인스 씨는 "록시는 당신에게 말을 걸고, 당신의 손길을 느낄 수도 있으며, 이메일을 보내기도 한다"고 말했다. 가령 주인이 손을 만지면 "난 당신과 손을 잡는 게 좋아요"라고 말하고, 민감한 부위를 터치하면 야한 목소리로 반응한다. 코를 골며 잠을 자기도 한다. …… 하인스 씨는 남성 로봇인 '록키'(Rocky)도 개발 중이다. (「세계 첫 '섹스 로봇' 등장」, 『한국일보』 2010년 1월 12일자 기사. 26쪽 '포토 프롤로그' 참조)

1. 지하철 야동남 사건이 보여 주는 미래 사회의 징후

2012년 봄, 언론 사회면을 떠들썩하게 만든 기사가 있었다. 소위 '지하철 야동남' 이야기였다. 한 중년 남자가 복잡한 지하철 1호선 안에서 소리를 제거하지도 않은 채 스마트폰으로 포르노 동영상을 보는 장면을 누군가가 동영상으로 찍어 유튜브에 올린 것이었다.

저널리즘의 특성상, 그 사건은 잠깐 대중들의 관심을 끌다가 이내 사라져 버렸지만, 그 사건이야말로 스마트폰이나 태블릿PC 같은 새로운 첨단 미디어의 등장으로 인해 포르노그래피라는 것이 언제 어디서나 즉각적으로 호출될 수 있는 편재성과 개별화를 이루게 되었다는 놀라운 사회적 증상을 실감나게 드러내 주었다. 또한 서두의 인용문에서 제시한, 영화 「매트릭스」에 등장하는 사이퍼의 이야기는 이제 그리 먼 이야기가 아닐 수도 있고, 영화 「데몰리션 맨」에서 다루고 있는 신체 접촉 없이 이루어지는 사이버섹스도 이미 기술적으로는 거의 실현 단계로 접어들고 있다. 세계 최초의 섹스 로봇이 2010년에 등장했다는 사실도 의미심장하다.

우리는 1만 년 전의 농업혁명, 15세기의 구텐베르크 인쇄혁명, 그리고 19세기의 산업혁명이 사회와 개인의 삶을 어떻게 근본적으로 변화시켰는지 잘 알고 있다. 21세기를 사는 현대인은 지금 막 시작의 도상에 있는 또 하나의 혁명, 즉 정보 미디어와 인공지능, 그리고 유전공학 혁명의 시대를 맞고 있다. 만일 스마트폰 같은 개별화된 기술이 더욱 발전하여 어떤 형식으로든지 인간의 뇌와 직접 연결되어 가상현실과 실제 현실 간의 경계를 진정으로 무너뜨린다면 인간의 삶은 어떻게 될 것인가? 사이버섹스의 쾌감이 마치 실제처럼 촉각적인 쾌감을 유발할 수도 있다면, 또 섹스 로봇이 육체적으로뿐만 아니라 실제 인간처럼 감정적인 소통이 가능해진다면 과연 연애나 사랑, 결혼 같은 인간관계는 어떻게 변화될 것인가? 공적인 삶과 사적인 삶은 또 어떻게 변화할 것인가?

슬라보예 지젝은 『처음에는 비극으로, 다음에는 희극으로』라는 책에서 인류가 현재 당면한 가장 절박한 문제로 현대 과학기술이 인류사회에 미칠 영향 문제를 들었다. 그는 이런 문제들은 과거의 패러다임으로 접근해서는 결코 이해하기 어려운, 완전히 새롭기에 너무나 복잡하고 어려운 문제라고 언급하기도 하였다. 그는 현재의 기술혁명이 초래하는 사회적 변화가 단지 양적인 변화에 불과한 것과는 근본적으로 다른 어떤 새로운 지형학을 갖고 있음을 이해했던 것이다. 어쩌면 90년대 중반 무렵부터 시작된 신과학기술혁명은 이제 막 태동기에 있고, 그 사회적 파급이 초기 단계이기 때문에 그 전모를 완전히 이해하긴 시기상조인지도 모른다. 장 보드리야르가 선구적으로 시뮬라시옹(simulation)과 파생실재(hyper reality) 개념으로 탈근대사회의 한 징후를 포착하고자 하였지만, 그의 논의는 오히려 현재와 앞으로의 미래에 더욱 유효한 분석처럼 보이기도 한다.

내가 보기엔 보드리야르의 논의조차 현상적 징후를 포착하는 데는 유용하지만, 그러한 현상을 초래하는 근원적인 동력들과 그것이 미치는 전반적인 사회학적 변동에 대해서는 많은 부분이 빠진 것처럼 보인다. 무엇이 빠졌는가? 바로 테크놀로지 자체가 가진 자율적인 힘들과 그것의 내적 논리에 대한 분석이다. 포르노그래피에 관한 논의를 하면서도 먼저 테크놀로지에 관한 이야기를 할 수밖에 없는 것도 바로 그런 이유 때문이다. 왜냐하면 포르노그래피는 인간의 가장 근원적이고 맹목적인 힘인 성적인 욕망에 근거하고 있고, 그렇기 때문에 그것의 기술적 속성에 관한 이야기를 제외하고선 미래의 포르노그래피에 관해 거의 중요한 이야기를 할 수 없기 때문이다.

현재 우리가 보는 포르노그래피엔 미래 사회의 모든 징후들이 모두 들어 있다.

2. 포르노는 테크놀로지다

미래의 포르노그래피에 관한 논의는 그런 논의에서 흔히 간과하기 쉬운 다음과 같은 기본 명제에서 출발해야 한다. **"포르노는 테크놀로지다."** 성적인 것, 정치적인 것, 혹은 도덕적인 메시지이기 이전에 먼저 그것을 구현하고 작동시키는 하나의 테크놀로지다.

미디어학자 마셜 맥루한은 미디어가 메시지라는 유명한 명제를 주장했다. 미디어는 메시지를 실어 나르는 단순한 용기가 아니다. 미디어 자체가 메시지를 규정하며 인간의 행위와 사고방식을 특정한 방식으로 규정한다. 인과론적이고 선형적인 문자 텍스트 시대와 비인과적이며 촉각적인 텔레비전 시대는 인간이 세상을 경험하고 지각하는 방식 자체가 다르다. 다른 미디어는 다른 인간을 낳는다는 것이다. 인터넷과 가상현실, 스마트폰과 태블릿PC, 인간과 기계의 융합, 안드로이드의 출현 같은 탈근대적 기술생태계의 변화는 텔레비전 시대와는 또 다른 인간을 낳는다.

맥루한은 테크놀로지를 인간 신체와 능력의 연장으로 파악하고 인간과 기술의 조화를 꿈꾸는 낙관적인 입장을 견지했다. 그러나 맥루한의 인간중심적인 관점과는 달리 기술은 단순한 도구들의 집합도, 인간 신체의 연장도 아니다. 차라리 보드리야르가 맥루한의 견해에 반대하여, 미디어가 인간 신체의 연장이 아니라 인간이 오히려 미디어의 확장이며, 복합적인 네트워크의 터미널에 불과하다고 주장한 명제가 더 타당하다.

프랑스의 기술철학자 자크 엘륄은 1950년대에 이미 테크놀로지에 대한 새로운 관점을 제시했다. 그에 따르면 **테크놀로지라는 현상, 그것의 본질은 합리화와 효율화, 그리고 근대 이래 기술 변화에서 볼 수 있듯 궁극적으로는 기계화와 자동화, 자율화를 지향하는 모든 방법론적 추구들의 총체이다.**[1] 기계는 그러한 테크놀로지의 본질이 구현된 대표적 양태일 뿐이다. 즉 도구나 연장, 기계들은 테크놀로지의 여러 구성요소를 구성하는 요소들일 뿐이지 그 자체가 테크놀로지가 아니다. 심지어

1 자크 엘륄, 『기술의 역사』, 박광덕 옮김, 한울, 1996.

인간이 자연을 대하는 문화적 관점 역시 테크놀로지를 구성하는 한 요소다. 테크놀로지가 자연과 인간을 매개하는 것이라면, 자연과 관계를 맺는 인지적이고 문화적인 패러다임 자체도 이미 테크놀로지 현상에 속하게 되는 것이다. 테크놀로지의 어원이 된 '테크네'라는 단어를 갖고 있었던 고대 그리스인들은 이미 테크놀로지의 그러한 본성에 관해 어느 정도 알고 있었던 것 같다.[2] 테크놀로지는 편재적이다. 가시적인 것이건 비가시적인 것이건, 합리화와 효율화가 존재하는 모든 곳에는 테크놀로지가 존재한다. 즉 브루스 매즐리시의 주장처럼 인간과 테크놀로지는 공진화해 왔고 테크놀로지 없이는 인간도 존재할 수 없다.[3]

포르노 테크놀로지 역시 인간의 성욕과 성적인 상상력, 그리고 호기심에 기반하여 발생한 재현 기술이다.

3. 자율화된 기술사회는 더 이상 인간을 필요로 하지 않는다?

포르노는 테크놀로지다. 이 기본 명제를 강조하는 까닭은 포르노그래피 기술 발전 문제가 그저 포르노그래피를 과거보다 좀더 쉽게 더 많이 접할 수 있다는 양적인 변화의 문제와는 다른 지형학을 구성한다는

---

2 그리스어 테크네(techne)는 토이코(teucho)라는 동사에서 파생된 단어다. 토이코란 동사는 물질적인 어떤 것을 '제작하다', '제조하다' 또는 '생산하다', '건조(건립)하다'라는 의미를 가진 단어였다. 그러다 플라톤 시대, 즉 기원전 4세기 중엽에 이르면서 '무엇을 야기하다', '무엇이 되도록 하다'라는 식으로 의미가 더 보편화되었다. 다시 말해 테크네라는 단어는 목적을 추구하는 인간 행위의 전 영역으로 확장되었다. 물질적인 것이든 정신적인 것이든, 무언가를 만들 수 있는 능력과 행위 일체가 테크네가 되었다. 오늘날 우리가 예술이라고 번역하는 '아트'(art)라는 단어의 기원도 바로 테크네인 것이다.
3 브루스 매즐리시, 『네번째 불연속』, 김희봉 옮김, 사이언스북스, 2001.

사실 때문이다. 책이나 그림으로만 보는 것과 영화나 텔레비전 동영상으로 보는 것의 차이 이상으로 미래의 포르노그래피 기술의 변화상은 탈근대 기술혁명이 초래하는 사회 전반의 변동과 깊은 연관을 맺고 있다. **인간을 둘러싼 기술생태계 자체가 근본적으로 변하고 있고, 근본적인 기술생태계의 변화는 사회와 개인의 존재 양식 자체를 다르게 규정짓기 때문이다.**

테크놀로지의 근원적인 추동력은 효율화와 합리화를 추구하려는 경향이다. 또 테크놀로지의 본질적 속성 가운데 하나는 그것이 고유한 진화적 경로를 따라간다는 사실이다. 마치 작은 씨앗 하나가 거대한 줄기들과 작은 가지들을 뻗어 내며 웅장한 나무로 성장하듯이, 테크놀로지는 더 큰 복잡성, 더 큰 정교함, 더 큰 효율성과 합리성을 향해 불가역적인 확장을 한다. 바퀴, 문자, 칼, 책, 불과 같은 기원의 기술들이 자동차와 우주비행선, 원자폭탄, 모든 지식체계들로 점차 더 거대하고 복잡한 규모로 변형되며 확장되어 온 것처럼, 동굴 내벽에 그려진 그림들은 회화와 사진, 영화, TV, 그리고 스마트폰과 같은 멀티미디어 기계장치들로 변형되며 확장되어 왔다.

테크놀로지의 진화는 그 진화 단계에 따라 세 단계로 구분 가능하다. 첫번째는 전근대 시대의 **도구주의적 기술생태계**로 그 특징은 기술 수준이 도구적이거나 신체의 연장 수단에 그칠 뿐이다. 19세기 산업혁명으로 촉발된 근대의 **기계적 기술생태계**는 시장에서의 자본 간의 무한경쟁을 전제로 하는 포드적 대량생산 체제, 그리고 생산현장을 비롯한 각급 노동 현장에서의 자동화와 기계화, 일상생활 전 영역으로 퍼져 나가는 기계화의 달성이다. 이 단계에 이르면 경제와 군사 부문을 비롯한 모든 부문의 경쟁력이 사실상 테크놀로지의 우위에 의존하는 경향을 보인다. 실제 제1차 세계대전을 겪으면서 전쟁 양상 자체가 전방과 후방의 경계 자체를 와해시키고 무기체계 자체가 전쟁의 성패를 좌우하는 시대가 되면서 확인되었던 사실이다. 엘륄이 20세기 중반, 현대사회를 기술사회라고 선구적으로 규정할 수 있었던 것도 바로 그런 사정에 기인한 것이었다.

그리고 세번째 지금 맞고 있는 변화는 **자율적 기술생태계**의 출현이다. 근대적 기술생태계가 개별 민족국가 단위에 기반을 둔 대량 공업 생산 체계였다면, 탈근대적 기술생태계는 민족국가의 경계를 초월하는 지구적 규모의 정보통신 네트워크와 첨단 기술들의 융합에 기반한 인간과 기계의 신체적 결합의 강화, 기계의 급속한 인간화로 특징 지어지는 거의 완전한 기술 중심 체계이다.

지구촌 시대라고 부르는 21세기에는 인간의 사회적 삶의 모든 형태가 복잡하고 촘촘하게 얽힌 기술시스템 속에서 이루어지기 때문에 어떠한 단일한 국가나 국가들의 집단도 지구화된 기술시스템 전체를 무효화시키거나 중단시킬 수 없다. 엘륄은 이미 현대사회의 테크놀로지는 자율화되었고, 테크놀로지가 삶의 형식을 규정한다는 의미에서 현대 세계는 하나의 거대한 **기술사회**(technological society)라고 규정한다.

미국의 기술철학자이자 저명한 IT 전문지인 『와이어드』(Wired)지를 창간한 케빈 캘리도 최근에 『기술의 충격』이라는 책에서 자율화된 기술생태계를 논하고 있다. 그는 기술 진화의 최종 단계인 자율화 단계에 이른 현대의 기술시스템 전체를 테크니움(technium)이라는 새로운 용어로 개념화한다. 테크니움이란 더 크고 세계적이며 대규모로 상호연결된 기술계를 가리킨다.

> 1만 년에 걸친 느린 진화와 200년에 걸친 믿어지지 않을 정도로 복잡다단한 발전을 거친 끝에, 테크니움은 독자적인 존재로 성숙하고 있다. 자기강화하는 과정들과 부분들로 이루어진 자체 유지되는 테크니움의 망은 자율성의 가시적인 척도를 제공해 왔다.[4]

다른 한편으로 그는 기술의 진화가 인간에게 더 많은 선택의 기회와 자유를 확장시킨다고 낙관적 입장을 주장하지만, 오히려 기술이 초래하는 위험은 그 자체로 심각한 문제이기도 하다. "인간이 기술을 발전시키고 사용하는 것이 맞긴 하지만 발전시키지 않을 자유도 사용하지 않을 자유도 없다면, 인간은 기술의 주인인가 하인인가?"[5]라는 질문은 결코 공허한 것이 아니다.

엘륄이나 캘리가 말하는 기술사회란 결국 인간과 기술의 상호의존이 깊어진 끝에 둘 간의 관계가 사실상 역전되기 시작하는 사회다. 맹목적인 기술 진화 과정에 개인들과 자본, 국가까지도 총동원되도록 강제하는 사회다.

탈근대 기술사회의 첫번째 핵심적 경향은 오늘날 누구나 잘 알고 있듯이 **경계들의 해체**다. 인터넷과 퍼스널컴퓨터, 개인 이동통신, SNS

---

4 케빈 캘리, 『기술의 충격』, 이한음 옮김, 민음사, 2011, 22쪽.
5 손화철 외, 『욕망하는 테크놀로지』, 동아시아, 2009, 66쪽.

같은 테크놀로지는 국가 간의 모든 경계와 공적 영역과 사적 영역 간의 경계를 해체시킨다. 두번째로 탈근대 기술사회는 인간을 점점 더 **불필요한 존재**로 만들어 간다. 기술시스템에 대한 의존이 심화되고, 모든 사회 영역에서 자동화와 자율화가 진행되면서 사회 자체가 하나의 거대한 기계가 되어 간다. **전쟁, 산업현장, 심지어 성의 영역에서조차 기계적인 것들이 인간을 대체**해 버린다. 그런 조짐은 이미 나타나고 있다. 미국은 이미 실전에서 무인 전투기 및 탱크를 동원하고 있고 로봇들을 투입하기 시작했다. 산업 현장에서는 이미 자동화가 많이 진행되어 공장을 비롯하여 은행, 일반 사무실, 지하철 등등 곳곳에서 실업자를 배출하고 있다. 탈근대 기술사회의 세번째 측면은 사회와 가정 등 전통적인 공동체의 해체와 **개인들의 탈사회화의 가속화**다. 한국 사회만 해도 불과 한 세대 만에 독신가구가 여섯 배나 늘어 전체 가구 수의 거의 30%가 독신가구이며 젊은 세대일수록 독신가구 비율이 훨씬 더 높아진다. 교육, 직업, 유학, 이혼, 개인주의의 확산 등이 원인이 되어 개인들은 수시로 여기저기로 흩어진다. 고용 불안, 경쟁의 격화, 유대감의 상실은 개인들을 더욱 고립시키고, 사회는 외로운 섬들의 사회, **외톨이 사회**로 변해 간다. 사회는 모래 알갱이들의 집합으로 변한다.[6]

---

6 한국 사회가 외톨이 사회로 변하고 있다는 통계적 자료는 또 있다. 2011년 6월에 발표된 서울시 인구 통계에서는 15세 이상 여성 인구 중 거의 절반이 독신으로 나타났다. 주 혼인 연령층이면서 주 출산 연령인 25~34세 여성 중 61.7%가 미혼인 것으로 나타났다. 이는 2000년(37.0%)과 비교하면 24.7%포인트 늘어난 수치다. 특히 30대 고학력 미혼여성이 2000년 50%에서 2010년 71.7%로 21.7%포인트나 늘어났다. 이 모든 통계자료가 보여 주는 것은 개인들의 외톨이화다. 역설적이게도 SNS는 오히려 개인주의화를 가속화시킬 따름이다. 인맥은 늘어나지만, 정작 지속적이고 감정적인 유대를 형성할 수 있는 가능성은 오히려 줄어들어 버리는 아이러니가 발생하는 세계가 바로 가상현실세계인 것이다.

사회의 해체, 개인의 탈사회화 경향과 공적 영역의 쇠퇴는 개인들을 실제 현실이 아니라 인터넷과 같은 가상현실에 더 많이 접속하도록 몰아간다. 사회적 연결과 유대감을 상실한 개인들은 인터넷이나 SNS와 같은 미디어를 통해서라도 잃어버린 사회적 연결성을 회복하려 하거나 혹은 고독과 외로움을 그런 기술적 산물들이 제공하는 마법적인 오락이나 쾌락의 세계로 대체하려는 경향을 낳기 때문이다. 그렇기 때문에 탈근대 기술생태계는 과거처럼 간접적으로——도구나 연장처럼 그때그때 필요할 때마다 사용하는 형태로——가 아니라 직접적이고 항상적으로 기술과 개인을 통합시킨다. 오늘날 아이폰 같은 첨단 기기들이 보여 주듯이 탈근대적 기술생태계 속에서 개인과 테크놀로지는 점점 더 분리 불가능하게 **일체화**되어 간다. 기계들은 마치 개인의 **분신**처럼, 개인의 정체성처럼 존재한다. **인간과 기계의 직접적 결합과 융합의 심화, 인간 신체의 사이보그화.** 이것이 탈근대 기술사회의 네번째 차원이자, 포르노와 관련하여 가장 중요한 기술적 측면이기도 하다.

그러나 탈근대 기술생태계의 가장 근본적 변화는 현실 자체의 변화, 즉 가상현실이 실제 현실과 융합하거나 대체하는 현실의 가상화·매트릭스화에 있다. 현실의 가상화는 포르노와 관련된 경험과 인간의 주체를 과거와는 전혀 다른 어떤 것으로 변경시킨다. 세계는 근대의 리얼리즘적 단계에서 **탈근대적 매트릭스화의 단계**로 이행하고 있다.

4. 매트릭스 포르노 시대가 오는가

서두에서 언급했던 지하철 야동남이 상징적으로 보여 준 징후는 포르노 소비 방식과 포르노의 경험 내용 자체가 바뀌고 있다는 사실인데, 그것은 바로 포르노그래피의 완전한 **개인화, 편재성, 그리고 즉각성**이다. 첨단 테크놀로지가 가능케 한 이러한 완전한 개인화, 편재성, 그리고 즉각성은 성적인 것들을 사회적인 영역에서 비사회적인 사적인 영역들로 완전히 재배치해 버린다. 그것은 포르노를 일상생활의 사적인 영역 깊숙한 곳에 뿌리내리게 만들고, 언제든지 호명 가능한 내밀성으로 탈바꿈시킨다. 그러한 내밀성은 사회적인 의미 일체를 제거해 버린다. 왜냐하면 의미라는 것 자체가 사회를 전제로 하기 때문인데, 사회성과 의미를 상실해 버린 포르노는 이제 순수한 쾌락과 향유의 지대로 옮아간다.

더욱 중요한 사실은 미디어의 개인화와 신체화 경향이 현실의 완전한 가상화와 맞물려 있다는 점이다. 인간이 경험하는 '현실' 자체가 미디어 기술의 급격한 발전으로 과거와는 다른 어떤 것으로 변하고 있다. 오늘날 회자되는 증강현실(Augmented Reality) 기술은 그런 변화의 시작에 불과하다. **미래의 포르노그래피 기술이 지향하는 방향은 현실 자체의 매트릭스화이다.**

20세기의 삶이 여전히 우리가 실제 현실이라고 부르는 리얼리즘적인 현실 속에서 이루어지고 있었다면, 21세기는 인간의 삶을 매트릭스적 단계로 이행시키고 있다. 19~20세기 중반까지는 현실과 가상의 구분과 경계가 분명한, 그런 의미에서 사람들이 현실이 무엇인가에 대해 심각한 문제제기를 할 필요가 없었던 리얼리즘적인 세계였다. 예술 분야에서 초현실주의가 등장했지만 그것 역시 확실한 현실 개념을 전제로 하고 있었다. 그러나 탈근대 시대는 현실 자체를 모호하게 만들어 버렸다. 현실과 가상의 경계가 모호해지고 어느 것이 '진짜 현실'인 가에 대해 심각한 회의가 발생한다. 실제 현실보다 가상현실이 더 현실적일 수도 있다는 것, 그것이 진정으로 문제가 되는 시대인 것이다.

인터넷과 가상현실이 현실세계로 들어온 이후부터 사실상 세계는 점점 더 **가상화·매트릭스화** 되어 가고 있다. 매트릭스 세계란, 가상과 현실의 경계 자체가 흐릿해지고, 실제 현실보다 기계와 접속하여 들어 가는 가상현실이 실제 삶보다 더 큰 비중을 차지하게 되고, 나아가 궁극적으로는 뇌를 인터페이스로 하여 실제 현실 속의 몸과 가상현실 속의 영혼이 완전히 분리되는 세계를 말한다.

영화「매트릭스」는 미래에 도래할 가능성이 있는 가상현실 기술의 극단적 단계인 매트릭스 단계를 디스토피아적인 방식으로 묘사해 보여 준다. 인간의 두뇌가 인터페이스가 되어 영혼은 직접 가상현실세계로 들어간다. 매트릭스 세계에서 느껴지는 모든 신체 감각은 그대로 육체로 전달된다. 매트릭스 세계에서 섹스가 이루어진다면, 신체가 느끼는 모든 감각은 실제 가상현실 바깥의 육체에도 그대로 똑같이 전달된다. **가상과 현실은 뇌의 감각을 통해 완전히 하나로 통합된다.** 현대의 포르노 테크놀로지가 궁극적으로 지향하는 지점도 바로 그런 것이다. **촉감 포르노**는 실제 현실에서의 인간 타자를 완전히 불필요하게 만들 것이다. 그런데 과연 기술을 통해 실제 육체들이 접촉할 때와 동일한 혹은 거의 유사한 촉감을 생성시킬 수 있을 것인가? 그런 기술이 과연 실현 가능할 것인가? 물론이다. 다만 시간의 문제일 뿐이다. 그런 단계에 이르면 데카르트적 향유 주체는 완벽하게 실현될 것이다. 21세기 초엽에 이른 지금 단계는 다만 그런 단계로 넘어가기 위한 초기적인 형태를 보여 주고 있을 뿐이다.

인간의 감각을 가상현실 속에서 실제와 같게 재현시키는 매트릭스적 세계는 실제 물질적인 현실, 혹은 실제 몸을 가진 타자들과의 소통과 접촉을 사실상 불필요하게 만들거나 폐기시키게 된다.

매트릭스 세계에서 개인들은 이제 완전한 자기충족적인 개체가 된다. 매트릭스 세계에서 포르노를 즐기는 개인들은 20세기에 포르노를 즐기는 개인들과는 전혀 다른 개인들이다. 첨단 미디어가 제공하는 완전한 개인화, 편재성, 그리고 만족의 즉각성은 더 이상 현실이나 타자를 불필요하게 만들어 준다. 다시 말해, 사회적인 것들의 제거로 인해 정신분석학에서 말하는 초자아, 현실원리 같은 개념 자체를 불필요하게 만들어 버린다.

개인들은 이제 점점 더 형사 가제트처럼 완전한 자기충족적인 개체들로 변해 간다.

5. 우리를 매혹하는 성인용 디즈니랜드: 자아분열적인 데카르트 주체의 부활

20세기가 현실의 최종 단계를 보여 주었고 21세기가 가상현실의 전면화, 즉 매트릭스화를 향해 나아가고 있다면, 인간 주체 문제 또한 그에 대응하여 다르게 변화한다.

포르노 테크놀로지와 성적인 삶과 관련하여, 근대와 20세기의 성적인 인간상이 프로이트적 주체의 시대였다면 21세기는 데카르트적 주체의 시대라고 부를 수 있다.

소설이나 사진, 영화, 비디오 형태로 존재하는 포르노그래피들은 프로이트적인 욕망의 주체를 소환한다. 프로이트적인 욕망의 주체는 욕망이 억압된 주체다. 또한 동시에 성적 욕망 자체를 자연적인 본능으로 긍정하고 싶어 하는 주체다. 그것은 근대 포르노그래피가 추동시켜 온 봉건체제로부터 벗어나기 위한 성 정치학적인 투쟁들과 종교를 비롯한 모든 성적인 금기체계들과 욕망의 억압기제들로부터 성을 해방시키려는 충동, 육체의 자연스런 본능의 권리에 대한 주장, 그리고 20세기 중반에 일어난 성해방 운동과 페미니즘 운동, 표현의 자유를 획득하려는 투쟁들과 결부되어 있는 주체다.

　20세기 내내 프로이트적 주체는 성의 해방을 위해 투쟁했다. 개인의 자유——성적인 자유를 포함한——해방을 위해 투쟁했다. 포르노적인 것들을 둘러싸고 도덕적 보수주의와 자유주의, 사회주의, 그리고 페미니즘 진영 사이에서 벌어졌던 격렬한 논쟁들은 포르노그래피 자체를 정치적이고 도덕적인 지형 한가운데 위치시켰다. 그 투쟁의 와중에 정신분석학은 포르노에 대한 찬반 양쪽 모두에게 첨단의 무기로 사용되었다. 그러나 찬반 어느 쪽이든 몸과 성의 자유와 권리에 대한 주장만은 결코 포기하지 않았다. 페미니즘 진영에서 문제 삼았던 것은 포르노그래피가 재현한다고 보여지는 남근중심적 가부장주의, 여성의 상품화, 폭력이었을 뿐이다. 20세기 동안 이루어졌던 프로이트적 투쟁은 사적 영역에서의 거의 완전한 성의 자유와 함께 미국과 유럽 국가들의 포르노 산업 합법화를 가져왔다. 더구나 80년대에 이루어진 캠코더 테크놀로지의 발명은 포르노를 사적인 영역 깊숙한 세계로 끌어들였고, 포르노 산업을 더욱 확대시키는 결과를 초래했다. 90년대에 널리 보급되기 시작한 퍼스널컴퓨터와 인터넷은 결국 테크놀로지를 최후의 승자로 만들었다. 성해방 운동과 테크놀로지의 발달은 포르노를 급속히 탈정치화시켰다. 포르노는 개인들의 사적이고 내밀한 영역 속으로 깊숙이 침투해 들어갔고, 사회주의권의 붕괴와 신자유주의 시대의 도래는 탈정치화를 더욱 가속화시켰다. 20세기를 지배했던 프로이트적 욕망의 시대는 사실상 그렇게 막을 내렸다. 21세기에 들어선 현재는 결핍된 욕망이 문제가 아니라 욕망의 과잉 향유, 첨단 테크놀로지가 초래하는 극단적인 원자화·고립화로 인한 인간적 유대의 상실, 테크놀로지에 매혹당한 개인들의 자아상실과 소외가 더 큰 문제인 것처럼 보인다.

그것이 바로 프로이트적 주체를 대체하는 신(新)데카르트적 주체의 탄생 문제이다. 데카르트적 주체는 해방된 욕망의 시대에 출현하는 주체다. 그러나 21세기의 데카르트적 주체는 분열된 주체다. 데카르트가 육체와 영혼을 각기 다른 실체로 규정했던 것처럼, 육체와 영혼이 각기 분리된 채로 떠도는 주체다. 데카르트적 주체는 사실상 주체일 수 없는 주체인데 왜냐하면 그 주체는 타자를 상실해 버린 공허한 주체이기 때문이다. 실제 현실보다 가상현실 속에서만 거주하는 영혼은 그러므로 가상적인 주체이다. 사적 영역에 매몰된 채 가상현실세계와의 연결을 탐닉하는 주체, "나는 접속한다. 고로 나는 존재한다"라고 말할 수 있는 그런 주체이다. 영혼과 육체가 분리된 데카르트적 주체는, 몸은 한 평 방 안에 머물러 있으면서도, 영혼은 가상현실과 접속하여 경계도 시간도 없는 다른 세계, 마치 영원의 세계와도 같은 가상현실세계를 부유한다. 그 영혼의 가상세계 탐험이나 주유를 방해하거나 막을 수 있는 것은 아무것도 없다. 현실에서는 단지 일개 소비자일 뿐일지라도, 가상현실 속에서는 마치 신처럼 시공을 초월하고 국경과 공동체, 법과 도덕의 경계를 넘어서, 자족적인 향유의 주체로서 모든 것을 향유한다.

가상현실의 향유 주체에게 음란물 혹은 외설물이라고 번역되는 '포르노'라는 단어가 과연 무슨 의미가 있는가? 오늘날 가상현실세계 자체는, 금기도 위반도 없는 다른 차원의 세계이며, 향유 주체에게만 속하는 하나의 자족적인 세계, 자기충족적인 세계이며, 모든 의미 작용들의 작동이 멈추고 모든 기호체계들이 시니피에 없는 시니피앙들의 부유하는 유희에 불과한 세계인 것이다. 현대의 데카르트적 주체는 사회적 주체와 가상적 주체로 분열된다. 가상적 주체는 순수한 향유의 주체이며 가상현실의 유일한 법칙인 향유의 법칙만을 따르는 주체다. 사드가 꿈꾸었던 절대적인 자유의 법칙이 작동할 수 있는 환상의 세계다. 데카르트적 향유 주체는 나른한 환상세계 속에서 타자가 아닌 바로 자기 자신과 유희한다. 거기에선 사회적인 것들, 의미, 실재라고 부르는 것들 일체가 사라진다.

한병철은 『피로사회』라는 책에서 사회가 부정성과 금지에 기반한 규율사회에서 긍정성·자유·쾌락·향유·선호가 중시되는 성과사회로 이행했다고 주장하면서, 타자로부터 벗어난 자유는 나르시시즘적 자기 관계로 전도된다고 주장한다.

새로운 미디어와 커뮤니케이션 기술도 **타자를 향한 존재**의 두께를 더욱 줄여 놓는다. 가상공간에서는 **타자성**과 타자의 **저항성**이 부족해진다. 가상공간에서 자아는 사실상 '현실원리' 없이, 다시 말해 **타자의 원리와 저**

항의 원리에 구애받지 않고 움직일 수 있다. 가상현실 속의 **상상적** 공간에서 나르시스적 주체가 마주하는 것은 무엇보다 자기 자신이다. 실재가 무엇보다도 그 **저항성**을 통해 존재감을 가진다면, 가상화와 디지털화의 과정은 날이 갈수록 점점 더 그러한 실재를 지워 나간다.[7]

향유 주체가 가상현실세계 속에서 전유하는 타자 없는 향유들은 실제 세계에 결핍된 욕망들을 대리보충하는 2차적인 향유가 아니다. 오히려 실제 세계가 제공하는 온몸으로 향유하는 1차적인 촉감과 쾌락과 대등할 뿐 아니라, 어떤 경우에는 그것보다 우월한 독자적인 향유다. **데카르트적 향유 주체는 근본적으로 나르시시즘적인 주체다. 데카르트적 향유의 세계는 한마디로 더 이상 얼굴과 얼굴(face-to-face)을 마주하는 20세기적인 리얼리즘의 세계가 아니라, 가상현실 속에서 자기와 자기만(self-to-self)을 마주하는 세계다.** 마치 마약중독자가 마약에 취한 상태에서 보는 환각과도 같은 세계이다. 그리고 그러한 환각이 최종적으로 구현되는 세계가 바로 매트릭스적인 환상세계일 것이다.

보드리야르는 포르노와 테크놀로지가 보여 주는 비실재적인 환각세계에 대해 이렇게 주장한다. "기술이 종합의 수단들을 완성시키는 것과 동시에 분석과 정의의 기준들을 보다 철저히 규명해서, 완벽한 성능, 즉 실재에 관한 철저함이 영원히 불가능"해지고, "실재는 이제 정확성으로 이루어진 현기증 나는 환각, 무한히 작은 것 속에서 사라지는 환각이 되었다".[8] 보드리야르에 따르면 극단적인 투명함을 구

---

7 한병철, 『피로사회』, 김태환 옮김, 문학과지성사, 2012, 95쪽. 강조는 원저자.

현하는 현대적인 포르노 기술에는 성적인 내용도, 전통적인 외설스러움도 더 이상 존재하지 않는다. 왜냐하면 포르노에는 위반과 도발, 퇴폐와 같은 환상적인 폭력과 억압으로 작동하는 성적이거나 도덕적인 내용들이 성해방 운동으로 인해 사라진 후에 등장한 새로운 형태의 외설이기 때문이다. 그러나 이 새로운 형태의 외설은 투명함과 명증성의 극단에서 나타나는 시뮬라크르이다. 즉 성적인 것들에 관한 진실이나 의미가 더 이상 존재하지 않는다는 진실을 은폐하는 허구적인 외설에 불과한 것이다. 그러므로 오늘날의 첨단 테크놀로지가 제공하는 네트워크화된 가상현실이 보여 주는 성적인 세계, 완전히 개인화되고 편재하면서 언제든 즉각적으로 욕구를 충족시키는 현대의 포르노는 더 이상 과거의 포르노와 관련이 없다. 왜냐하면 포르노라는 단어 자체는 사회적인 것들, 도덕적인 규제들, 그리고 성적인 실재를 전제로 하기 때문이다.

자기 방 안에서 홀로 인터넷에 접속하여 포르노 사이트들을 떠도는 누군가를 생각해 보자. 그/그녀에게는 섹스 파트너가 있을 수도 있고 없을 수도 있다. 중요한 건 그런 사항들이 아니다. 중요한 건 현대의 포르노 테크놀로지가 제공하는 일방향 혹은 상호작용하는 쌍방향의, 또는 이런저런 수를 헤아릴 수 없는 다양한 모든 장르들의 성적인 것들과 접속하고 연결함으로써 실제 인간과 이루어지는 관계들에서는 감각할 수 없는 **다른 종류의 쾌락들**을 생산하고 향유하는 것이다. 극단적으로는 1차적인 향유——실제 세계의 향유——보다 2차적인 향유를

8 장 보드리야르, 「섹스의 황도」, 정연복 옮김, 솔출판사, 1993, 234쪽.

더 선호할 수도 있다.

현대사회의 많은 사람들이 실제 세계 속에서 이루어지는 인간관계를 어려워하거나 불가능하다고 생각한다. 실제 세계에서 타인과 관계를 맺는 과정에서 요구되는 여러 가지 성가시고, 귀찮고, 시간과 돈 등 이런저런 노력들을 투입해야 하는 수고로움 자체를 완전하게 배제한 채 값싸고, 안전하고, 시간이 절약되는 2차적인 향유를 선호하지 못할 까닭이 없는 것이다. 무엇보다 가상현실세계가 제공하는 성적인 세계의 풍부함과 다양성은 남녀 성차이를 넘어서 모든 종류의 개인적인 기호와 취향을 만족시킬 수 있는 무한한 잠재력을 갖고 있다. 내용적으로도 단지 사실적인 재현들을 보여 주는 포르노들뿐 아니라 만화, 게임, 애니메이션, 3D, 그리고 공간을 초월하여 실행되는 상호작용 가능한 쌍방향 섹스 채팅들, 아마추어들의 자발적인 제작 등은 전통적인 포르노를 하나의 **스펙터클한 성인 오락물**(adult entertainment material) 로 변환시키고 있다. 가상현실 속의 포르노 관련 사이트들은 일종의 성인용 테마파크 혹은 성인용 디즈니랜드가 되어 버린다.

그러므로 가상현실세계가 제공하는 세계의 복잡성과 무한성, 예전에는 분리되어 있던 모든 오락적인 기능들의 통합의 가속화는 20세기 동안 이루어진 포르노에 대한 도덕적이고 정치적인 담론이나 논쟁들을 무색케 만들어 버린다. 따라서 도덕적 개념으로서 포르노그래피라는 단어의 의미는 거의 무의미해질 것이다. 공적인 포르노는 이제 판타지, 즉 사적인 환상으로 대체된다. 영화 「매트릭스」의 등장인물인 사이퍼는 실제보다 매트릭스적 현실을 더 선호하는 극단적인 데카르트적 향유 주체의 초상이다.

그러므로 21세기 데카르트적 향유 주체의 세계에는 더 이상 포르노그래피는 없다. 외설도 없다. 모든 것은 취향과 선호, 즐김, 향유일 뿐이다. 포르노 단계를 넘어선 판타지의 단계, 그것이 데카르트적 향유 주체에 대응하는 세계이다.

하지만 이들 데카르트적인 분열된 주체들이 그저 첨단 기술에 매혹당한 즐겁고 행복한 주체인 것만은 아니다. 오히려 외롭고, 피로에 쩔어 있고, 우울한 주체들이다. 타자도, 유대성도 없는 나르시스적인 외톨이들. 위에서 지적했듯이, 21세기 기술 지배 사회는 개인들 스스로 자신의 욕망과 자유를 긍정하게 만드는 한편으로, 기술의 고도화로 인간들을 무자비한 생존 경쟁에 몰아넣기도 하는 잔혹한 사회이기도 하다.

기술시스템의 자동화·자율화가 더 빨리 진행될수록 도태되는 개인들도 늘어날 뿐 아니라 개개인의 무력화 역시 빠르게 진행된다. 개인의 무력화는 피로를 낳고, 피로가 극단화될 때 참을 수 없는 권태가 찾아온다. 피로와 권태에 찌든 개인들은 사회로부터 퇴각하여 나르시시즘적인 세계로 빠져들어 간다. 따라서 포스트모던 데카르트적 주체는 근대적 데카르트처럼 통일된 의식과 자아를 가진 존재가 아니다. 그의 내면은 마치 수시로 채널이 바뀌며 돌아가는 텔레비전 화면과도 같다. 가상현실세계에 넘쳐 나는 범람하는 정보들, 볼거리들 사이를 부유하며 자극적인 탐닉을 즐기는 산만하고 수동적인 자아일 뿐이다.

더구나 90년대 말에 등장한 소위 네티즌은 현재 이미 **멀티태스킹 네티즌**으로 진화했다. 멀티태스킹이란, 예를 들어 아이패드 같은 태블릿PC나 스마트폰으로도 여러 작업을 동시에 할 수 있는 기능을 말한다. 또한 동시에 여러 개의 창을 띄워 놓고 쉽게 다른 창으로 이동할 수 있는 기능은, 웹서핑 활동 자체를 마치 수많은 채널을 가진 텔레비전 앞에 앉아 리모컨으로 수시로 채널을 바꾸어 버림으로써 모든 채널에서 제공하는 정보의 메시지들이 깊이와 의미를 잃어버리고 그저 동등한 지위와 가치를 가지는 이미지나 정보들의 집합체가 되어 버리는 효과를 낳는다. 즉 수없이 많은 세계(창 혹은 사이트)들이 정보의 형태로 **병렬적으로** 존재함으로써 그 세계들 사이의 차이가 양적 차이로 전환되어 버린다. 더구나 멀티태스킹 기능과 수시 이동 기능은 네트워크 내의 모든 정보들 간의 의미론적 차이를 제거하는 방향으로 나아가게 되며, 또한 지나치게 범람하는 정보, 과잉 정보는 오히려 정보들이 제공하는 질적인 측면에 대한 무관심성을 강화하는 경향이 있다. 때문에 멀티태스킹을 하는 자아는 주의가 분산되고 산만해지며 성찰을 하거나 의미를 숙고할 가능성이 축소된다. 자아의 내면은 여러 갈래로 분열된 채로 다양한 감각적이고 신경적인 흥분-자극과 그것의 즉각적인 충족만을 좇게 된다. 이러한 기술적 환경의 근본적 변화들은 결국 인간의 삶의 두께를 점점 더 얄팍하고 경박하게 만든다. 인간은 이제 TV인간에서 모니터인간으로 변한다.

일본의 비평가 아즈마 히로키가 일본의 오타쿠 문화를 분석하면서 포스트모던 시대의 특징으로 인간들이 욕망의 주체가 아니라 동물적인 욕구의 주체로 퇴락하고 있다고 분석한 것도 그런 맥락이라고 볼 수 있다. 욕망이란 타자를 전제로 하는 간주체적인 것이고 타자의 욕망을 욕망하는 것이기에 항상 완전히 충족될 수 없는 빈틈을 낳는 데 비해, 욕구는 마치 식욕처럼 충족되는 순간 사라져 버리는, 단순한 결

핍과 충족의 사이클만을 갖는 즉물적인 것이기 때문이다.[9]

최근 일본 사회에서 문제가 되고 있는 소위 '히키코모리', 즉 은둔형 외톨이 증후군도 넓은 의미로 보면 고립된 외로운 데카르트적 주체의 한 극단적 양상이다. 집 안에 틀어박혀 하루 종일 인터넷에 접속하여 게임을 하든가 혹은 소위 오타쿠라고 부르는, 한 분야에 광적으로 몰두하는 마니아적인 삶을 살아가는 것이다. 사실 히키코모리 증후군은, 가차 없이 진군하는 첨단 기술사회에서 구석으로 내몰리는 힘없는 개인들의 초상이다. 외톨이 사회 증후군인 것이다.

6. 미래의 이브, 로봇과 사랑에 빠지는 사람들

세계의 점진적인 매트릭스화는 직접적으로 인간 신체와 기계의 결합을 전제로 한다. 사이보그란, 신체가 기계적인 것들과 결합하거나 융합하는 형태로 존재하는 인간이다. 사이보그 이론은 다나 해러웨이를 비롯한 학자들이 선구적으로 주장했지만 인간의 사이보그화는 이젠 더 이상 이론이 아니라 실제적인 현실이다.[10]

2012년 4월 초, 구글은 영화 「매트릭스」가 보여 주는 뇌와 기계가

---

9 아즈마 히로키는 이렇게 쓰고 있다. "포스트모던의 인간은 '의미'에 대한 갈망을 사교성을 통해 충족할 수 없으며 오히려 그것을 동물적인 욕구로 환원함으로써 고독하게 채우고 있다. 거기에서는 작은 이야기와 커다란 비이야기 사이에 어떠한 연계도 없고, 세계 전체는 단지 즉물적으로 누구의 삶에도 의미를 주지 않은 채 표류하고 있다. 의미의 동물성으로의 환원, 인간성의 무의미화, 그리고 시뮬라크르 수준에서의 동물성과 데이터베이스 수준에서의 인간성의 해리적인 공존"(아즈마 히로키, 「동물화하는 포스트모던」, 이은미 옮김, 문학동네, 2007, 165쪽 참조).

10 다나 해러웨이, 「유인원 사이보그 그리고 여자」, 민경숙 옮김, 동문선, 2002 참고.

직접 접속하는 단계로 전환되기 이전의 중간 단계라고 할 수 있는 사이보그화의 한 단계를 선보였다. '프로젝트 글래스'(Project Glass)는 말 그대로 안경처럼 쓰고 다니며 사용하는 컴퓨터다. 안경을 쓰는 순간, 사람은 증강현실 속으로 들어간다. 증강현실이라는 개념 자체도 지난 10년 사이에 등장한 새로운 단어다. 그것은 현실세계에 컴퓨터 기술로 만든 가상 물체와 정보들을 융합하고 보완해 주는 기술을 말한다. 현실세계에 실시간으로 부가정보를 갖는 가상세계를 더해 하나의 영상으로 보여 주기 때문에 혼합현실(Mixed Reality, MR)이라고도 한다. 실제 현실에 가상현실이 겹쳐지고 뒤섞이는 이런 현실은 현실, 가상현실에 이은 제3의 현실이라 부를 수 있다. 2013년에 상용화된다는 그것이 의미하는 바는 현대 기술의 필연적인 수렴 방향인 기술-신체의 융합 과정이 마침내 본격화되기 시작한다는 신호다.

21세기형 인간은 이미 모두가 사이보그다. 사이보그가 유기체와 기계체 간의 융합과 합체를 의미한다면 성형수술, 인공보철기구, 인공장기, 손상된 신체를 유전공학적으로 복원하는 인공재생술, 그리고 최근에 부상당한 병사들을 대상으로 성공적으로 구현되고 있는 인공 팔다리의 출현 등이 전형적인 사례들이다. 사실상 21세기형 인간은 모두 기술화된 신체, 즉 인공신체이고 그런 의미에서 모두가 사이보그라고 정의 내려도 무방할 것이다. 동물과 인간, 기계라는 전통적인 존재론적 구분은 무의미해졌다. 인간의 사이보그화도 가속적으로 진행되고 있지만, 무엇보다 21세기 테크놀로지의 가장 뚜렷한 경향은 안드로이드의 구현, 즉 로봇의 인간화이다.

기계들의 안드로이드화는 인간과 신체가 결합하는 두 가지 방식

중 매트릭스화와는 다른 한 세계를 보여 준다. **매트릭스적 세계와 안드로이드적 세계는 테크놀로지가 진화하는 궁극적인 두 가지 진화 방향이다.** 안드로이드란 일반적으로 로봇 중에서도 우수한 인공지능과 인공피부를 갖추어 겉모습만으로는 인간과 구분되지 않을 정도의 수준에 도달한 로봇을 가리킨다. 그 단어의 어원은 그리스어로, '인간을 닮은 것'이라는 뜻이며, 과학소설 용어로 처음 사용한 것은 19세기 프랑스 작가 빌리에 드 릴라당이다. 그는 자신의 소설 『미래의 이브』(*L'Ève future*)에 등장하는 여성 로봇 아다리를 안드로이드라고 불렀다.

빌리에 드 릴라당이 『미래의 이브』를 발표한 것은 1886년이다. 릴라당은 그 소설에서 역사상 최초로 안드로이드와의 사랑을 통해 완전한 사랑을 실현하려는 이상을 그려 냈다. 물론 그 소설의 기원은 고대 그리스의 피그말리온 신화다. 피그말리온 신화에서 그의 꿈을 실현시켜 주는 존재가 아프로디테 여신이었다면, 『미래의 이브』에서는 테크놀로지가 그 꿈을 실현시켜 주는 여신의 역할을 한다. 그리고 릴라당의 작품을 기원으로 그것을 패러디하고 확장시킨 수많은 과학소설과 영화들이 뒤를 이어 나왔다. 예를 들어 릴라당 소설의 페미니즘적 패러디라고 할 수 있는 작품인 수전 세이들먼의 영화 「사이보그 유리시즈」(Making Mr. Right, 1987)를 들 수도 있을 것이다. 이 작품은 실제 남성 대신 남성 안드로이드와 사랑에 빠지는 여성을 그려 내고 있다.

인간과 기계의 결합, 인간의 사이보그화, 증강현실의 등장은 데카르트적 향유 주체조차 끝이 아닌 하나의 과도적 현상에 불과할 수도 있음을 보여 준다. 신경과학과 인공지능과학, 로봇공학은 인간을 더 먼 곳으로 데려갈 가능성이 크다.

영국의 인공지능 전문가인 데이비드 레비는 『로봇과 섹스를』이라는 책을 통해 인간과 로봇이 감정적인 사랑을 교환할 수 있다고 주장한다.[11] 그는 그 책에서 심리학, 사회학, 로봇공학, 인공지능, HIC(인간-컴퓨터 상호작용), 물질과학, 성(性)과학 등의 분야에서 발표된 450여 권의 전문서적을 분석한 결과, 인간이 로봇과 사랑에 빠질 수 있다는 결론에 도달했다고 밝혔다. 현재의 로봇기술 발전 추세를 감안하면 어느 정도의 지능과 자율성, 외모, 그리고 가장 중요한 성적 능력을 갖춘 안드로이드의 개발이 가능해질 것이라는 이유에서다. 나아가 그는 2030년경이면 인간의 감정과 유사한 감정 소통이 가능한 단계가 될 것이며, 2050년경이 되면 로봇과 결혼하는 것이 이상하지 않은 시대가 올 수도 있다고 주장한다.

물론 실제로 그런 상황이 조만간 도래할지 어떨지 지금으로서는 전망하기 힘들다. 왜냐하면 그것은 신경과학과 인공지능과학, 로봇공학이 실제 얼마나 더 진전될지, 또 그러한 진전에 대해 사회가 어떤 대응을 하게 될지를 명료하게 인식하기가 지금으로서는 쉽지 않기 때문이다.

7. 결론: 인간은 무엇이 되어 가고 있는가?

지금까지 살펴본 것처럼 탈근대 기술생태계는 이미 현실의 매트릭스

---

11 David Levy, *Sex with Robots: The Evolution of Human-Robot Relationships*, New York: HarperCollins, 2007.

화와 기계의 안드로이드화, 인간의 전면적 사이보그화를 향해 거침없이 질주하며 진화하고 있다. 테크놀로지는 더 이상 인간 삶의 종속변수가 아니다. 유전공학, 가상현실 기술, 로봇공학, 신경공학, 컴퓨터공학, 나노기술은 사회와 삶, 나아가서 인간이란 종 자체를 급격하게 재편성하고 있다. 인간 삶의 모든 형식이 변하고 있으며 성적인 삶의 형식 또한 예외가 아니다.

그러나 21세기 초엽인 지금 시대는 그러한 거대한 혁명적 변화가 본격화되는 출발선상에 불과하다. 마치 18세기 후반 근대 산업혁명이 처음 시작하던 단계처럼, 탈근대 기술혁명은 이제 막 시작되었다. 누구나 다 알다시피 기술 발전 속도는 점점 더 빨라지고 있다. 문화지체가 아니라 기술지체 현상을 겪을 정도로 기술 발전 속도는 말 그대로 '가속화'되고 있다. 2013년 현재가 아니라, 기술생태계가 지금보다 훨씬 더 자율화되어 갈 가능성이 높은 한 세대 뒤 혹은 21세기가 끝나는 시점의 미래 세계를 그려 볼 때마다 경이감과 두려움이 뒤섞인 착잡하고 복잡한 심정에 사로잡히곤 한다.

인간은 어디를 향해 가는가? 인간은 장차 무엇이 되려 하는가? 영화 「데몰리션 맨」에서처럼 사이버섹스를 하거나 로봇 파트너와 사랑에 빠지는 것이 자연스럽고(27쪽 '포토 프롤로그' 참조), 신기하고 마법적인 거울 나라에 매혹되어 넋을 잃은 앨리스처럼 환상적인 가상현실에 도취되어 비판적인 사유능력마저 상실해 버린 그런 세상이 도래할 가능성이 크다면, 우리는 지금 그런 미래에 대해 어떻게 대비해야 하고 무엇을 거부하고 받아들일 것인가? 아니, 인간에게 그런 미래를 거부할 수 있는 힘이 있기나 한 것일까? 이런 질문들은 더 이상 회피하거

나 미룰 수 없는 가장 절박하고 진지하게 다루어야 할 문제들이다. 21
세기가 막을 내리는 시점엔, 어쩌면 오늘날 인간이라고 알고 있는 존
재들과는 다른 인간들이 도래해 있을지도 모른다.

3장

실재를 향한 열정으로서 포르노

—김종갑

자유는 원래 특권이나 생득적 권리를 강요하거나 개인에게 개인적·사회적 이동을 불허하는 제한으로부터 벗어나려는 노력을 가리키는 정치적·사회적 개념이었다. 그러나 전혀 속박이 없는 세계를 생각하기란 불가능하였다. 그런데 해방은 모든 제한으로부터 벗어나려 했다. 그리하여 해방은 엑스터시 ——즉 신체 그 자체로부터의 자유——를 이루려는 심리적인 충동이 되었다. 해방은 현실세계로부터 벗어나, 상상과 실재를 구분하지 않고 환상이 모든 것을 지배하는 왕국에 도달하려 노력한다. "황홀경에 빠지자"(blow one's mind)라는 현대적 문구가 놀랄 만큼 정확하게 이를 표현해 주고 있다. (벨, 『정보화 사회와 문화의 미래』, 187쪽)

1. 포르노의 매혹

인터넷 사용자 가운데는 중독된 사람들이 많다. 통계에 따르면 낮게는 사용자의 10%, 높게는 40% 정도가 인터넷에 중독되어 있다. 그 가운데는 인터넷에 접속하지 않으면 하루도 버틸 수 없을 정도로 중증인 중독자들도 적지 않다. 다른 원인들도 있겠지만 인터넷 사용자들이 중독되는 가장 큰 이유는 인터넷의 외설성에서 찾을 수 있다. 인터넷은 엄청난 외설적 이미지와 동영상들의 바다로, 미국의 경우 1998년에 약 2만~5만 개였던 포르노 사이트의 숫자는 이후로 헤아릴 수 없을 정도로 폭증하였다.[1] 성인의 10%는 인터넷 포르노에 중독되어 있으며, 그 가운데 여자도 약 28%를 차지하고 있다.[2] 왜 이렇게 포르노에 집착하는 사람들이 증가하는 것일까? 성적 욕구를 해소할 길이 없는 독신자나 청소년들이 꿩 대신 닭이라고 '가상 섹스'(cybersex)로 만족해야 하기 때문일까?

포르노는 진짜 섹스가 아니라 가상 섹스이며 실재가 아니라 이미지라는 사실은 아무리 강조해도 지나치지 않는다. 진짜의 유혹이 아니라 가상의 유혹인 것이다. 그렇다면 포르노를 보는 사람들은 「노송도」를 진짜 소나무로 착각했던 까마귀들처럼 가짜의 장단에 놀아나는 주체들일까? 그러나 진짜 섹스의 대용으로서 가상 섹스라고만 생각하면 포르노의 유혹을 설명할 길이 없다. 청소년이나 독신자뿐 아니라 결혼한 커플들도 포르노를 즐겨 본다는 것은 이미 잘 알려진 상식이다.[3] 포

1 김민·곽재분, 「디지털 미디어 시대 청소년 사이버섹스 중독」, 『순천향 인문과학논총』 29, 2011, 294~298쪽.

2 Michael Leahy, *Porn @ Work: Exposing the Office's #1 Addiction*, New York: Northfield Publication, 2009, p.79. 다른 통계에 의하면 포르노를 즐겨 보는 여자는 전체의 15~25%이다(Wendy Maltz and Larry Maltz, *The Porn Trap: The Essential Guide to Overcoming Problems Caused by Pornography*, New York: William Morrow Paperbacks, 2009, p.4).

3 오기 오가스·사이 가담, 『포르노 보는 남자, 로맨스 읽는 여자』, 왕수민 옮김, 웅진지식하우스, 2012, 287~290쪽.

르노 습관을 버리지 못해서 부부싸움을 하다가 이혼하는 부부들도 적지 않다. 그리고 안타깝지만 포르노에 중독된 사람들 가운데는 가상 이성이 아닌 진짜 이성과는 성관계를 맺을 수 없는 사람들도 있다. 그렇다면 포르노는 '가상의 성'이 아니라 '진짜보다 더욱 진짜인 성', 실재보다 더한 실재라고 말해야 옳지 않을까? 하이퍼리얼(hyperreal)이 현실보다 더한 현실이라면 포르노는 가짜 섹스가 아니라 과잉 섹스(hypersex)가 아닐까?

포르노에 중독된 사람들에게 현실과 가상의 관계는 전복되어 있다. 현실의 섹스가 디카페 커피처럼 뭔가 2% 부족한 섹스라면 포르노는 에스프레소처럼 순도 높은 엑기스 섹스이다. 이미지와 영상이 실재보다 더한 실재로서 주체에게 다가오는 것이다. 그렇다면 포르노에 중독된 사람들은, 과거에 성배를 찾아 떠났던 원탁의 기사처럼 진정한 섹스를 찾아 방황한다고 할 수 있다. 실재에 대한 열정이 포르노에 중독되는 주된 이유인 것이다. 이 글에서 필자가 말하고자 하는 주장은 다음과 같이 요약될 수가 있다. ①포르노는 실재에 대한 열정의 한 양상이다. ②전근대적 맥락에서 벗어나 정체성의 위기에 처한 현대의 개인들——즉 탈맥락화된 개인들——은 성을 통해서, 특히 과잉 성욕을 통해서 자신의 정체성을 구성한다. ③이러한 점에서 포르노는 탈맥락화된 성적 재현으로서 재정의되어야 한다. ④탈맥락화됨으로써 섹스는 과잉 섹스, 성의 실재는 과잉 실재가 된다. ⑤포르노의 섹스는 이른바 잃어버렸다고 가정되는 과거의 진짜 섹스에 대한 노스탤지어를 자극한다.

2. 실재에의 열정

'실재에의 열정'(The passion for the real)이라는 용어는 알랭 바디우가 『세기』라는 저서에서 21세기 문화의 특징으로 소개했던 개념이다. 바디우는 '실재에의 열정'을 설명하기 위해 동일한 제목으로 저서의 한 개 장을 할애하였다.[4] 그가 라캉의 정신분석에서 빌려 온 개념인 실재는, 상징적 질서를 벗어나 있으면서 그것을 틀 지어 주는, 재현이 불가능한 무엇의 위상이다. 현상이나 현실이 아니면서 동시에 그것의 배후에서 작용하고 있는 힘으로서의 이중적 의미를 갖고 있다. 여기에서 중요한 것은 실재가 상징적 질서로 환원될 수 없다는 사실, 즉 현실은 실재가 아니라는 인식이다. 정체성과 관련지으면 내가 생각하는 나는 진짜 내가 아니다. 나는 실재나 본질의 영역이 아니라 가상과 허구의 영역에 놓여 있는 것이다. 소격효과를 연극에 도입했던 베르톨트 브레히트를 비롯한 20세기 전위 진영의 예술가들은 재현과 실재의 간극을 폭로하기 위해서 온갖 예술적 실험을 극단으로 밀고 나갔다.[5] 르네 마그리트의 유명한 그림 「이것은 파이프가 아니다」가 단적인 예이다. 파이프를 상징적으로 재현한 그림은 진짜 파이프가 아니라 그림에 지나지 않는다. 그렇다면 사안의 핵심에는 상징적 질서의 붕괴로서 재현의 위기가 있다고 할 수 있다. 그러나 20세기 초중반의 전위적 예술가들이 인습적 재현의 껍질을 벗겨 내고 진정한 실재의 모습을 회복하려

---

4 Alain Badiou, "The Passion for the Real and the Montage of Semblance", *The Century*, trans. Alberto Toscano, Cambridge; Malden, MA: Polity Press, 2007, pp.48~57.

5 *Ibid.*, p.48.

는 기획을 하고 있었다고 생각하면 안 된다. 그러한 긍정적 작업이 아니라 재현 자체를 탈상징화하는 비판적 작업이 주를 이루고 있었기 때문이다. 그럼에도 재현의 위기의 바탕에는 실재를 향한 열정이 자리를 잡고 있다는 사실은 부정할 수 없다. 바디우는 이러한 실재에의 열정이 파괴(destruction)와 감산(substraction)이라는 두 가지 방향과 형식으로 표출되었다고 진단하였다. 전자가 우리의 현실이 실재가 아니라는 이유로 현실을 무차별적으로 파괴하는 성향, 즉 '허무주의적 테러'로서 '정화'(purification)[6]라면 후자는 양자의 간극과 차이를 보여 주는 감산의 원리에 입각해 있다. 전자가 피의 숙청과 같은 정치적 폭력을 불러온다면 후자는 실재를 차이와 간극으로서 경험하도록 만드는 동인이 된다. 지젝의 저서의 제목을 빌리면 후자는 '부정적인 것과 함께 머물기'(tarrying with the negative)이다. 정체성은 실정적 실재로서 동일성이 아니라 차이에 있는 것이다. 그러나 포르노에서 실재를 향한 열정은 감산이 아니라 파괴의 형식으로 표출된다.

실재를 향한 열정이 전위적 예술이나 정치의 영역에만 제한되어 있지는 않음은 물론이다. 그것은 이른바 포스트모더니즘의 시대를 살아가는 현대인들이 공통적으로 가지고 있는 특징이다. 전위적 예술가들에게 그러한 열정이 재현의 위기로 표현이 되었다면 일반 대중들에게 그것은 자신이 현실과 맺고 있는 관계와 관련되어 있다. 이 점에서 『포스트모더니즘과 사회학』에서 스콧 래쉬가 한 전위적 모더니즘과 대중문화적인 포스트모더니즘의 차이에 대한 다음의 지적은 사안

---

6 Badiou, *The Century*, p.64.

의 핵심을 찔렀다고 할 수 있다. "모더니즘은 재현을 문제가 있는 것으로 인식하는 반면, 포스트모더니즘은 실재를 문제시한다."[7] 예술적 재현이 아니라 "실재 자체"가 "우리들의[현대인의] 경험에 혼란, 취약성, 불안정을 가져다준다".[8] 가짜와 가상이 판을 치는 사회에서 살아가는 현대인들은 의지할 지푸라기 하나라도 움켜잡기 위해서 더욱더 실재에 강박적으로 집착하게 된다. 이제는 차이가 아니라 실재로서 동일성이 강박적 애착의 대상이 되는 것이다. 풍랑과 거친 파도가 이는 난바다에서 배가 좌초하지 않기 위해서는 단단한 실재의 바닥에 닻을 내려야 한다. 실재는 가짜를 제거하는 '정화'의 작업 이후에 주어지는 일종의 존재 증명이다. 지젝은 "일관성을 보증하는 일종의 담보물 구실을 하는 '실재의 몇 조각'이 얼마간 존재하지 않고서는 어떠한 상징적 의사소통도 일어나지 않는다"고 주장하였다.[9] 이 대목에서 우리는 실재에 대한 열정이 관심과 취향에 따라서 다양한 모습과 다양한 방향으로 표출된다는 사실에 주목해야 한다. 사회의 실재는? 자본주의의 실재는? 주체의 실재는? 내가 나라고 생각하고 있는 나가 진짜 나일까? 이 글에서 필자가 논의의 대상으로 삼은 포르노의 경우 이러한 실재의 추구는 성적 대상과 짝을 이루면서 성과 섹스의 실재에 대한 욕구로 나타난다.[10] 우리를 끊임없이 자극하고 유혹하는 여성의 실재는 대체 무

---

7 스콧 래쉬, 『포스트모더니즘과 사회학』, 김재필 옮김, 한신문화사, 1993, 17쪽.
8 앞의 책, 19쪽.
9 슬라보예 지젝, 『삐딱하게 보기』, 김소연 옮김, 시각과언어, 1995, 69쪽.
10 논의의 편의를 위해서 이 글의 주어를 남자로서 필자의 성과 동일시하였다. 그래서 포르노를 보는 주체는 남자로, 보여지는 이성은 여자로 서술되었다.

엇일까?[11] 여성의 무엇이 우리를, 욕망을 붙잡고서 놓아주지를 않는 것일까? 여성을 여성으로 만들어 주는 여성의 핵은 과연 무엇일까? 긴 생머리일까? 우윳빛 피부일까? 젖가슴? 다리? 엉덩이? 아니면 성기일까? 만일 성기라면 성기의 실재는 무엇일까? 일단 실재를 향한 질문이 시작되면 대답은 또 다른 질문을 끊임없이 야기하기 시작한다. 바디우적 의미에서 그것은 현실의 성적 대상을 파괴하는 '허무주의적 테러'로 발전하는 것이다. 여성이 진짜가 아니라 표면이거나 가상일지 모른다는 의혹이 대상의 파괴를 부채질하고, 그와 같은 정화의 과정을 밟아 가면 최종적으로 성의 원형이 드러날지 모른다. 이때 포르노는 "이해 못할 무엇의 밑바닥까지 가고 싶은 욕망을 구조화시키는"[12] 힘이다. 이 점에서 『실재의 사막에 오신 것을 환영합니다』에서 지젝이 그러한 실재에의 열정을 포르노와 관련시켜 설명한 것은 전적으로 타당하다고 할 수 있다. 여성의 원형을 향한 추구는 테크놀로지의 발달과 더불어서 마침내 성기의 표면으로부터 그것의 내면으로까지 침투할 수 있는 방법을 발견하였다. "모조 성기의 끝에 달린 소형카메라로 여성 성기의 안쪽을 들여다볼 수 있는 옵션은 실재의 열정의 궁극적 형상이 아닌가? 이 극단적인 지점에서는 어떤 전환이 일어난다. 욕망의

---

11 진짜 여자가 아니라 사진이나 동영상에서 여성의 실재를 찾으려는 시도가 자기 모순적으로 보일 수도 있다. 그러나 그림과 달리 사진과 동영상은 실재의 흔적, 실재의 발자국이라는 특징을 가진다. 물론 명암과 화장 등으로 조작된 것임에는 틀림이 없지만 아무튼 사진은 여전히 실재의 증거라는 성격을 잃지 않고 있다. "진짜같이' 보이는 능력'에 사진과 그림의 차이가 있다(아네트 쿤, 『이미지의 힘』 이형식 옮김, 동문선, 1995, 43쪽). 예술 작품과 다른 사진의 이러한 특징에 착안해서 존 버거는 사진을 '자연의 직접 인용'이라고 주장하였다(John Berger, *Understanding a Photograph: Selected Essays*, London: Pelican, 1972, p.94).

12 쿤, 『이미지의 힘』 37쪽.

대상에 지나치게 가까이 다가서면 에로틱한 매혹은 맨살의 실재에 대한 혐오감으로 바뀌는 것이다."[13] 이 대목에서 지젝은 성의 실재를 향한 욕망이 결국 성의 소멸, 욕망의 대상의 해체를 초래한다는 점을 지적하였다. 성기인 줄 알았던 대상이 흐물흐물 해체되어 살과 힘줄의 덩어리로 퇴행하는 것이다. 그러나 지젝의 주장과 달리, 앞으로 설명하겠지만 포르노 중독자들의 욕망은 그러한 혐오감의 문턱에서 사라지지 않는다. 혐오감은 욕망이 발전하고 변형되어 가는 과정의 하나일 뿐이다. 일찍이 프로이트가 「기괴함」에서 성기는 보기에는 혐오스럽지만 강렬하게 욕망을 자극하는 대상, "기괴한" 대상이라고 주장하였다.[14] 만약 혐오감이 욕망에 마침표를 찍는다면 소형카메라로 성기의 내부를 보여 주는 포르노물들이 계속해서 생산될 수 없을 것이다.

실재를 향한 열정은 매혹과 혐오감을 동시에 동반하고 있다. 성의 원형을 향한 여행이라는 점에서 매혹이지만, 대상이 사라지고 욕망이 중단될지 모른다는 불안감도 한몫을 거들고 있다. 실재를 향한 열정에는 서로 상반적인 지향, 현실을 파괴하려는 지향과 '더욱더' 궁극적인 실재를 발견하려는 지향이 동시에 작용하고 있다. 왜 포르노 중독자들은 실재를 상실할 위험을 각오하면서 더욱더 근원으로 소급해 올라가려는 것일까? 왜 욕망의 대상은 그렇게 점진적으로 해체되는 방식으로 존재해야 하는 것일까? 이러한 질문에 대답하기 위해서 우리는 포르노를 현대사회의 예외적이며 우발적인 사건이 아니라 현대성

---

13 슬라보예 지젝, 『실재의 사막에 오신 것을 환영합니다』, 이현우·김희진 옮김, 자음과모음, 2011, 18쪽.
14 Sigmund Freud, "The Uncanny", ed. James Strachey, *The Standard Edition of the Complete Psychological Works of Sigmund Freud* XVII, London: The Hogarth Publication, 1964, p.245.

이 드러나는 증상으로서 접근해야 한다. 그것은 실재의 위기이면서 동시에 존재와 정체성의 위기를 반영하고 있는 것이다. 무엇보다도 그러한 열정은 과거에 존재하지만 지금은 부재하는 실재에 대한 향수를 포함하고 있다. 실재의 동일성이 아니라 "부정적인 것과 함께 머무는" 전위적 예술가들과 달리, 포르노 중독자들은 실재──존재론적 충일감──를 소유한 적이 없음에도 불구하고 현실의 부재를 견딜 수가 없어서 실재를 잃어버렸다고 가정하고 그것을 되찾으려는 가상적 욕망에 젖어 있다. 한 번도 사랑한 적이 없었다고 생각하는 것보다는 과거에 기막힌 사랑의 기회를 안타깝게 상실했다고 생각하는 것이 훨씬 위안이 된다. 참고로 필자가 논의의 대상으로 삼는 것은 모든 장르의 포르노가 아니라 성기를 확대해서 보여 주는 장면이 포함된 포르노로 제한된다는 점을 미리 말하고 싶다. 그러나 그와 같이 대상이 제한되고 있음에도 이 글에서 필자가 말하고자 하는 논지는 모든 종류의 포르노에 확대 적용될 수 있다고 생각하고 있다. 포르노가 현대의 증상이라면 성기 확대 포르노는 그러한 증상이 더욱 가시적으로 첨예하게 드러나는 지점이기 때문이다. 모든 포르노의 지평에는 실재에의 열정이 전제되어 있기 때문이다. 이어지는 글에서 필자는 먼저 포르노 중독의 몇몇 사례를 소개하고, 그것에 근거해서 포르노의 정의를 내린 후, 마지막으로 현대성이 왜 포르노로 발현되는지를 이야기하게 될 것이다.

3. 포르노 중독 사례와 분석

『포르노 국가』의 저자 마이클 레이히는 성적 자유를 추구했던 베이

비붐 세대의 인물이다. 1958년에 태어난 그는 11살에 우연히 포르노를 접했다. 그것을 본 순간에 그는 숨이 멈출 정도로 흥분하였다. 엄청난 양의 도파민과 아드레날린이 분비되고, 그것은 그가 "그때까지 경험하였던 어떤 느낌과도 비교할 수 없이"[15] 강렬한 자극이었다. 처음에 우연히 접하게 되었던 포르노는 곧 그의 습관으로 자리 잡게 되었다. 그의 앞에 무한한 성적 쾌락과 탐닉의 세계가 전개되었고, 그는 포르노를 보면서 자위행위를 하기 시작했다. 인터넷 창을 열기만 해도 그를 유혹하며 달려드는 매력적이고 섹시한 여자들의 접근을 그는 뿌리칠 수 없었다. 처음에는 가벼운 호기심이거나 오락이라 여기며 대수롭지 않게 생각했다. 그러나 언제부터인가 포르노에 중독이 되어 있는 자신을 발견하였다. 심지어 미래의 아내와 데이트를 할 때에도, 나중에 결혼해서 자녀를 둔 이후에도 포르노에서 손을 뗄 수가 없었다. "진짜 현실은 내가 환상의 세계로 도피해서 즐겼던 쾌감을 따를 수가 없었다." 그는 남부러울 게 없는 전도유망한 컴퓨터 전문가이며, 안정된 가정이 있었다. 그럼에도 그는 만족하지 못하였다. "안절부절못하며 뭔가 더욱 신나고 자극적인 것을 찾아 헤매었다."[16] 그러나 그러한 포르노가 그의 성적 호기심과 욕망을 채워 주었던 것은 아니었다. 고약하게도 그는 "보면 볼수록 더욱더 많은 포르노를 보고 싶은 욕망에서 헤어 나올 수가 없었다. 때와 장소에 상관없이, 심지어 포르노를 보지 않을 때에도 그는 계속해서 이전에 보았던 성적 이미지와 섹스에 대한

---

15 Michael Leahy, *Porn Nation*, Chicago: Northfield Publication, 2008, p.38.
16 *Ibid.*, p.49.

생각에 잠겨 있는 자신을 발견하였다".[17]

회계사로 일하는 43살 싱글맘 마리는 처음에 포르노를 보았을 때 흥미를 느낄 수가 없었다. 지루하기만 했다. 그러던 어느 날 자위행위의 방법이 될 수 있다는 사실을 발견하고 포르노에 빠져들기 시작했다. "그냥 보는 것보다 자위하면서 보는 것이 훨씬 자극적이었다. 곧 마약에 중독된 사람처럼 포르노를 찾아 인터넷을 검색하게 되었다."[18] 어떤 때에는 자기도 모르게 오르가즘에 이르는 경우도 있었다. 진짜 섹스보다도 포르노와 하는 섹스가 훨씬 좋았던 것이다.

40대 후반 도서관 사서는 다음과 같이 고백했다. "포르노를 보면 내가 하렘(harem)을 가진 왕처럼 느껴집니다. 나는 가만히 앉아만 있으면 됩니다. 그 수많은 여자들이 나를 위해서 공연을 하니까요. 춤을 추고 이리저리 움직이면서 나체를 보여 주는 것입니다."[19]

『45년의 섹스 중독과 도착』(45 Years of Sex Addiction and Perversion)의 저자 제레미 왈러는 8살부터 포르노를 보면서 자위를 시작했다. 그 이후로 포르노와 섹스는 그의 삶의 중심이 되었다. 그것이 없이는 하루도 버틸 수 없을 정도였다. 그럼에도 그는 다른 사람들이 보기에는 매우 정상적이고 멋있는 남자였다. 공군에 입대했으며 상담심리학 석사 학위를 가지고 있는, 잘나가는 부동산업자였다. 그의 말을 빌리면 "나의 정서적 생활에서 궤도를 벗어난 것은 성적 충동밖에 없었다". 그는 실제로 육체적 욕구가 없을 때에도 자위를 하고, **더 이상 발**

17 Leahy, *Porn Nation*, p.68.
18 Maltz et al., *The Porn Trap*, p.11.
19 *Ibid.*, p.20.

기가 되지 않음에도 계속 포르노를 보면서 흥분해야 한다는 강박감을 가지게 되었다. 또한 그것은 새로운 여자를 향한 강박감이기도 했다. 한 번 스쳐 간 여자는 아무리 아름답고 매력적일지라도 그의 관심을 계속 잡아 두지 못했다. 그래서 그는 "포르노 시장에 출시된 것들 가운데 **가장 새롭고, 가장 최근의 것이며, 가장 화려하고 가장 멋진 것**"을 찾아서 헤매기 시작했다. 한 여자에 정착할 수가 없기 때문에 수많은 여자와 관계를 맺어야 했던 것이다.

마지막으로 가스 먼딩거-클로의 『미친 정액』에 소개된 여자의 이야기. 그녀는 포르노에서 특히 여자들이 정액을 얼굴에 떡칠하고 삼키기까지 하는 안면사정(money shot)[20] 장면에 매료되었다. 이후로 보다 섹시한 여자를 찾아 헤매는 남자들과 마찬가지로 보다 많은 정액이 그녀의 성적 판타지가 되었다. "100명의 남자로는 충분하지 않아요. 1000명의 정액이라면 모를까."[21]

위 사례에 등장하는 인물들 대부분은 40~50대의 남녀들이다. 안타깝게도 필자가 가진 자료가 극히 제한되어 있기 때문에 젊은 세대의 사례를 소개할 수는 없었다. 그럼에도 위의 사례들은 포르노 중독의 예외라기보다는 매우 전범적인 것들이다. 너무나 당연하기 때문에

---

20 원래 'money shot'은 영화촬영에서 사용되는 용어로, 대상의 스펙터클한 효과를 강조하기 위해 제작비를 많이 투자하는 촬영 기술을 의미했다. 포르노에 적용되면 이것은 밖으로 사정된 정액을 클로즈업해서 관객에게 보여 주는 장면을 뜻한다. 미국에서 1977년에 '외부 사정'이 하나의 포르노 촬영 기법으로 자리를 잡았다(Linda Williams, *Hard Core: Power, Pleasure, and the "Frenzy of the Visible"*, Berkeley: University of California Publication, 1999, p.93). 일본에서는 1995년 이후로 AV에 안면사정이 등장하였다(이노우에 세쓰코, 『15조 원의 육체산업: AV시장을 해부하다』, 임경화 옮김, 씨네21, 2009, 104쪽).

21 Garth Mundinger-Klow, *Sperm Gone Wild: Bukkake, Gokkun, and the Addiction to Cum*, New York: Olympia Press, 2010. 여기에서 모든 강조는 필자의 것임.

언급하지 않은 사항으로, 우선 포르노를 보는 행위가 은밀한 사적 공간에서 이루어진다는 사실을 지적할 수 있다. 물론 『포르노 국가』에서 레이히가 지적하듯이 직장에서 포르노를 보는 직장인의 숫자도 상상을 초월하며, 그것으로 인해서 해고를 당한 사람들도 적지 않다.[22] 그럼에도 사적이고 은밀한 공간에서 포르노를 본다는 사실에는 변함이 없다. 직장에서 보는 사람은 공적 공간을 잠시 사적으로 활용할 따름이다. 이 당연한 사실을 언급하는 이유는, 사적이고 은밀한 쾌락으로서 포르노의 성격이 앞으로의 논의에서 중요한 자리를 차지하기 때문이다. 포르노를 보기 위해서는 외부 세상과의 관계를 끊고 자기만의 공간에 숨어들어야 하는 것이다. 이러한 배타성이 포르노의 특징이기도 하다. 세계와 연결된 모든 맥락으로부터 단절되어야 하는 것이다. 다시 말해 포르노의 조건은 배타성과 탈맥락화가 된다.

이와 같이 탈맥락화된 사적 공간에서 섹스는 실제 섹스보다 더한 과잉 섹스로 발전한다. 이것이 스티븐 마커스가 『또 다른 빅토리아인들』에서 말한 포르노토피아로서 포르노의 정의이다.[23] "모든 남자는 언제나 정력이 왕성하고 시들지 않으며, 모든 여자는 주체할 수 없는 정욕으로 몸부림을 치고 언제나 흥건하게 젖어 있다. 남자든 여자든 모든 종류의 성행위를 즐길 준비가 되어 있다."[24] 이러한 포르노토피

---

22 통계에 따르면 미국국립과학재단의 직원들은 포르노를 보는 데 너무 많은 시간을 낭비했다. 심지어 "근무시간에 수천 시간이나 포르노를 본 사람이 임원진 중 50명에 육박했다. 한 고위 임원은 자기 사무실의 컴퓨터로 나체 아가씨들을 감상한 일자가 331일에 달했다"(오가스·가담, 『포르노 보는 남자, 로맨스 읽는 여자』, 67쪽).

23 Steven Marcus, *The Other Victorians: A Study of Sexuality and Pornography in Mid-Nineteenth-Century England*, New York: Transaction Publication, 2008, p.268.

아에서는 여자보다 더한 여자, 살결보다 더욱 곱고 부드러운 살결, 가슴보다 더욱 큰 가슴, 다리보다 더욱 긴 다리, 성기보다 더한 성기, 정액보다 더한 정액이 지배하고 있다. 통계에 따르면 미국 남자의 발기된 성기의 평균 길이는 약 14.7센티미터이다. 그러나 포르노 배우의 그것은 평균 20.3센티미터이다. 또 여배우는 성기 확대수술을 하는 남자배우처럼 성기 성형수술을 하고 음모를 제거함으로써 성기를 더욱 성기처럼 보이도록 노력한다.[25] 과잉 성기와 과잉 가슴인 것이다. 이 앞에서 진짜 섹스는 초라하고 남루하며 추한 것이 된다. 여기에서 포르노의 두번째 특징이 드러난다. "더욱더"의 과잉에 대한 집요한 요구이다. '섹스보다 더한 섹스'는 일회성의 사건으로 끝나지 않는다. '섹스보다 더한 섹스'가 있다면 '섹스보다 더한 섹스보다 더한 섹스'도 동시에 가능하다. 포르노 중독자는 그러한 '더욱더'에 강박적으로 사로잡혀 있다. 도서관 사서는 수많은 여자가 있는 하렘을 꿈꾸는 "더욱더"의 주체이며, 『미친 정액』의 여자는 눈으로 보고 코로 냄새를 맡으며 손으로 만지고 확인할 수 있는 정액을 "더욱더" 필요로 하고 있다. 왈러가 전범적인 예이다. "가장 새롭고, 가장 최근의 것이며, 가장 화려하고 가장 멋진 것"을 향한 그의 열정과 욕망은 끝이 없이 이어진다. "언제나 무언가가 더 있어야 했다. 색다른 성적 경험, 다른 인종, 다른 장소, 다른 나이의 여자……."

위의 사례를 정리하면 포르노는 세계로부터의 탈맥락화, 과잉 섹

24 *Ibid.*, p.276.
25 Maltz et al., *The Porn Trap*, p.35.

스, '더욱더'에 대한 열정으로 요약될 수가 있다. 이 세 가지 요소는 서로 분리될 수 없이 맞물려 있다. 섹스가 세계와 사회적 의미의 맥락으로부터 분리되는 순간에 그것은 독립된 실체로서 기능하기 시작하는 것이다. 섹스는 과잉 섹스가 되고, 주체는 그것에 대해서 "더욱더"의 열정으로 반응하게 된다. 이때 포르노뿐 아니라 주체도 탈맥락화된 주체라는 사실을 다시 상기할 필요가 있다. 진짜 여자와 관계를 맺기 위해서는 길고 짧은 구애의 과정과 전희 등의 단계를 밟아야 한다. 그녀의 감정의 미세한 움직임과 표정을 살펴보면서 섹스의 욕구도 자제해야 한다. 즉각적 섹스가 아니라 지연된 섹스가 되는 것이다. 하지만 포르노의 세계에서는 그러한 지연의 과정을 거칠 필요가 없다. 주체는 사회적 맥락으로부터 벗어난 포르노토피아의 영역에 접속되어 있기 때문이다.

4. 탈맥락화로서 포르노

이 지점에서 포르노의 정의를 다시 되짚어 볼 필요가 있다. 미국의 유명한 문학이론가인 프레드릭 제임슨은 『시각적인 것의 서명』(*Signatures of the Visible*)에서 시각적인 것은 근본적으로 포르노적이라고 말하였다. 시각문화가 지배하는 사회에서 대중매체는 유사 포르노적인 장면으로 가득 차 있는 것이다. 그렇다고 누드나 성행위 장면이 포함된 재현물이 모두 포르노라고 말하려는 것은 아니다. 『포르노그라피의 발명』에서 린 헌트는 "성적 감정을 일으킬 목적으로 성기나 성행위를 노골적으로 묘사한 것"으로 포르노를 정의하였다.[26] 플롯의 전개에 있어서 성행위 장면이 굳이 필요하지 않음에도 단지 관객이나 독자를 성적으로 자극하기 위해 삽입된 장면이 포르노라는 것이다. 문맥에서 벗어난 성적 노출이 포르노가 되는 셈이다. 이러한 점에 착안해서 『또 다른 빅토리아인들』에서 마커스는 시간과 공간, 언어의 맥락을 벗어나 오로지 성적 반응을 야기하려는 단 하나의 의도에 의해서 제작된 작품을 포르노로 규정하였다. 시간과 공간 등의 구체적 상황이 묘사되면 그 재현물은 제법 구색을 갖춘 이야기로 발전할 가능성이 크다. 언제, 어디서, 누가, 왜라는 질문은 플롯의 구성에 있어서 필수적이다. 그러나 포르노에 있어서는 그러한 이야기와 세계, 맥락이 철저하게 배제되어 있다. 삶의 다른 관심이나 활동과는 전혀 무관하게 오로지 섹스만이 지배하는 세계인 것이다. 이러한 포르노토피아에서는 이성과 동성, 성기와 입, 발가락과 입 등 모든 종류의 가능한 결합이 허용된다. 입은 밥을 먹거나 말하는 입이 아니라 섹스하는 입이며, 발은 걷는 발이 아니라 섹스를 위한 발이다. 입과 발, 성기 등 신체의 모든 부위가 일상적·사회적 맥락에서 벗어나 섹스라는 코드로 재기입되는 것이다.

이러한 일련의 탈맥락화의 과정을 거치면서 섹스에는 이전에 없었던 것으로서 극단적으로 새롭고 순수한 섹스, 즉 실재로서 섹스라는 대상이 산출되기 시작한다. 섹스는 다른 무엇에 의존하거나 관계를 형성하는 종속변수가 아니라 독자적이고 자율적인 독립변수가 된다. 여

---

26 린 헌트, 『포르노그라피의 발명: 외설성과 현대성의 기원, 1500~1800』, 조한욱 옮김, 책세상, 1996, 12쪽.

기에서 모든 성감대의 핵심이 되는 것은 '성의 원형'으로서 성기이다. 더구나 그것에 함축되어 있던 사회적·생물학적 맥락이 제거된 것으로서의 무엇, 즉 그러한 '공제'의 결과로 남은 몫으로서의 성기, 성기중심주의나 성기환원주의로 칭해질 수 있는 것이다. 이것은 남근중심주의(phallocentrism)와 혼동되어서는 안 된다. 상징적 의미로서 남근이 아니라 순수 쾌감의 원천으로서 성기가 중심에 놓이기 때문이다. 남근중심주의가 의미와 권력과 연루되면서 로고스의 권위를 동반하는 개념(성기+로고스=말하는 성기)이라면, 성기중심주의는 금지와 위계의 로고스가 공제된 순수 대상으로서 성기를 의미한다. 근친상간의 금지, 동성애의 금지, 소아성애의 금지, 수간의 금지 등 문자의 권위가 파괴되어야 하는 것이다. 이러한 이유로 포르노에는 플롯이나 내러티브도 존재하지 않는다.[27]

　　일단 진행되기 시작하면 탈맥락화와 공제의 작업은 쉽게 멈추지 않는다. 때문에 사회적 관계가 소거된 몸은 다시 몸의 맥락으로부터 분리되어 파편화될 수 있다. 몸으로부터 다리, 발, 가슴, 얼굴, 성기 등이 분리되어 개별적인 소대상이 되는 것이다. 이것이 포르노에서 페티시즘이라는 장르이다. 가슴은 수유와 모성의 유기적 맥락에서 벗어나 가슴 자체가 되어야 한다. 성기도 몸에서 독립된 독자적 대상이 되어야 한다. 지젝이 언급한 '맨살의 실재'가 이 지점에서 출현한다. 그렇다고 성기의 내부에서 성기의 실재가 드러난다는 것은 아니다. 성의 궁극적 실재가 밝혀지는 대신에 성 자체가 힘줄과 살덩어리로 해체되기

27　Lynda Need, *The Female Nude: Art, Obscenity and Sexuality*, London: Routledge, 1992, pp.87~96.

때문이다. 이것은 『미친 정액』의 주인공처럼 여성이 바라보는 남자에 대해서도 마찬가지이다. 나체에서 성기로, 그리고 성기에서 질외사정이나 안면사정의 정액으로 성이 해체되는 것이다.[28]

5. 존재를 향한 열망으로서 포르노

이제 우리가 물어야 하는 질문은 실재에 대한 열정과 포르노의 관계에 관한 것이다. 앞서 우리는 포르노가 탈맥락화와 공제의 메커니즘을 따른다는 점을 지적했다. 욕망의 대상이 사회적 관계와 맥락에서 분리되어 독자적 대상이 됨으로써 "물자체"(the thing itself), "성이 아니라 성 자체"[29]와 동일시되는 것이다. 이러한 물자체의 출현은 과학기술의 발달과 떼어 놓고서 생각할 수가 없다. 영화, TV와 인터넷, 소형카메라, 성형수술, 인체공학 등 과학 테크놀로지를 등에 업지 않으면 현대의 포르노가 제작될 수 없기 때문이다. 과거에 볼 수 없었던 것을 가시적으로 만드는 기술과 맞물려서 포르노도 진화하고 있는 것이다. 전근대 사회에서 인체에 대한 호기심의 눈길은 기껏해야 피부의 표면과 나체에 머물러야 했다. 신체의 내부 지형을 읽어야 했던 의사들도 오장육부와 같은 장기 이상으로 침투할 수가 없었다. 이때 장기는 신체 전체

---

28 '성기 속의 성기'(insert of an insert)라 일컬어지는 'meatshot'도 여기에 속한다. 원래 'meatshot'은 산탄이 발사될 때 탄피가 터지면서 수많은 작은 탄알이 한꺼번에 과녁으로 날아들어 대상을 벌집으로 만드는 것을 의미한다. 포르노에서 이것은 여성의 자궁 안으로 산탄이 터지듯이, 혹은 봇물이 터지듯이 일시에 사정되는 정액을 보여 주는 장면을 일컫는다(Williams, *Hard Core*, p.72).

29 *Ibid.*, pp.49, 94.

와 분리될 수 없는 일체를 이루고 있었다. 그러나 현대 의학의 눈부신 발달은 일찍이 일체였던 신체와 장기를 분리해 내기 시작하였다. 장기 이식이나 조직검사에서 볼 수 있듯이 의학은 장기를 신체로부터 분리하고 또 조직을 장기로부터 분리하며, 마침내는 세포를 조직으로부터 분리하고 한 발자국 더 나아가 세포로부터 DNA를 분리하는 데 성공하였다. 이러한 일련의 분리의 과정은 인체의 파편화와 탈맥락화, 그리고 실재의 출현을 초래하였다. 질병의 진실이 인체의 장기에 있으며 또 장기의 진실이 최종적으로 세포와 DNA에 있다면 우리가 알고 있는 인체는 진짜가 아니라는 말이 된다.

우리가 알고 있는 몸은 진짜 몸이 아닐 수 있는 가능성과 더불어서 몸은 진짜와 가짜, 의식된 몸과 무의식의 몸으로 이분되기 시작한다. 진짜는 현상의 표피를 벗겨야만 드러나는 기질이거나 의식의 배후에 있는 검은 무의식이 된다. 현상이 의식이라면 물자체는 무의식의 소관이다. 이미 19세기 말에 장 마르탱 샤르코는 히스테리 환자를 통해서 의식보다 더욱 진실된 무의식의 증언을 들려주려 시도하였다. 히스테리란 무엇인가? 히스테리 환자는 자신이 정상이라고 생각하지만 비정상적으로 행동하는 분열된 주체이다. 몸의 증언이 의식의 허구를 폭로하는 것이다. 그녀의 실재는 무의식의 검은 대륙으로, 정숙한 여자라고 생각하는 그녀가 실제로는 강렬한 성적 욕망일 수도 있다. 실재에 대한 욕망으로서 포르노는 여자의 배후에서 진짜 여자를 찾아내려는 욕망과 직결되어 있는 것이다. 샤르코가 히스테리 환자에 대해 그러하였듯이 포르노에서 주체는 성적 대상을 시각화시킨다. 포르노의 핵심에는 유혹하고 욕망하는 여자의 쾌락이 있는 것이다. 물론 이 쾌락하는 몸도 실재를 향한 끝없는 호기심을 유발한다. 그녀의 표정은 쾌락의 절정에 있는 듯이 보이는데, 그것이 진짜 쾌락일까, 아니면 혹시 상징적 재현이 아닐까? 그렇다면 연기가 불가능한 무의식의 단계로 내려가야 한다. '육체적 쾌락의 무의식적 고백'(involuntary confession of body pleasure)[30]을 듣기 위해서는 불수의근의 하부를 향해야 한다. 일찍이 디드로가 『경솔한 보석들』에서 꿈꾸었던 성기의 적나라한 고백, 순수 육체의 증언으로서 성기의 움직임을 지켜보아야 하는 것이다. 진실은 근육의 수축과 팽창, 애액 등의 하부에서 발견될 수 있다.

물론 성기의 수축과 팽창의 장면이 쾌락의 진실을 보여 주지는 않는다. 성을 향한 욕망은 궁극적 대상의 발견에 이르는 것이 아니라 대상 자체의 소멸을 가져온다. 알고자 하는 욕망의 움직임은 앎의 대상을 파기하는 운동에 지나지 않는다. 실재가 양파로 비유될 수 있다면, 욕망은 실재를 껍질과 알맹이로 분리하는 단계적 공제의 작업을 통해서 최후의 핵마저도 가짜의 질서에 편입시켜 버린다. 여기에서 최종적으로 남는 것은 성적 대상이 아니라 주체의 욕망이라는 말이 된다. 실재는 대상이 아니라 주체의 욕망이었던 것이다. 달리 말해서 성적 대상으로부터 내부의 살에 이르는 이 모든 공제의 과정에는 이미 실재가 내재하고 있다고 할 수 있다. 궁극적으로 발견되는 것은 대상의 진리가 아니라 주체의 진리인 것이다. 그럼에도 포르노를 향유하는 주체는 자신이 실재라는 진리를 결코 인정하지 않는다. 레이히는 아름다운 아내와 결혼해서 만족스러운 성생활을 하며 행복하게 살고 있음에도

30 Williams, *Hard Core*, p.50.

자신이 성을 충분히 즐기지 못하고 있다는 생각에서 벗어나지 못한다. 진짜 성은 아내가 아니라 다른 어디엔가 더욱더 강렬하게 성적으로 존재한다는 강박감을 떨치지 못하는 것이다.

실재를 향한 그러한 강박은 레이히의 유별난 예외적 기벽이 아니라 탈맥락화되고 원자화된 현대 문화의 특징이라 할 수 있다. 『정체성, 문화적 변화와 자아를 위한 투쟁』에서 로이 바우마이스터는 전근대인들은 맥락적으로 자신을 이해하였다고는 주장하였다.[31] 남성성과 여성성도 성기나 이차성징이나 파편화되고 개별화될 수 있는 것이 아니라 생활세계와 일체를 이루고 있었다. 분화된 사회가 아니라 총체적인 사회, '이익사회'(Gesellschaft)가 아니라 '공동사회'(Gemeinschaft)였기 때문이었다. 래드클리프-브라운에 따르면 이러한 사회에서 "모든 남자는 멧돼지를 사냥하고 작살로 거북이와 물고기를 잡으며, 카누와 화살, 화살촉 등을 전통적 방법으로 제작할 것으로 기대되었다". 그들에게 개인의 "습관은 즉 전통이었다".[32] 에밀 뒤르켐이 명명한 '기계적 유대감'이 그들을 하나로 결합시켜 놓았던 것이다. 이러한 부족사회에서 우리가 주목해야 하는 것은 일체로서 남성성의 관념이다. 남자라면 다름 아니라 멧돼지를 사냥하는 존재이며, 역으로 멧돼지를 사냥하면 무조건 남자로 간주된다. 그의 남성성을 찾기 위해서 DNA나 일·이차성징을 살펴보지 않아도 되는 것이다. 여자도 마찬가지이다. 여자

---

31 Roy F. Baumeister, *Identity: Cultural Change and the Struggle for Self*, New York; Oxford: Oxford University Press, 1986.

32 Alfedo R. Radcliffe-Brown, *The Andaman Islanders*, Cambridge: Cambridge University Press, 1933, pp.44~45.

는 나이가 차면 결혼해서 출산하며, 밭일과 집안일을 하고, 나중에 나이가 들면 할머니의 역할을 해야 하는 존재이다. 여자와 출산, 밭일, 결혼 등은 서로 떼어 놓을 수 없는 일체에 있는 것이다. 해가 뜨면 일어나고 해가 지면 잠을 자듯이 여자는 결혼하면 출산을 하고 집 밖에서는 밭일을 해야 했다. 그래서 순환적 우주처럼 "여자→밭일"의 관계는 역으로 "밭일→여자"의 관계도 가능하게 한다. 여자가 밭일을 한다면 역으로 밭일을 하는 사람은 무조건 여자라고 할 수 있다. 이러한 원시 공동사회에서 성은 일상이나 세계로부터 분리된 무엇이 아니라 행동과 역할, 노동, 장소 등과 맞물려 있었다. 해와 달, 밭일과 논일, 집 밖과 집 안 등. 이 모든 것이 한꺼번에 어우러져서 남성성과 여성성을 구성하였다. 양과 음처럼 개인의 성은 우주적 질서를 반영하고 있었다. 달리 말해서 남성성이나 여성성에 대해서 착각하거나 의문을 품을 수 없는 사회적 구조에 있었다. 이러한 사회에서는 현대적 의미의 중독은 생각할 수도 없는 일이었다.[33] 그러나 막스 베버를 비롯한 많은 사회학자들에게 근대화의 과정은 그러한 사회적 맥락으로부터 탈맥락화의 과정, 사회적 총체로부터 분리의 과정의 결과로서 원자적 개인의 등장으로 이해되었다. 과거에는 집단적으로 성인식을 치름으로써 남자가 남성이 되었다면 현대사회에서는 남성이 되는 과정도 개인의 사적 소관이 되었다. "우리는 지금 존재하고 있는 우리가 아니라 우리 스스로에 대해 창조하는 우리"이며 정체성은 주어진 소여가 아니라 기회와

---

33 앤서니 기든스, 『현대사회의 성 사랑 에로티시즘: 친밀성의 구조 변동』, 황정미 외 옮김, 새물결, 2003, 128~129쪽.

위험 사이에서 부단히 타협하고 절충하는 '성찰적 기획'[34]이 된다. 이제 해와 달, 집안과 바깥의 구별, 심지어 남녀의 생식기도 남성성이나 여성성을 완벽하게 규정해 주지 못한다. 남자가 여성의 옷을 입고 여성이 하던 일을 할 수 있으며, 성전환 수술을 받을 수도 있다. 몸은 고정된 것이 아니라 유동적 '행위체계'[35]로서 진행형이며, 고체라기보다는 '액체'에 가깝다.[36] 남녀의 차이와 구별을 가능케 하였던 전통적인 사회 맥락으로부터의 분리가 성의 구분을 유동적으로 만들어 놓은 것이다. 예를 들어 여자처럼 보이지만 여자가 아닐 수 있는 구조적 가능성을 배제할 수가 없는 것이다. 이러한 가능성이 실재에 대한 욕망을 야기한다. 여자처럼 보이지만 여자가 아닐 수 있다면 여자를 여자로 만드는 여성의 본질은 무엇일까? 역할이나 의복도 아니라면 얼굴일까, 아니면 가슴일까? 그러나 손쉽게 성형할 수 있고 실리콘을 가슴에 넣을 수가 있다면 얼굴과 가슴도 여성의 증거가 되지 못한다. 성기도 예외가 아니다. 실재의 욕망은 실재의 불가능성에 다름이 아닌 것이다.

이러한 성의 탈맥락화가 단지 포르노의 영역에 국한되지 않음은 물론이다. 그것은 과학기술, 시각문화, 개인주의를 비롯해서 현대사회

---

34 앤서니 기든스, 『현대성과 자아정체성: 후기 현대의 자아와 사회』, 권기돈 옮김, 새물결, 2010, 143쪽.
35 앞의 책, 146쪽.
36 지그문트 바우만, 『액체근대』, 이일수 옮김, 강, 2009 참조. 그리고 '유연한 몸'이라는 용어는 에밀리 마틴이 쓴 책 제목이다. Emily Martin, *Flexible Bodies: Tracking Immunity in American Culture from the Days of Polio to the Age of AIDS*, Boston: Beacon Press, 1994. 푸코는 『감시와 처벌』에서 '말랑말랑한 몸'(docile body)이라는 용어를 사용하였다(Michel Foucault, *Discipline and Punish: The Birth of the Prison*, New York: Vintage, 1995, p.128).

의 제반 상황과 깊숙이 맞물려 있다. 이미 오래전에 헤겔은 "인간은 비어 있는 무(無)이다. 그러나 그 단순성 속에 모든 것을 담고 있다"고 말했다.[37] 또 사르트르는 『존재와 무』에서 현대의 자아를 민주적 자아, 무한한 정체성의 대해에서 불안하게 부유하는 무로 규정하였다. 전근대의 사회적·계급적 구속과 통제에서 풀려나면서 "민주적 자아의 존재는 그 자체 아무것도 아닌 무"[38]가 된 것이다. 이제 자아는 모든 것(everything)이면서 동시에 아무것도 아닌 것(nothing)이 될 수 있다. 무한하게 존재하는 듯이 보이지만 실제에 있어서는 아무것도 아니며, 또 아무것도 아닌 듯이 보이지만 신적 존재자가 될 수 있는 가능성의 자격으로만 존재하는 것이다. 성적 대상에 대해서도 마찬가지이다. 여자는 모든 것이면서 동시에 아무것도 아닌 것이다. 여기에서 '모든 것'은 절대적이며 초월적인 사랑의 대상으로서 낭만적 여성, 괴테의 '영원한 여성성'(Ewige Weiblichkeit)이다. 그런데 이러한 초월적 여성상은 반동적으로 정반대의 여성상을 동반한다. 빅토리아시대의 천사와 창녀로서 여성의 이중적 이미지가 그것이다. 탈육화된 천사의 반동으로서 동물적 육체화, 천사가 아니라 창녀가 출현하게 된다. 포르노는 낭만적 여성상을 전복시킴으로서 동물화된 여성의 이미지를 제공하는 것이다. 이때 인간은 서로 사랑하는 인격적인 존재가 아니라 동물처럼 교미하는 탈인격적·탈상징화된 존재로, 사랑도 진짜 섹스의 억압적 외피에 지나지 않는다. 이러한 외피를 단계적으로 벗기고서 진짜

---

37 Slavoj Zizek, *Metastases of Enjoyment*, London: Verso, 1994, p.145에서 재인용.
38 알레스데어 매킨타이어, 『덕의 상실』, 이진우 옮김, 문예출판사, 1997, 65쪽.

섹스의 핵심으로 진입하려는 욕망이 포르노인 것이다. 이러한 포르노 토피아에서는 얼굴은 얼굴이 아니라 낯짝이고, 생식기는 생식기가 아니라 성기이며, 성행위는 사랑이 아니라 씹(fuck)이다.

6. 결론

그렇다면 다음과 같은 질문이 있을 수 있다. 포르노가 실재를 향한 열정이라면 주체는 왜 실재를 보존하는 대신에 그것이 내파되는 지점, 실재의 소실점으로까지 밀어붙이는 것일까? 지젝은 "욕망의 대상에 지나치게 가까이 다가서면 에로틱한 매혹은 맨살의 실재에 대한 혐오감으로 바뀐다"고 주장하였지만,[39] 그것은 열정의 성격을 제대로 포착하지 못한 진단이다. 포르노 중독자들에게 '혐오감'은 실재를 향한 열정의 막다른 골목이 아니라 또 다른 여행의 출발점이기 때문이다. 혐오감은 욕망의 중단이 아니라 '더욱더' 매혹적인 실재를 향한 열정의 또 다른 표현이다. 이 점에서 포르노는, 피터 브룩스가 『육체와 예술』에서 설명하였던바[40] 여주인공이 옷을 벗고 나체가 되는 것으로 대단원의 막을 내리는 18세기의 통속소설과 성격이 크게 다르다. 포르노 중독자에게 절대적인 명제는 욕망이 멈추지 않고 계속해서 지속되어야 한다는 강박증적 요구이다. 여성의 실재를 향한 욕망을 통해서 자신의 성적 정체성을 구성하는 주체이기 때문이다. '아무것도 아닌 주

---

39 지젝, 『실재의 사막에 오신 것을 환영합니다』, 18쪽.
40 피터 브룩스, 『육체와 예술』, 이봉지 외 옮김, 문학과지성사, 2000, 71~115쪽.

체'가 '모든 것'이 되기 위해서 주체는 자신을 지지해 주는 실재의 보증을 필요로 한다. 물론 탈맥락화된 현대사회에서 그러한 실재의 보증을 확보하는 일은 불가능하다. 따라서 포르노 중독자에게 이 불가능성은 변증법적으로 실재를 추구하는 무한한 '과정'으로 전환되기 시작한다. 추구가 궁극적 목적지에 다다를 수 없다면 추구 자체가 목적이 되어야 하는 것이다.[41] 레이히와 같은 포르노 중독자는 목적을 과정으로 전환함으로써 최소한의 정체성과 일관성을 확보하려는 주체들이다. '이것으로 됐다'가 아니라 '더욱더'를 향해, 섹스가 아니라 과잉 섹스를 향해 끊임없이 포르노를 검색하는 것이다. 이 점에서 포르노적 주체는 이야기가 중단되는 순간에 삶이 끝나는 『천일야화』의 여주인공 세라자드나 이탈로 칼비노의 『존재하지 않는 기사』의 주인공 아질울포를 닮았다. 그는 존재가 아니라 존재하려는 의지, 그것도 사유적·담론적 의지에 지나지 않는다. 생각하거나 말하는 것을 중단하는 순간에 존재의 시계가 멈추기 때문에 어떻게 해서라도 생각과 말을 계속해야 한다. 잠을 자서도 안 된다. "잠깐이라도 깜빡 잠이 들면 난 기절하고 말 거다. 아니 더 이상 살 수 없을 거야. 영원히 사라져 버리는 거

---

41 물론 포르노에는 언제나 어김없이 사정과 오르가즘의 클라이맥스가 있다. 성적 욕망의 융기와 파열, 이완으로 종료되는 사이클이 있다. 그러나 그것을 보는 사람들은 종료가 없는 성적 흥분의 지속을 원한다. 예를 들어 포르노 영화의 고전이라 할 수 있는 「목구멍 깊숙이」(Deep Throat, 1972, 35쪽 '포토 프롤로그' 참조)의 여주인공은 진짜 오르가즘을 경험한 적이 없다. '작은 종소리'로 비교되는 쾌감만을 느꼈던 그녀는 '폭탄이 터지는 큰 소리'의 오르가즘을 추구한다. 그러나 포르노 중독자들은 계속해서 종이 파열되는 절정이 아니라 작은 종소리를 지속적으로 듣기 원하는 주체들이다. 폭탄이 터지는 듯이 '더욱더'의 절정을 기대하지만 그것은 끊임없이 지연되고, 실제로 그들이 향유하는 것은 자극의 지속이다. 긴 구애의 의식이 없이 바로 섹스로 진입하기를 바란다는 사실에는 틀림이 없다. 그러나 중요한 것은 절정으로서 섹스의 완료가 아니라 흥분 상태의 지속이다.

지. 그래서 난 밤이고 낮이고 언제나 깨어 있다."[42] 성행위의 순간에도 마찬가지이다. 그는 자신을 유혹한 여인의 침실에서 사랑의 쾌락에 탐닉하는 대신에 동이 틀 때까지 쾌락에 대해 말하기만 한다. 쾌락의 절정은 존재의 중단을 의미하기 때문이다. 사정하면 욕망이 식기 때문에 발기를 계속해서 유지하기 위해서는 지루가 되어야 한다. 포르노에 중독된 주체에게 섹스는 최종 목적지가 아니다. 섹스가 아니라 과잉 섹스, '더욱더'를 향한 욕망의 과정이 목적이다. 그것이 그에게 주체로서의 존재론적 연속성과 일관성을 보장해 주기 때문이다. 이러한 존재론적 의지가 포르노 향유를 단순한 쾌락이 아니라 실재를 향한 열정의 계기로 만드는 것이다.

그러나 바디우가 지적했듯이 존재와 일관성을 확보하기 위한 실재에의 열정은 간극과 차이로서 실재의 성격을 부정하는 의지이다. 그것은 허구를 벗겨 냄으로써 자신의 고유한 '진정성'을 확보하려는 욕망으로서 포르노 중독과 같은 맥락에 위치해 있다. 스스로가 존재이면서 비존재이고 주체이면서 대상이라는 사실을 인정할 수가 없는 주체가, 현대사회에서 불가능한 진정한 실재의 신화, 여성을 정화하는 일련의 작업을 통해서 여성의 원형에 도달하려는 것이다. 그러나 현대인에게 참된 진정성은 스스로 소유한 적이 없었던 실재의 상실을 슬퍼하는 향수의 자세가 아니라 실재의 결핍과 더불어 존재하는 자세에 있다. 칼비노가 『존재하지 않는 기사』와 더불어서 '우리의 선조들' 3부작의 또 한 편인 『반쪼가리 자작』을 통해서 말하려는 주제가 그것이

---

42 브룩스, 『육체와 예술』, 24쪽.

다. 원래 선과 악이 한 몸에 공존하던 남작은 참여했던 전투에서 대포를 맞고 반쪽으로 갈라진다. 한쪽이 완벽한 선, 다른 한쪽은 완벽한 악이 되는 것이다. 균열과 간극이 없는 완전한 실재, 명실상부한 실재로서 선이며 악이다. 자신의 존재론적 균열과 비일관성을 무시하고 외면하면 비록 마니교적 우주이기는 하지만 거기에서 완전한 존재가 된다. 그러나 그러한 남작의 예를 빌려서 칼비노가 말하려고 하는 것은, 완전한 존재는 진정하지 못한 가짜 존재라는 진리이다. 여성의 성적 실재도 마찬가지이다. 옷과 화장, 행동거지, 라이프 스타일 등 비본질적인 껍질을 '정화'한 탈맥락화된 여자가 명실상부하게 진짜 여자인 것은 아니다. 진짜 여자는 그와 같은 껍질, 즉 맥락과 더불어서 존재하고 있다. 그럼에도 포르노에 중독된 주체는 그러한 여자가 진짜 여자라 아니라는 이유로 껍질-맥락을 벗겨 가는 무한 공제의 과정에 임하게 된다. 그럼으로써 반쪽이 된 남작처럼 오로지 성적 주체의 자격으로, 성적 자극을 무한 지속하는 주체로서 존재하게 되는 것이다.

4장

법은 포르노를 어떻게 판단하는가?

- 서윤호

1. 들어가며: 포르노에 대한 법적 논의의 문제

최근에 『포르노를 허하라』라는 도발적인 제목을 단 책이 많은 사람들의 관심을 끌고 있다. 그저 금기시되고 어두운 한쪽 구석으로 밀쳐 두었던 포르노에 대한 담론이 우리 사회에서도 서서히 고개를 드는 것으로 볼 수 있다. 포르노에 대해 법이 이야기할 수 있는 것은 규범적 차원이다. 그것은 통상 포르노 규제 법리의 타당성과 합리성에 대한 논의를 중심으로 전개된다. 지금까지 우리나라에서 전개된 포르노에 대한 법적 논의는 끊임없는 논란에 빠져 있다. 인간의 근원적인 욕망과 관련된 포르노의 문제에서 법은 도대체 어떠한 입장과 태도를 보이고 있는가? 그러한 법의 모습에 변화가 필요하지는 않은가?

포르노에 대한 법적 논의를 검토하기 전에 먼저 몇 년 전에 사회적으로 큰 논란이 되었던 미술교사 김인규 사건을 살펴보도록 하자. 대법원은 김인규 교사가 인터넷에 올린 작품들 중 일부가 음란물에 해당한다고 판결했다. 사건의 개요는 다음과 같다. 중학교 미술교사인 피고인 김인규는 교사 생활 틈틈이 제작한 자신의 미술 작품, 사진, 동영상을 개인 홈페이지에 게시했다. 그중 음란성의 혐의가 짙다고 판단된 여섯 가지가 전기통신망을 이용해 음란한 영상을 공연히 전시한 혐의를 받아 검찰에 의해 기소되었다. 하급심인 대전법원 홍성지원 판결[1]과 대전고등법원 합의부 판결[2]에서는 무죄가 선고되었고, 검찰 측 상고로 대법원 제3부가 이 사건을 심리하게 되었다. 대법원의 판결에서는 공소사실 제2항, 제4항, 제6항은 원심판결을 인용하여 음란성이 없어 무죄이지만, 공소사실 제1항, 제3항, 제5항은 음란물에 해당하여 유죄를 선고하면서 대전고등법원에 파기환송했다.[3]

대법원의 논거는 이러하다. 환자용 변기에 놓인 남성 성기를 그린 「무제」(공소사실 제2항)는 그림 전체에서 성기가 차지하는 비중이 매우 작다는 점에서, 성기가 발기된 채 양 주먹을 쥔 청소년을 그린 「남자라면」(제4항)은 근육질과 성기가 과장되어 현실감이 떨어지는 만화라는 점에서, 여성의 음모·팬티·엉덩이 등이 노출된 하드코어 포르노물의 일부 장면을 동영상으로 편집하고 그 밑으로 '헉헉'이라는 글자가 지나가도록 구성한 동영상 「포르노나 볼까」(제6항)는 사진과 흰 여백이 아주 빠르게 움직여서 자세히 보아도 그 내용을 파악할 수 없고 포르노 시청자가 통상적으로 기대하는 장면이 나오지 않는다는 점에서 성적 흥분이나 수치심을 불러일으키지 않아 음란물로 볼 수 없다.

1 대전지법 2002.12.27. 2001고합54.
2 대전고법 2003.5.2. 2003노31.
3 대법원 2005.7.22. 2003도2911.

이에 반해 여성의 성기를 정밀하게 묘사한 「그대 행복한가」(제1항)는 묘사가 매우 정밀하고 색채가 사실적이며 여성 성기 이미지가 그림 전체를 압도한다는 이유로, 김 씨 부부의 전라 사진인 「우리 부부」(제3항. 29쪽 '포토 프롤로그' 참조)는 있는 그대로의 신체의 아름다움을 느끼자는 제작 의도가 있었다 해도 얼굴과 성기를 가리지 않은 채 적나라하게 나신을 드러낼 논리적 필연성이 없다는 이유로, 발기된 채 정액을 분출하는 남성 성기 그림인 「남근주의」(제5항)는 그 그림을 본 보통 사람이 성적 상상과 수치심 이외에 다른 사고를 할 여지가 크지 않다는 이유로 성적 흥분이나 수치심을 불러일으키는 음란물에 해당한다.

대법원의 판결은 시민사회의 커다란 반발을 가져왔다. 파기환송된 이 사건에 대해 고등법원은 대법원에서의 음란물 판정에 따라 최종적으로 500만 원 벌금형으로 사건을 종결지었다. 성적 표현도 표현의 한 방식으로 우리 헌법 제21조가 규정하는 표현의 자유의 보호 대상이 된다. 다만 그러한 성적 표현이 사회적 용인의 한도를 넘어 도저히 표현의 자유로 보호할 만한 가치를 가질 수 없거나 또 그러한 표현의 해악이 중대하고 커서 그것을 막지 않고서는 사회의 선량한 성풍속이나 성도덕이 유지될 수 없고 모방적인 성범죄를 직접적으로 일으키며 어떠한 계몽적인 예술성이나 사상성도 없이 오로지 상업적 목적만 추구하는 표현일 뿐일 경우, 그러한 성적 표현은 '음란물'에 해당하여 표현의 자유의 보호 영역 밖에 놓이게 된다. 이와 같이 표현의 자유의 한계로서의 음란성 판단의 기준은 그 사회가 이러한 표현의 자유의 중요성과 광범위한 적용 가능성을 얼마나 깊이 인식하고 이를 얼마나 철저히 보장하는가를 보여 주는 중요한 지표가 된다. 음란물에 대한 판단기준은 성적 표현의 자유와 관련하여 쉽게 결정하기 힘든 법적 논의를 불러일으킨다.

이 글에서는 다음과 같은 물음이 다루어진다. 포르노란 무엇인가? 우리 사회는 포르노에 대해 얼마만큼 향유의 자유를 허용하고 있는가? 포르노에 대한 법적 규제는 과연 정당성을 확보하고 있는가? 포르노 규제의 법리가 가지는 성 정치학의 차원은 무엇인가? 그 어느 때보다 성의 자유를 구가하는 현대사회에서 "포르노를 허하라"라는 목소리에 대해 공동체의 법은 이제 무어라 답할 것인가? 구체적인 논의의 진행은 다음과 같이 이루어진다. 먼저 음란물 관련 법률들의 내용과 문제점이 무엇인지 살펴보고, 이어서 실제의 사건에서 적용되는 음란물 판단기준이 과연 무엇인지 대법원과 헌법재판소의 판례, 그리고 미국의 예를 통한 비교법적 고찰을 살펴보고, 기존의 음란물과는 커다란 차이를 보이는 인터넷 포르노의 등장으로 인해 음란물 규제와 관련한 기존의 법 논의가 어떠한 한계에 부딪히는지, 그리고 음란물 규제를 둘러싼 다양한 입장의 차이가 어떠하며 또 이러한 차이를 어떻게 조정할 수 있는지 살펴보기로 하겠다.

2. 음란물 관련 법률들은 어떤 내용을 담고 있는가?

먼저 음란물과 관련된 법률의 규정부터 살펴보기로 하자. 음란물과 관련된 법률의 규정은 상당히 많다. 여기에서 이들을 모두 살펴보는 것은 큰 의미가 없을 것이기 때문에 중요한 법률의 규정을 중심으로 음란물 관련 법률들의 내용이 무엇이며, 또 문제점이 무엇인지 살펴보기로 하겠다. 비슷한 내용을 담고 있는 법률의 규정들을 살펴보는 것이라서 법률적 표현에 익숙하지 않은 사람들에게는 조금 무미건조하고 딱딱할 수 있겠지만, 포르노 규제의 법리를 이해하는 첫걸음에 해당하기 때문에 이를 피해 갈 수는 없다.

음란물과 관련되는 기본적인 규정은 형법 제243조이다. "음란한 문서, 도화, 필름 기타 물건을 반포, 판매 또는 임대하거나 공연히 전시 또는 상영한 자는 1년 이하의 징역 또는 500만 원 이하의 벌금에 처한다." 제243조의 행위에 공할 목적으로 음란한 물건을 제조, 소지, 수입 또는 수출한 자는 1년 이하의 징역 또는 500만 원 이하의 벌금에 처한다(제244조). 이 규정에 따르면 행위의 객체는 음란한 문서, 도화, 필름 및 기타 물건이다. 그 형태의 측면에서 일반적인 문서, 도화, 필름 등과는 다른 오늘날의 인터넷 환경에서 문제가 되는 전자화된 텍스트, 이미지, 혹은 동영상은 어떠한가? 이 규정의 적용을 받는가? 이를 둘러싸고 형법학자들 사이에는 다툼의 여지가 있다. 그러나 우리 대법원은 문자주의적 입장에 따라 형법 제243조의 규정을 적용할 수 없다고 한다.[4] 그에 따라 오늘날 통상 '야동'이라 부르는 인터넷 포르노는 대부분 형법 제243조가 아니라 '정보통신망 이용촉진 및 정보보호 등에 관한 법률'에 의해 규제된다. 이 법률은 정보통신망을 통하여 음란한 부호·문언·음향·화상 또는 영상을 배포·판매·임대하거나 공공연하게 전시하는 행위를 금지하고 있으며(제44조의 7), 이를 위반한 자는 1년 이하의 징역 또는 1000만 원 이하의 벌금에 처하도록 규정하고 있

4 대법원 1999.2.24. 98도3140.

다(제74조). 그러나 이 법률에서 문제되는 점은 디지털의 형태로 행해지는다는 점에서만 차이가 있을 뿐인데 같은 내용의 행위가 형법 제243조의 형량과 비교해 볼 때 벌금형에서 두 배의 차이가 난다는 것이다. 또 '게임산업진흥에 관한 법률'도 불법게임물의 제작 및 반입을 금지함으로써 온라인의 포르노그래피가 포함된 게임 영상을 규제하고 있는데, 형법 제243조와 비교해 볼 때 이 법률에서도 자유형과 벌금형의 형량이 모두 두 배로 늘어나 있다. 이 법률에 따르면 "범죄·폭력·음란 등을 지나치게 묘사하여" 일반인이 범죄심리 혹은 모방심리를 통해 사회질서를 문란하게 할 우려를 발생시킬 가능성이 있는 게임을 제작하거나 반입하는 경우(제32조 제2항) 2년 이하의 징역이나 2000만 원 이하의 벌금에 처해진다(제45조 6호).

위에서 살펴본 법률들은 일반인 전체를 대상으로 음란물에 대한 규제를 하고 있는 데 비해, '청소년 보호법'은 청소년을 보호할 목적으로 일정 음란물을 청소년유해매체물로 정의하고 이에 대한 유포 및 판매 등을 처벌하고 있다.[5] 청소년유해매체물의 결정 기준 중에 음란성과 관련한 것은 "청소년에게 성적인 욕구를 자극하는 선정적인 것이거나 음란한 것"(제9조 제1항 1호)을 들 수 있고, 이와 같은 매체물은 청소년유해매체물로 지정되어 판매·대여·배포하거나 시청·관람·이용에 제공되는 것이 금지되며(제16조 제1항), 이를 어긴 경우 3년 이하의

---

5 '청소년 보호법'은 규제의 대상이 되는 매체물을 '영화 및 비디오물의 진흥에 관한 법률'에 따른 영화 및 비디오물, '게임산업진흥에 관한 법률'에 따른 게임물, '음악산업진흥에 관한 법률'에 따른 음반·음악파일·음악영상물 및 음악영상파일, '공연법'에 따른 공연, '전기통신사업법'에 따른 전기통신을 통한 부호·문언·음향 또는 영상정보 등으로 종류를 제한하고 있다(제2조).

징역 또는 2000만 원 이하의 벌금에 처해진다(제58조). 다만 심의기준을 적용하는 데 있어서 일반적인 통념을 기준으로 심사하되 해당 매체물의 문학적·예술적·교육적·의학적·과학적 측면과 그 매체물의 특성을 동시에 고려할 것을 요구하고 있다(제9조 제2항). 마찬가지로 여기에서도 자유형의 형량이 '3년'으로 늘어나 있음을 알 수 있다.[6]

형사적 책임 이외에도 우리의 법제는 인터넷 포르노그래피의 제작 및 유통 등의 행위에 대해서는 법률의 규정으로 행정적 명령 혹은 지도의 의무를 국가와 관련 기관 및 관련 종사자에게 부여하고 있다. 온라인 게임물과 관련하여 게임물 관련 사업자는 게임물 및 컴퓨터 설비 등에 문화체육관광부 장관이 고시하는 음란물 차단 프로그램 또는 장치를 설치하도록 '게임산업진흥에 관한 법률'로 규정하고 있으며(제28조), 이를 위반하는 경우 1000만 원 이하의 과태료에 처해진다(제48조). '국가정보화 기본법 시행령'은 건전한 정보통신 윤리의 확립을 위해, 불특정 다수인이 이용하여 정보를 검색·저장·송신 또는 수신할 수 있는 장비를 국가기관이 설치한 경우 음란물 등 불건전한 정보에 대한 접속을 금지하기 위해 행정안전부 장관이 해당 기관의 장에게 필요한 장비 및 소프트웨어의 설치 및 보안을 권고할 수 있도록 규정하고 있다(제36조). 또한 방송통신위원회는 정보통신망을 통해 유통되는 음란 정보 등의 유해 정보로부터 청소년을 보호하기 위하여 내용

---

6 '성폭력범죄의 처벌 등에 관한 특례법'에서도 통신매체를 이용한 음란 행위를 처벌할 수 있도록 규정하고 있는데. 위에서 살펴본 '정보통신망 이용촉진 및 정보보호 등에 관한 법률'의 규정 혹은 '청소년 보호법'의 규정이 사회적 법익의 입장에서 그에 대한 규제를 하는 것과는 달리. 여기에서는 음란물을 상대방에게 도달하게 한 행위를 처벌함으로써 일종의 자기결정권을 보호법익으로 삼고 있다.

선별 소프트웨어 및 청소년 보호 기술의 개발과 보급을 위한 시책을 마련해야 하는 의무를 지고 있다('정보통신망 이용촉진 및 정보보호 등에 관한 법률' 제41조).

음란물과 관련된 법률의 규정들은 그 외에도 많이 있지만, 우리의 논의에 필요한 중요한 법률의 내용들은 이것으로 충분하다.[7] 앞에서 살펴본 바와 같이 음란물 관련 법률들에서 문제되는 것은 무엇인가? 이들 법률의 규정에서 우선 문제되는 점은 법률 규정의 중복성, 형량의 비통일성, 처벌 기준의 중형화 현상 등을 꼽을 수 있을 것이다. 그 외에도 성표현과 관련된 용어의 다양성, 음란성 기준의 불명확성, 보호법익의 불투명성 등이 커다란 문제로 나타난다. 이들 문제들을 여기에서 모두 논의할 수는 없다. 여기에서는 성표현과 관련된 용어의 문제와 음란 판단의 기준에 대한 판례의 문제에 집중해서 포르노 규제 법리의 문제점에 대한 논의를 진행하기로 하겠다.

3. 성표현과 관련된 다양한 용어들은 얼마나 명확한가?

현재 우리나라의 음란물 관련 법률들에서 성표현과 관련한 용어들은 '저속', '선정', '외설', '음란' 등 다양하게 사용되고 있다. 일반적으로 많이 쓰고 있는 '포르노그래피'라는 개념은 우리나라에서 공식적으로 사용하는 법률용어는 아니다. '음란' 등의 성표현물의 개념 및 분류를

---

7 음란물과 관련해서는 언급한 법률 이외에도 많은 법률 규정이 있다. 음란물 관련 법률 규정에 대한 전체적인 조망은 박종성, 「포르노는 없다: 권력에 대한 복잡한 반감의 표현」, 인간사랑, 2003, 340~355쪽을 참조.

명확하게 정의하는 것은 쉽지 않은 일이지만, 성표현물의 종류에 따른 용어의 구분을 살펴보는 것이 필요하다.

'저속'은 음란과 관련된 용어 중에 가장 광의의 의미를 가지고 있다. 이는 일상에서 주로 언어에 의한 성적 묘사에 해당하여 성적으로 불경하거나 선정적 혹은 품위 없는 언어로 성적인 표현을 하는 것을 일컫는다. 저속이라는 개념은 그 적용 범위가 매우 넓어 법관의 보충적인 해석에 의해서도 그 내용을 확정하기 어려운 추상성을 지니고 있기 때문에 법 수범자가 자신의 표현 내용에 대한 헌법상 보호의 정도를 알기 힘든 측면이 있다. 따라서 우리 헌법재판소는 이를 규제하는 법률은 명확성의 원칙에 반한다는 입장을 취하고 있다. 이와는 달리 대법원은 음란과 저속을 뚜렷하게 구분하고 있지 않다. 대법원은 "음란 또는 저속한" 간행물이란 성에 관련된 의미에 있어서는 음란이라는 개념으로 포괄할 수 있다면서, 저속을 음란과 동일한 기준으로 제시하고 있다.[8] 마찬가지로 법률에서도 저속과 음란의 명확한 구분 없이 단순히 음란으로만 규정하고 있는 경우가 대부분인데, 하위법령이나 심의기준에서는 다시금 저속이라는 개념을 도입하여 실무상 혼란을 야기하고 있다. '포르노그래피'는 우리의 법규정에서는 사용하지 않는 개념이지만, 미국·독일·프랑스 등에서 성표현물의 규제와 관련하여 많이 사용하는 개념이다. 포르노그래피는 다시 하드코어 포르노그래피와 소프트코어 포르노그래피로 나뉜다. 하드코어 포르노그래피는 성행위에 대한 노골적이고 명백한 묘사 혹은 재연을 의미하며 통

---

8 대법원 1997.12.26. 97누11287.

상 성기의 노출을 수반한다. 소프트코어 포르노그래피는 명백한 성교 장면 혹은 성기의 노출은 없으나 그 표현이 성적 흥미 유발을 목적으로 하고 성적 수치심을 자극하는 것을 의미하는데, 이는 음란의 개념과 유사하여 미국·영국·독일 등의 국가에서는 음란과 동일한 개념으로 파악하고 있다. 이들 국가에서 소프트코어 포르노그래피는 공연성 및 전달매개체에 대한 제한이 있기는 하지만, 일반적으로 제작과 유통 및 소유가 허용된다. 이들 국가에서 문제되는 포르노 규제 법리의 적용 대상은 하드코어 포르노그래피이다.

성표현과 관련된 다양한 용어들이 가지는 의미가 분명지는 않지만, 성표현의 강도라는 측면을 중심으로 이들 용어가 어떤 범위를 가지는지 정리할 수 있을 것이다. 저속 또는 선정이 가장 약한 강도의 최광범위의 개념을 형성하고, 이어서 음란 또는 소프트코어 포르노그래피, 그리고 하드코어 포르노그래피가 순차적으로 성표현의 강도를 높이면서 그 범위가 축소된다. 다시 말해 저속과 선정 > 음란과 소프트코어 포르노그래피 > 하드코어 포르노그래피의 순으로 그 범위가 상대적으로 좁혀진다고 할 수 있다. 포르노 규제 법리와 관련해서 이들 성표현의 강도에서 규제가 필요한 부분이 어디부터인가 하는 점이 문제된다. 우리의 음란물 관련 법규정들은 이러한 다양한 성표현의 강도를 폭넓은 '음란' 개념 속에 함께 집어넣고 있는데, 이 점에 대해서는 좀더 세분화된 법률의 규정이 요구된다.

독일의 경우에는 1969년 연방헌법재판소의 '패니 힐(Fanny Hill) 판결'로 음란물은 사회질서를 침해하거나 현저하게 위태롭게 만드는 경우에 한하여 형법의 처벌대상이 된다고 밝히고, 1973년에 형법

을 개정하여 음란성(Unzüchtigkeit)이라는 구성요건을 포르노그래피
(pornographische Schriften)로 대체하여 처벌대상을 하드코어 포르노
그래피에 한정하고 있다. 독일 형법 제184조는 구체적으로 18세 미만
의 청소년에 대한 포르노그래피의 유통, 폭력적 포르노그래피, 아동
포르노그래피, 동물과 인간의 성적 행위를 대상으로 하는 포르노그래
피 등으로 처벌대상을 한정하고 있다.[9] 우리의 경우도 포괄적인 형태
의 포르노 규제 법리를 피하고 좀더 분명한 형태로 법률을 규정하는
것이 필요하다.

4. 구체적인 법 적용에서의 음란물의 판단기준은 어떤가?

음란물의 개념은 지역과 시대를 떠나 확정적으로 정의하기가 쉽지 않
은 가변적인 개념이라 할 수 있다. 객관적 요소의 부족이라는 한계로
인해 음란 여부에 대한 결정은 개인이나 사회의 윤리 및 가치 체계에
따라서 다를 수 있다. 이러한 불명확한 경계로 인한 내재적 한계는 이
글의 서두에서 언급한 바와 같이 표현의 자유와도 상충하는 측면이
있다. 헌법 제21조는 표현의 자유를 국민의 기본권으로 보장하고 있
고, 이러한 기본권의 제한은 헌법 제37조에서 규정하고 있는 안전보
장, 질서유지 및 공공복리의 목적하에 제한할 수 있는데, 그에 대한 제
한이 합목적성을 지니는 경우에도 제한의 범위는 필요한 최소한도에

---

9 독일 판례의 입장에 대해서 자세한 것은 박미숙, 「성표현물의 음란성 판단기준에 관한 연구」, 형사정책
　연구원, 2001 참조.

그쳐야 함을 명확히 하고 있다(헌법 제37조 제2항). 이와 같은 음란물이 갖는 내적인 한계와 헌법상의 가치충돌 가능성으로 인해 음란물의 판단기준은 지속적으로 비판을 받아 왔다. 음란물은 한편으로는 사회적 해악을 고려하여 형사책임의 필요성에 의한 규제 대상이 되지만, 다른 한편으로는 과도하게 규제할 경우 표현의 자유라는 헌법적 가치를 손상할 위험성이 있다. 아래에서 살펴보는 바와 같이 음란물 여부의 판단을 둘러싸고 구체적인 법 적용의 과정에서도 실제 대법원의 입장과 헌법재판소의 입장이 많은 차이를 보이고 있는 것도 모두 이러한 내용을 그 배경으로 하고 있기 때문이다. 대법원에서는 형사법적 차원에서 음란물 여부를 판단하고, 헌법재판소는 형사법적 차원과 헌법적 차원을 함께 고려하여 음란물 여부를 판단하는 기본적인 관점의 차이가 구체적인 법 적용에서의 현실적 차이를 가져오고 있다.

대법원은 음란물의 객관적인 판단기준에 대해 여러 판례를 통하여 비교적 일관된 입장을 유지하고 있다. 대법원에 의하면 음란물은 "일반 보통인의 성욕을 자극하여 성적 흥분을 유발하고, 정상적인 성적 수치심을 해하여 성적 도의관념에 반하는 것"이며 이를 판단할 때는 음란물의 제작자나 음란 행위의 행위자가 가지고 있는 주관적 의도는 고려 대상이 아니다.[10] 한 예로 음란물 판단의 시초라 할 수 있는 일명 「나체의 마하」사건'에서 대법원은 "피고인들은 본건 그림의 음란성을 인식하지 못하였다 하여도 그 음란성의 유무는 그 그림 자체로서

10 이러한 입장을 취하고 있는 대법원 판례는 다음과 같다. 대법원 1987.12.22. 87도2331; 대법원 1995.2.10. 94도2266; 대법원 1996.6.11. 96도980; 대법원 1997.8.22. 97도937; 대법원 1995.6.16. 94도2413; 대법원 2000.12.22. 2000도4372; 대법원 2005.7.22. 2003도2911.

판단해야 할 것이고, 그 제조자나 판매자의 주관적인 의사에 따라 좌우되는 것이 아니라는" 입장을 분명히 밝히고 있다.[11] 이는 '상대적 음란성'의 개념을 이용하여 음란성을 판단하였다고 볼 수 있다.[12] 그러나 이들 판례는 과연 음란성을 판별하는 합리적인 기준이 될 수 있을지 의문을 낳을 뿐만 아니라, 음란성 판단의 객관적 지침을 주지 못하고 따라서 자의적인 법 집행의 위험을 내포하고 있다는 비판을 피하지 못한다. 비록 음란이라는 개념은 장소에 따라 다를 수 있고 시대의 흐름에 따라 변화되지만 그 판단에 있어서는 일정한 요소와 기준에 의해서 이루어져야 한다. 그런데 이들 판례에서처럼 상대적 음란성의 개념을 통해 음란물을 판단하는 경우에는 동일 내용의 판단 대상이 상황에 따라 다르게 판단되는 문제가 발생하게 된다. 이와 같은 판단은 대상물의 고유 특성에 의하지 않고 가변적인 주변 환경에 의해 결정되기 때문에 일반 국민에게 예측 가능성을 제공하지 못하게 되고 이는 앞에서 언급한 표현의 자유와 관련하여 국민의 표현상의 자유를 위축하고 음란성 인정이 자의적으로 이루어질 우려가 생긴다.

그 후 대법원의 판결에서는 '상대적 음란성' 개념을 탈피하여 음란의 개념에 제작자나 행위자의 주관이 배제되어야 한다는 측면에서 객

---

11 대법원 1970.10.30. 70도1879.
12 독일의 학자 카를 빈딩에 의하여 등장한 이 개념은 음란성의 판단은 문서나 행위의 그 자체 혹은 내용 이외에도 작자나 출판자 및 행위자의 의도, 문서의 출판된 체계 혹은 행위의 표현 형태, 광고 및 선전의 방법과 실제 전시되거나 공연된 방법, 실제의 독자 혹은 관객의 상황 등을 종합적으로 고려하여 해당 문서 및 도화 혹은 행위가 그 대상에게 주는 영향을 구체적으로 논증하여 확정하는 판단기법이다. 이러한 판단기준에 따르면, 음란 판단의 대상물 자체보다 판단 대상물이 겨냥한 독자 혹은 관객에 따라 상대적으로 음란성이 판단된다. 박용상, 「표현의 자유와 음란규제 및 청소년 보호」, 『헌법논총』 13, 2002, 136~139쪽; 강대출, 「음란물의 판단기준」, 『법제와 입법』 3, 2008, 각주 30 참조.

관적일 뿐 아니라 음란의 판단 주체 또한 객관적이어야 한다는 식으로 입장이 바뀌고 있다. 대법원은 "당해 문서의 성에 관한 노골적이고 상세한 묘사 서술의 정도와 그 수법, 묘사 서술이 문서 전체에서 차지하는 비중, 문서에 표현된 사상 등과 묘사 서술과의 관련성, 문서의 구성이나 전개 또는 예술성·사상성 등에 의한 성적 자극의 완화의 정도, 이들의 관점으로부터 당해 문서를 전체로서 보았을 때 주로 독자의 호색적 흥미를 돋우는 것으로 인정되느냐의 여부 등 여러 사항을 검토하는 것이 필요하고, 이들의 사정을 종합하여 그 시대의 건전한 사회통념에 비추어" 검토해야 한다고 입장을 밝히고 있다. 다시 말해 일반인의 성적 수치심 및 도의심을 기준으로 하여, 보통 성인의 관점에서 음란물에 표현된 성에 대한 묘사 및 서술의 정도와 수법, 묘사 및 서술의 예술성과 사상성의 관련도 등을 종합하여 일반인의 관념에 비추어 판단하여야 함을 강조하고 있다.

그러나 대법원이 음란물의 판단기준으로 삼고 있는 일반인 또는 보통인의 성적 정서, 성풍속 혹은 성도덕 관념에 대해서도 역시 그 기준이 추상적이고 명확하지 않다는 비판이 계속 이어져 왔다. 음란물과 관련된 범죄를 처벌하는 것을 통해 국가가 보호하고자 하는 법익이 일반인 혹은 일반 보통인의 정상적인 성적 수치심, 도의심, 건전한 성풍속 등이라는 것에서 나타나듯이 그 대상이 매우 추상적이라는 점이 비판의 대상이 되고 있다. 이와 같은 용어는 그 실체가 분명하지 않고 내용이 없는 비어 있는 공식에 불과하며 그 자체로는 형법적 보호의 대상이 될 수 없다. '건전한 성풍속', '정상적인 성적 수치심'과 같은 용어는 종적인 측면과 횡적인 측면에서 구체적이고 정확한 정의의 대상이 아니다. 다시 말해 이와 같은 관념은 한 지역에서도 지속적으로 변화하여 왔으며 또한 사회 및 문화의 변화에 따라 그 변화의 속도가 다양하다. 그리고 횡적인 측면에서도 동시대 일정 지역 내의 일반인들에게서도 동일하고 구체적인 정의를 확보할 수 없다는 것이 비판의 내용을 이룬다.

대법원이 정립한 음란성의 개념에 대한 또 다른 비판은 학문 예술의 자유와 관련하여 음란물의 판단기준에 있어서 문학 및 예술성을 경시하였다는 것이다. 대법원의 입장에 따르면, 문학 및 예술 작품의 사상성을 단순한 음란성 판단의 고려요소로 취급하여 성에 관한 묘사 혹은 서술이 노골적이고 상세한 경우에는 문학성 및 예술성의 깊이와는 상관없이 음란물로 처벌될 수 있기 때문이다. 예컨대 중남미 에로티시즘 문학의 대표작 중의 하나로 손꼽히는 알리시아 스테임베르크의 소설 『아마티스타』(Amatista, 1989)에는 자위행위, 혼음, 구강성교, 항문성교 등이 적나라하게 묘사되어 있다. 부산고등법원은 이 소설을 번역 출간한 출판사에 대한 행정당국의 출판사 등록취소 사건을 검토하면서, 이 소설의 우아하고 독창적인 예술성으로 인하여 포르노그래피와 에로티시즘의 차이를 극명하게 드러내고 있고, 따라서 이 사건 소설은 성에 관하여 노골적으로 묘사하고 있기는 하지만 그 예술성으로 인하여 성적 자극이 어느 정도 완화되고 있어 곧바로 공중도덕이나 사회윤리를 침해하는 것이라고 단정하기도 어렵다고 판시하고 있다.[13] 그러나 대법원은 행정당국의 상고를 받아들여 『아마티스타』를 음란물로

---

13 부산고법 1997.6.19. 96구11815.

판정하고 있다.[14]

음란성의 개념에 대해 헌법재판소는 대법원의 판례보다 좀더 세분화되어 있고 엄격한 기준을 제시하고 있다. 헌법재판소는 음란성 판단의 선결 작업으로 '음란'과 '저속'의 차이를 구분하고 헌법적 보호의 대상 여부를 분명히 하고 있다. '저속'은 음란보다 하위 개념으로 음란에 이르지 않는 성표현을 의미하기 때문에 표현의 자유의 영역에 속한다. 이는 헌법의 보호영역에 속하는 것으로 개념의 적용범위가 매우 광범위하여 그 의미 혹은 내용을 확정하기가 어려운 추상성을 지니고 있기 때문에 이와 같은 성표현을 규제하는 것은 명확성의 원칙에 반하는 것으로 보고 있다.[15] 그에 반해 '음란'은 언론 출판의 자유에 의한 보장을 받지 못하는 것으로서, 다음의 세 가지 기준에 따라 판단하게 된다. 첫째는 노골적이고 적나라한 성표현으로서, "인간 존엄 내지 인간성을 왜곡"하는 정도에까지 이르는 것이다. 헌법재판소는 대법원에서 제시한 기준에 인간 존엄과 인간성의 왜곡을 추가해 보다 엄격한 기준을 제시하고 있다. 다만 결정문에서는 이와 같은 성표현물의 예를 구체적으로 제시하지는 않았다. 둘째는 예술성 및 사상성에 관한 것으로 음란물은 성적 흥미 유발의 목적만 있는 것으로 전체적인 구조상 문학적·예술적·과학적·정치적 가치를 갖지 않는 것이어야 한다는 기준이 추가되었다. 대법원이 성표현물의 예술성 및 사상성을 단순한 고려사항으로 보아 성에 관한 묘사 혹은 서술이 노골적이고 상세한 경우에는

14 대법원 1997.12.26. 97누111287.
15 헌법재판소 1998.4.30. 95헌가16.

문학성 및 예술성의 깊이와는 상관없이 음란물로 처벌될 수 있도록 개념 규정한 것과는 다른 기준을 제시하고 있다고 볼 수 있다. 동일한 정도의 노골적 성표현이라 하여도 문학성 및 예술성의 여하에 의해 헌법적 보호의 대상 여부가 판별된다. 마지막으로 제시한 판단기준은 사회의 건전한 성도덕을 크게 훼손하되 사상의 경쟁 메커니즘에 의해서도 그 해악이 해소되지 못할 정도의 노골성을 지녀야 한다. 따라서 일반 사회 혹은 보통인의 건전한 성도덕을 해하는 성표현물이라 하더라도 인간의 존엄성 혹은 인간성을 왜곡하지 않는 표현물, 문학적·예술적·과학적·정치적 가치를 지닌 표현물, 사상의 경쟁 메커니즘을 통해서 해당 표현물이 갖는 해악이 해소될 수 있는 표현물은 음란물로 판단되지 않는다.

이와 같이 대법원의 음란물 판단기준은 성도덕주의적 관점을 취하는 보수적인 입장을 따르고 있는 데 비해 헌법재판소의 음란물 판단기준은 좀더 다양한 관점을 고려하여 음란물 여부에 대한 판단을 내림으로써 합리성을 강화하고 있음을 알 수 있다. 그것은 대법원의 경우에는 형사법적 관점에서 음란물 여부에 대한 판단을 내리는 것이 논의의 쟁점을 이루고, 헌법재판소의 경우에는 형사법적 관점을 넘어서 헌법적 관점을 함께 고려하여 음란물 여부를 판단하는 기본적인 시각의 차이에서 비롯된다. 헌법재판소의 음란물 판단기준이 대법원의 음란물 판단기준보다 더 합리성을 띠고 있지만, 그럼에도 불구하고 헌법재판소의 음란물 판단기준에도 여전히 문제는 남아 있다. 규제의 대상이 되는 음란물의 범위를 보다 명확하게 제시하는 것이 필요하다. 그 경우에도 포르노 규제 법리가 가지는 성 정치학적 측면이 더 논의될 필요가 있다. 이들 판례에서 나타나는 포르노에 대한 사법적 통제는 오늘날 우리에게 어떤 의미를 갖는가? 이 문제에 대한 분석은 성 정치학의 시각과 연결된다. 박종성은 『포르노는 없다』 3장에서 '성정치적 통제와 사법적 허구'라는 제목 아래 포르노에 대한 사법적 통제의 의미를 다루고 있다. 그는 여기에서 포르노에 대한 법적 규제 법리의 모순과 적용의 현실을 언급하면서 다음과 같이 말하고 있다.

> 법리의 모순이나 사회 현실의 한계에도 아랑곳없이 음란물 규제에 관한 이 땅의 법률구조는 매우 중첩적이고 복합적이다. 그들 모두는 법 적용 단계에서는 논리의 혼선과 해석상 한계를 여실히 드러내고 있지만, 궁극적으로 핑크빛 현실 돌파의 최종 수단이자 공권력 집행의 합법적 근거로서 강제 규범이 왜 필요한지 역설적으로 강조하고 있다. 그러나 그것은 기존의 법적 강제가 실효를 거두기 어려울 때 새로운 사회공포와 자기계몽의 근거를 한층 강화하려는 스스로의 규범적 핑계였을 뿐, 실제 현실의 질곡이 법 체계와 그 내용의 번창으로 다잡아질 수 있었는지는 전혀 별개였다. …… 세기의 전환기를 넘어섰음에도 여전히 음란물 규제에 관한 이 나라 법 체계가 왜 열 가지 서로 다른 명목으로 분할, 콘텐츠의 중복과 강제력 집행의 혼선을 무릅써야만 하는지 이제는 곰곰이 따져 볼 일이다.[16]

이러한 성 정치학적 분석을 위해서는 여러 고민들을 논의 속으로

---

16 박종성, 『포르노는 없다』, 334쪽.

끌고 들어와야 한다. 또 금지와 욕망의 상호관계에 대한 정신분석적 연구와 함께 포르노 때문에 규제와 금지가 생긴 것이 아니라, 포르노가 무엇인지 규제와 금지가 정의하고 있기 때문에 포르노라는 존재가 만들어진다는 문제의식의 전환이 함께하지 않으면 안 된다. 포르노는 섹스와 관련되지만, 섹스보다는 권력이 더 근본적인 문제를 이루고 있음을 성 정치학은 보여 주고자 할 것이다. 포르노가 건전하다 불건전하다 하는 논쟁의 배후에는 이미 어떤 형태든 권력관계가 그 바탕에 깔려 있기 때문이다. 이러한 권력관계의 분석이 성 정치학의 주요 내용을 이룬다. 이러한 성 정치학의 연구가 축적되면 포르노에 대한 사법적 통제의 현실적 의미가 분명하게 드러나게 될 것이고, 포르노 규제 법리의 문제점에 대한 근본적인 비판이 가능하게 될 것이다.

5. 다른 나라의 음란물 판단기준은 어떤가?

우리나라의 음란물 판단기준을 다른 나라에서의 음란물 판단기준과 비교하면 어떤 수준일까? 여기에서는 비교법적 고찰의 대상으로 미국 연방법원의 음란물 판단기준의 전개과정을 간략하게 살펴보면서 우리에게 시사하는 바가 무엇인지 살펴보겠다.

　　미국 연방법원의 판례는 성표현물에 대한 규제의 방식에 있어서 개인의 자유권과 표현의 자유라는 헌법적 보호 대상에 음란물의 개념을 어떻게 위치시킬 것인가에 따라 그 입장이 계속 바뀌고 있다. 그 내용을 우선 개괄적으로 서술하면 다음과 같다. 미국 연방법원의 판례는 초기에는 '히클린 기준'을 통해 감수성이 예민한 자를 음란물 판단의 주체로 보아 음란물을 헌법적 보호의 대상에서 제외하여 전면적으로 이를 금지했으나, 음란물이 개인의 사상이 내재된 일정한 형태의 표현물로 헌법적 보호의 대상이 된다는 주장과 더불어 음란물에 대한 의식이 변하기 시작하였고, 그에 따라 사회 일반의 평균인으로 음란성의 판단주체를 변경한 로스 판결(1957)이 나오고, 그 후 다시 밀러 판결(1973)을 통해서 음란에 대하여 좀더 엄격한 심사기준이 제시되었다.

미국 연방법원들은 음란물 판정에서 처음에는 대부분 영국의 레지나 대 히클린(Regina v. Hicklin) 사건에 제시된 기준을 따랐다. 히클린 기준을 통해서 음란물은 "부도덕적인 영향을 쉽게 받는 자를 부패시키고, 타락시킬 수 있는 표현물"로 정의되었으며 이에 해당되는 성표현물은 규제되었다. 성표현물에 대한 평가는 그 표현물이 어린이들, 정신적인 약자들이나 미성숙한 자들 또는 특히 그러한 영향을 받기 쉬운 사회 하층계급들에 대해서 미칠 수 있는 영향을 근거로 이루어졌고, 이와 같은 히클린 심사기준에 따르면, 도서와 그 밖의 자료들은 아동에게 영향을 미치는지 여부에 따라 음란물로 판단될 수 있다. 그러나 포르노그래피 산업의 발전 등 미국사회의 변화로 인하여 이러한 히클린 심사기준은 변화된 현실을 적절하게 규제할 수 없게 되었다. 따라서 히클린 심사기준 대신 로스 대 미연방(Roth v. United States) 사건에서의 새로운 원칙이 등장하게 되었다.

로스 사건에서 미국 연방대법원은 처음으로 음란물에 관한 이슈를 직접적으로 다루었는데, 여기에서는 히클린 심사기준을 분명히 거부함과 동시에 다양한 하급심의 판결들을 종합하여 음란물에 대한 새로운 심사기준을 제시하였다.[17] 로스 판결은 히클린 심사기준의 헌법적인 결함을 보완할 것을 지적하면서, 문제가 된 표현물들은 개별적으로 판단되기보다 전체적으로 고려되도록 요청하였다. 또한 새로운 심사기준은 표현물의 영향을 받기 쉬운 사람들을 기준으로 하는 것이 아니라 '사회의 평균인'을 심사의 기준으로 삼도록 요청하였다. 로스 심사기준은 "동시대 지역사회의 기준을 적용했을 때 사회의 평균인이 그 표현물을 전체적으로 볼 때, 그 표현물의 주요한 주제가 호색적인 관심에 호소하는 경우"에 그러한 표현물을 음란 표현물로 간주하였다. 이와 같은 로스 기준은 처음에는 음란물에 대한 판단상의 문제를 해결하는 듯 보였으나, 이는 오히려 법원들 사이의 분쟁의 시작이었다고 할 수 있다. 이후 법원은 로스 심사기준을 어떻게 적용할 것인가에 대해 수년간 고민하였고 이를 합리적으로 적용하려는 시도가 계속해서 실패하자, 판사들은 자신만의 음란성 판단기준을 적용하게 되었고 법원은 사건별 심사에 체계성을 부여하는 방식에 의존하여 음란물에 대한 판단을 지속하였다. 우리나라 대법원의 음란물 판단기준이 이러한 입장을 따르고 있다.

음란물에 대한 판단기준에 있어서 획기적인 발전을 이룬 것은 밀러 대 캘리포니아(Miller v. California) 사건이다. 이 사건을 통해 우선 미국 연방대법원은 수정헌법 제1조에 의해서 보호되지 않는 음란물의 개념에 대한 심사기준을 제시하였다. 첫째로 동시대 지역사회의 기준으로 보아 평균인이 작품 전체를 평가하여 선정적인 흥미가 그 지역사회의 윤리 규범으로 용인할 수 있는지 여부, 둘째로 문제의 작품이

17 Roth v. United States, 354 U.S. 476(1957), pp.488~489.

주법을 명백히 위반하여 현저히 자극적인 방법으로 묘사하고 있는지의 여부, 그리고 셋째로 문제의 작품을 전체적으로 보아 문학적·예술적·정치적·과학적 가치를 결여하고 있는지의 여부 등을 기준으로 하여 심사를 한다.[18] 만약 판단의 대상이 된 성표현물이 위의 세 가지 심사기준을 모두 충족시킨다면, 그러한 표현물은 헌법의 보호범위 밖의 음란물로 간주된다. 우리나라 헌법재판소의 음란물 판단기준이 이러한 입장을 따르고 있다.

　현재 우리나라의 음란물 판단기준은 미국과 비교했을 때, 밀러 심사기준의 단계에 머물러 있다고 할 수 있다. 미국의 경우에는 밀러 기준에서 머물지 않고 음란물 판단기준을 둘러싸고 논의가 좀더 진전을 보이고 있다. 음란물 판단기준을 둘러싸고 전개된 이와 같은 미국 연방대법원의 노력에도 불구하고, 밀러 심사기준은 애매모호하며 광범위하다는 비판을 받아 왔는데, 그 가운데 특히 "동시대 지역사회의 기준"이 비판의 중심에 놓이게 되었다. 오늘날 인터넷 기술의 발달로 야기된 새로운 음란물의 사회적 문제에 직면하여 실제로 이와 같은 밀러 심사기준을 인터넷 포르노그래피에 적용하는 데에는 많은 어려움이 따른다. 특정한 주 내에서 인터넷 사이트를 운영한다고 하더라도 미국 내의 어느 주에서나 이 사이트 접속이 가능하다. 밀러 심사기준은 "동시대 지역사회의 기준"을 따르고 있는데, 인터넷 포르노그래피에서 이러한 기준은 지리적 상대성의 한계에 봉착하게 된다. 한 지역에서는 음란물인 것이 다른 지역에서는 음란물이 아닐 수 있다. 이와 같은 지

18 Miller v. California, 413 U.S. 15(1973), pp.23~24.

역사회 기준의 음란성 판단은 인터넷을 통한 음란물의 경우에 지역사회 기준을 해석하는 데에 불확실성이 발생하기 때문에 온라인 음란물에 접속하는 것을 규제하는 것은 법적으로 거의 불가능하다는 비판을 받게 된다.

그 외에도 미국에서는 외설적인 포르노그래피를 포함한 광의의 음란물을 규제하고자 한 미국 의회의 노력이 그 대상이 되는 음란물과 헌법적 보호의 대상이 되는 음란물의 구분에 대한 이견으로 인해 성공하지 못했다. 통신품위법(Communications Decency Act, CDA)은 온라인상의 음란물을 제한하기 위하여 가능한 해결책을 개발하기보다는, '외설적인' 포르노그래피를 엄격하게 제한하려고 시도했는데, 미국 연방대법원은 '외설적'이며 '현저히 자극적인' 커뮤니케이션을 통제하는 통신품위법의 일부 규정이 헌법에 위배된다고 판시하여 음란물에 대한 의회의 보수주의적 입장에 제동을 걸었다.[19] 이 판결에 나타난 미국 연방대법원의 견해에 따르면 통신품위법을 위반한 경우, 범죄 혐의에 대한 오명과 맹비난이 쏟아질 뿐만 아니라 각 위반사항에 대하여 2년 미만의 징역을 포함한 양형이 선고될 수 있는 형사상의 법규이기 때문에 법률 규정의 모호성은 중요한 문제이며 또한 통신품위법에서 규정하고 있는 이와 같은 엄격한 형사적 제재는 그 자체가 위법은 아니나 위법의 소지가 있는 표현과 사상을 말하지 못하고 침묵하게 함으로써 표현의 자유를 해칠 가능성이 있다고 한다. 법원에 의해 제동이 걸린 음란성에 관한 또 다른 규제 법률은 온라인 아동보호법(Child

19 Reno v. ACLU, 521 U.S. 844(1997), p.885.

Online Protection Act, COPA)이다. 의회는 아동이 인터넷 포르노그래피에 접근하지 못하도록 하기 위한 형사적 제재를 시도하였다. 온라인 아동보호법의 규정에 따라 상업적 목적으로 미성년자에게 유해한 온라인 콘텐츠를 고의적으로 게시한 사건에 대하여 5000달러의 벌금과 6개월 징역의 형사처벌을 부과한 사건에 대해 법원은 "엄격한 형사처벌에 의하여 금지되는 콘텐츠는 국민의 자유로운 삶과 사상에 대한 억압적인 강요가 될 끊임없는 잠재성을 가지고 있다"고 주장하면서 해당 법률을 무효화하였다.[20]

음란물의 판단기준을 둘러싸고 미국에서 전개되는 다양한 논의는 우리에게도 많은 시사점을 던져 준다. 아직 성도덕주의적 관점에 머물러 있는 대법원의 입장이나 성도덕주의를 벗어났지만 구체적인 음란물의 기준을 제시하지 못하는 헌법재판소의 입장이 가지는 한계가 무엇인지 잘 보여 준다. 게다가 최근의 미국 판례에서 등장하는 인터넷 포르노의 문제도 인터넷 시대에 접어들면서 등장하는 새로운 음란물의 사회적 문제와 관련하여 우리의 포르노 규제 법리가 가지는 한계가 무엇인지 고민을 하게 만든다. 인터넷과 스마트폰의 확산으로 야기된 내 손안의 포르노 시대에 접어들면서 기존의 포르노 규제 법리가 가지는 한계가 여실히 드러나고 있는데도 아직까지 기존의 규제 법리의 문제도 제대로 해결하지 못하고 있는 것이 우리의 현실이다. 인터넷 포르노의 범람으로 포르노 규제의 법리는 규제의 가능성과 현실성의 문제와 함께 복잡한 논의를 요구하고 있다. 인터넷 포르노는 기존의 미

---

20 Ashcroft v. ACLU, 542 U.S. 656(2004), pp.660~662, 674.

디어에서 통용되던 음란물의 유통과는 본질적으로 다른 특성을 보이고 있다. 음란물의 존재 형태가 기존 음란물의 유통 형태인 직접적인 주고받음의 한계를 뛰어넘어 복사 및 전송이 대량으로 이루어지고 있으며, 언제나 접근 가능한 상태로 존재하기 때문에 유통의 시간적 제한이 없으며, 가상공간을 통한 음란물의 제공 및 입수는 자신을 드러내지 않고 이루어지기 때문에 자유로운 상태에서 그리고 기타 수요자와의 지속적이고 즉각적인 정보 교류가 가능한 상태에서 이루어진다. 이러한 특성 때문에 인터넷 포르노에 대한 일반인의 인식에 대한 변화가 있는지, 그리고 규제 혹은 보호의 측면에서 기존의 음란물에 대한 접근과 다른 방법으로 접근해야 하는지 검토하지 않으면 안 된다. 인터넷이라는 사이버공간의 역사가 짧고 이에 따라 사이버범죄라는 상위 개념에 대한 논의도 시작된 지 얼마 되지 않았다는 점과 또 기술의 지속적이고 비약적인 발전과 함께 새로운 불법행위의 방식이 끝없이 등장한다는 점도 인터넷 포르노에 대한 법 논의를 어렵게 만드는 요인이 된다. 온라인상의 음란물이 갖는 특수성에 따라 사이버공간에서의 음란물에 대한 규제는 기존 음란물에 대한 규제와는 다른 방향을 보일 수 있으며, 또한 온라인의 활성화는 음란성 판단을 위한 기본적 전제조건인 일반인의 사회적 통념에 영향을 미칠 수 있기 때문에 인터넷 포르노에 대한 규제 및 보호의 문제는 기존의 법 논의만으로는 해결하기 어려운 문제를 야기한다. 음란물에 대한 법 논의만 해도 의견이 분분한데 인터넷상에서 이루어지는 음란물의 경우에는 대량성과 익명성 등과 결합하여 법 논의가 더욱 힘들어지는 것은 자명한 일이다. 좁은 시야에 갇혀 있는 기존의 포르노 규제 법리의 논쟁에서 벗어나 인터넷 포르노와 관련하여 제기되는 새로운 법 논의에 좀더 관심을 기울여야 할 때이다.

6. 음란물 규제에 대한 다양한 입장의 차이를 어떻게 조정할 것인가?

인터넷 포르노에 대한 법 논의가 새롭게 제기되고 앞으로 점차 중요한 문제로 떠오르고 있다고 해도, 아직 우리 사회에서 먼저 해결해야 할 문제가 남아 있다. 불분명한 형태로 남아 있는 법률의 규정과 법원의 음란물 판단기준, 그리고 규제 대상의 음란물 범위 확정 등의 문제가 그것이다. 여기에서는 음란물 규제와 관련하여 어떤 입장들이 서로 대립하고 있는지, 그 핵심 주장은 무엇인지, 그리고 어떻게 이들의 차이를 조정할 수 있는지 살펴보겠다. 음란물에 대한 형법적 규제는 표현의 자유 및 형법의 보충적 기능 등과 맞물려 여전히 찬반의 논의가 계속되고 있다. 음란물에 대한 형법적 규제와 관련해서는 기본적으로 보수주의, 자유주의, 여성주의 세 입장이 서로 차이를 보이고 있다. 물론 각각의 입장 속에서도 논자에 따라 다양한 스펙트럼을 보이고 있다.

음란물의 규제에 대한 보수주의적 입장은 기본적으로 성도덕주의에 입각하여 음란물의 해악성을 강조하면서도 다시 내부적으로 다양한 형태로 전개되고 있다. 즉, 음란물 자체가 부도덕한 것이기 때문에 음란물의 사회 일반에 대한 영향은 차치하고 음란물 자체가 금지되어야 한다는 주장에서부터, 음란물 자체의 부도덕성에 대한 논의와는 별도로 음란물이 사회 일반에 혐오감을 주기 때문에 규제의 대상이라고 하는 주장, 그리고 역시 음란물 자체의 부도덕성 및 혐오감 유발의 여하보다는 음란물이 사회에 유해한 행위들을 유발시키는 가능성이 크기 때문에 규제되어야 한다는 주장까지 다양하게 존재한다. 우리나라의 음란물 관련 법률들이 취하고 있는 입장은 성도덕주의에 기초한 보수주의의 입장으로 볼 수 있을 것이다.

자유주의적 입장은 음란물과 관련한 규제의 법익을 사회 일반의 성풍속으로 보기보다는 개인의 자기결정권으로 보고 개인의 권리 측면을 중시하여 국가의 규제에 대해 반대하는 입장이라 할 수 있다. 이와 같은 입장은 기본적으로 음란물에 대한 부정적 입장을 벗어난 것이라 할 수 있다. 성에 대한 일반의 관심은 자연스러운 인간성의 발현이며 이러한 관점에서 음란물은 사회의 규범과 질서에 대한 위해가 아니고 인간으로서 가지는 정당한 관심의 대상이라는 것이다. 따라서 음란물에 대한 관심은 개인의 자유라는 차원에서 도덕과는 구별되는 형법이 이러한 인간 고유의 자유를 제한하는 것은 문제가 되며 동시에 표현의 자유 또한 보호하는 측면에서 바람직하지 않다는 것이다. 자유주의적 입장도 그 내부에서는 다시 급진자유주의와 온건자유주의로 나뉘어진다.

여성주의적 입장은 보수주의적 입장과는 그 기본적 출발점이 다르지만 포르노그래피 규제 및 금지에 대해서는 유사한 입장을 취하고 있다. 여성주의적 입장은 음란 및 포르노그래피를 통한 규제의 보호법익을 일반인 혹은 사회 전반의 성도덕 및 성풍속의 보호를 중심으로 보는 보수주의와는 달리 여성의 존엄성 혹은 인간성으로 보고 이에 근거해서 포르노그래피가 여성에 대한 폭력 혹은 차별을 불러일으키기 때문에 규제의 필요성이 있다고 주장한다. 따라서 여성주의자들에게 포르노그래피는 음란과는 다른 개념으로 이해되고, 기존과 같이 소프트코어 혹은 하드코어로의 구분이 문제되는 것이 아니라 성표현물의 실질적 내용이 주된 논쟁의 대상으로 부각된다.[21] 음란이라는 개념은 남성주의적 관점에서 이루어진 것으로 도덕성, 윤리, 선악의 판단과 관련된 개념이며 성행위 묘사의 정도, 성적 자극의 유발 등이 판단의 주된 내용이지만, 포르노그래피는 성차별적 내용의 유무가 주된 관심사이며 판단의 기준이다. 따라서 포르노그래피는 사진이나 글 등에서 여성의 종속을 성적으로 표현한 것으로 보아 도덕 및 윤리의 개념이 아닌 남녀 간의 지배와 복종, 지배권력과 피지배집단 간의 정치적인 것이라 보고 있다. 자유주의자는 관능을 금지에서부터 해방시키는 자유의 문제로 포르노그래피를 정당화하지만, 여성주의는 다수의 포르노그래피가 남성의 성욕을 충족시키기 위해 만들어지고 그 속에서 여성은 철저하게 종속적인 존재, 학대와 굴욕을 즐거워하는 존재로 설정되며, 제작과정과 소비과정에서 여성은 고통과 모욕을 받을 수밖에 없다는 점을 분명히 밝히고 있다. 여성주의가 기존의 음란물 판단기준에 남성 중심의 호색적 흥미가 중심이 되어 있고 여성에 대한 착취와 모멸의 문제가 빠져 있음을 지적하고 여성의 기본권 침해라는 구체적 금지기준을 제시하고 있는 점은 중요한 의미를 갖는다. 그러나 여성주의적 관점에 대한 비판도 만만치 않다. 포르노그래피에는 남성 지배를 성애화하는 측면이 강하게 존재하지만 또한 전통적 성적 습속을 경멸

---

21 급진적 여성주의의 입장에서 일체의 포르노그래피의 금지를 주장하는 입장으로는 강진철, 「포르노그래피에 대한 법철학적 고찰」, 『법철학연구』 1, 1998 참조.

하고 성적 위선을 조롱하며 성적 욕구의 중요성을 강조하는 측면도 있는데, 이를 여성 종속의 요소가 있다고 하여 무차별적으로 전면 금지하는 것은 옳지 않다는 것이다. 여성주의는 여성도 단지 희생자가 아니라 스스로 결정하고 행동하고 성을 욕망하고 추구하고 즐기는 행위자임을 무시하고 있으며, 모든 여성이 포르노그래피에 대해 동일하게 비판적인 입장을 가지고 있다고 전제하고 포르노그래피를 여성 억압의 중심에 둠으로써 다른 페미니스트 의제를 쓸어버리고 새로운 도덕적 순결운동을 창출했다는 비판이 이들에게 제기된다.

음란물 규제를 둘러싸고 전개되는 다양한 입장의 차이는 각각의 주장을 내세우는 자의 세계관과 가치관에 따라 달라질 수밖에 없을 것이고, 또 각각의 입장은 서로서로 존중하고 존중되어야 할 것이다. 문제는 이들의 입장 차이를 고려하면서도 서로 받아들일 수 있는 음란물 규제에 대한 합리적 기준을 어떻게 마련할 것인가이다. 각 입장의 차이에도 불구하고 모두 합의할 수 있는 규제가 필요한 음란물의 구체적인 대상을 확정하는 것이 필요하다. 여기에서는 더 논의가 필요하다는 전제 아래 다음과 같이 잠정적으로 그 해결책을 찾을 수 있을 것이다. 각 입장마다 극단적인 형태의 자기주장을 펼치지만 않는다면, 이들 세 입장의 차이에도 불구하고 포르노 규제에 대해 상당한 부분에서 사회적 합의를 거둘 수 있는 가능성의 하나로 우선 포르노 규제와 관련하여 국제적으로 폭넓게 수용하고 있는 일반적인 기준을 진지하게 고려하는 것이다. 포르노 규제와 관련하여 일반적으로 받아들여지고 있는 국제적 기준은 다음과 같은 세 가지 유형의 포르노물이다. ① 강간, 고문, 폭행, 상해 등을 포함하는 폭력적 성표현물, ② 폭력은 행사되지 않지만 인간의 지위와 품위를 저하, 손상시키는 성표현물 또는 일방의 성을 다른 성의 종속적 대상으로만 묘사하는 성표현물, ③ 아동 포르노그래피. 이 세 가지의 포르노물에 대해서는 형사법적 규제의 법리를 적용하고, 그 이외의 음란물에 대해서는 규제의 법리가 아닌 다른 방식으로 접근하는 것이 필요하다.

7. 결어: 형법적 규제의 한계와 포르노 허용 문제

우리나라의 음란물 관련 법률들은 성도덕주의적 입장에서 지나친 형법적 통제 및 규제 수단에 대한 의존을 그 특징으로 하고 있다. 이는 도덕적 측면에서 요구되는 사회 일반의 자율적 통제의 둔화를 불러일으키게 되고, 이러한 도덕적 규범의 약화는 다시 형법적 수단에 대한 의존과 형법의 비대화와 형사사법의 과부하를 초래하게 된다. 이러한 형법의 비대화 및 과부하에 적절히 대처하지 못할 경우 형법적 규범력의 약화로 이어지게 되고, 도덕적인 자율성의 둔화는 다시 형법의 최우선적 개입을 요청하는 등 악순환을 반복하게 된다. 이와 같은 맥락에서 형법은 보충성과 최후수단성 등을 고려하여 반드시 보호해야 할 법익들을 그 보호대상으로 삼아야 한다. 사회윤리적 가치도 그 보호의 중대성과 필요성, 그리고 긴박성 등을 충분히 고려하여 형법의 보호영역으로 인정하여야 한다. 형법적 규제의 본질적인 한계의 문제는 음란물의 심사에도 중요한 의미를 가진다. 형법과 도덕의 한계선상에 놓여 있는 음란물이 그 평가에 있어서 체계적인 분류 없이 하드코어 포르노그래피부터 문학 및 예술 작품에 표현된 것까지 형법적 심사대상으로 삼아 음란물의 심사를 받게 하는 것은 형법의 팽창 및 도덕에의 개입과 같은 문제 등을 야기할 수 있다. 문학 및 예술 작품의 음란에 대한 판단은 일차적으로 그 작품의 문학성과 예술성 여부가 판단되고 나서 문학성과 예술성이 부정되는 경우에 비로소 음란성에 대한 판단이 행해져야 하며, 또 그 경우에도 그 작품의 문학성과 예술성에 대한 판단은 판사가 스스로 할 것이 아니라 문학가, 예술가, 평론가들에게 맡겨야 할 것이다. 음란물 개념의 불확실성 등을 차치하고서도 음란물의 통제수단으로 형법적인 수단을 최우선적으로 혹은 주된 규제의 매개로 이용하는 것이 과연 적합한가에 대해서는 재고의 필요가 있다. 또한 효율성의 측면에서도 현행의 형법적 규제에 대한 새로운 논의가 필요하다. 형법이 규제해야 할 음란물에 대해 체계적인 선행적 분류 없이 거의 모든 성표현물을 음란성의 심사대상으로 삼고 있는 현재의 규제 법리는 비효율성의 대표적인 예라고 할 수 있다. 글의 서두에서 언급한 미술교사 사건의 경우 보수적인 대법원의 판결은 비판의 여지가 있고 또 실제로도 많은 비판을 받았다. "포르노를 허하라"라는 시민사회의 주장에 이제 법도 좀더 진지하게 귀를 기울여야 할 것이다.

2부

—

'여성'과 포르노

5장

'여성의 몸'과 불가능한 주이상스

-김석

1. 포르노는 실제 성의 재현인가

정확하지는 않은데 대략 2000년 전후 프랑스에서 유학하던 시절이다. 유럽은 유달리 여러 종류의 큰 박람회가 자주 서고 많은 사람이 모이는데 우연히 내가 살던 도시에 '섹스'를 소개하는 국제 박람회가 열린다는 커다란 입간판을 보고 호기심이 발했다. 꼭 물건을 구입하지 않더라도 정기적으로 서는 박람회는 여러 볼거리가 많아 지루한 일상의 소일거리로 아주 좋은데, 더구나 한국에서는 절대 못 볼 섹스를 테마로 한 박람회라니 놓치고 싶지 않았다.

다음 날인가 별로 내키지 않아 하는 아내를 설득해 함께 박람회에 갔다. 도시 구석 넓은 박람회장에 천막과 가건물을 세웠고 영어, 프랑스어와 온갖 그림으로 도배된 여러 간판이 보였다. 안에 가보니 그 규모와 상품 종류가 실로 어마어마했다. 대체로 성에 관련된 화보, 영상물, 장난감 등을 팔면서 중간중간 여러 공연과 판촉 행사를 곁들였는

데 가장 인상적이었던 프로그램은 '미스 ○○ 선발대회' 식으로 진행하던 스트립쇼였다. 보통 스트립쇼는 어두운 조명과 은밀한 분위기의 클럽이 어울리지만 여기에서는 패션쇼처럼 행사장 한복판에 설치된 환한 무대 위에서 진행자의 수다스러운 입담과 더불어 많은 사람이 보는 가운데 열렸다.

스트리퍼 중에는 수줍어하는 여자도 있었지만 대체로 차분한 분위기 속에서 연기하듯 차례차례 춤을 추면서 옷을 벗는데 나에게는 그 광경이 매우 초현실적으로 느껴졌다. 옷을 벗은 상태가 너무 자연스러워 나체처럼 보이지도 않았으며 사람들의 분위기도 축제를 즐기는 것 같았고 전혀 외설스럽지 않았기 때문이다. 남자 스트리퍼의 댄스도 비슷한 느낌이었고 다른 사람의 누드를 함께 본다는 어색함이나 야한 분위기가 통 없었다. 마치 사람이 아니라 마네킹들이 서 있는 느낌이었다. 그때 나는 사람의 나체가 상황이나 연출에 따라 전혀 다른 이미지나 기호로 받아들여질 수 있음을 알았다.

'섹스 박람회'를 다녀온 후 TV에서 인상 깊게 본 '누드'에 대한 다큐멘터리도 주제가 비슷했다. 예를 들어 전쟁 포로의 벌거벗은 초라한 몸은 혐오와 연민을 느끼게 만들지만, 자연주의자들이 자연에서 벌거벗고 어울리는 모습은 천진하게 보인다. 반면 아주 에로틱한 분위기로 연출한 누드는 성적 분위기를 물씬 풍기는데, 이런 차이를 만드는 메커니즘이 뭔지를 다룬 프로였다. 요점은 누드는 그 자체로는 외설도 추함도 아니고 연출과 상황이 모든 의미를 결정한다는 것이다.

새삼 옛 얘기를 하는 것은 이 글을 쓰면서 포르노가 연출하는 '여성의 몸'과 '보는 섹스'가 과연 현실에서 우리가 경험하는 실제 성과 같은 것인가 의문이 들었기 때문이다. 또 많은 통계자료에서 보듯 갈수록 규모가 커지고 첨단화되는 포르노 산업이 번창하는 이유가 무엇인가를 성 본능만으로 설명하기에는 뭔가 부족함이 있다는 것이다. 진화심리학에 따르면 번식에 수반되는 성적 쾌락, 그리고 짝짓기 메커니즘에서 기인하는 성차와 성 활동의 반영으로 포르노를 설명할 수 있다. 특히 남성의 유전적 특성은 시각적 자극에 민감하고 항상 다수의 성 파트너와 모험을 즐기려 하기 때문에 포르노와 같은 유사 성행위에 자극을 받고 끌린다고 진화심리학자들은 말한다. 이러한 설명은 포르노가 실제 성생활의 연장이자 보충물이라는 전제를 깔고 있다. 확실히 노골적인 성애 장면을 재현한 그리스나 폼페이의 벽화, 아마도 성적 도구로 활용되었을 고대 신라의 토기 인형을 보면 인간은 오랜 옛날부터 성을 재현하고 즐겨 왔으며 그 연장선에서 오늘날 첨단 테크놀로지는 포르노를 보다 리얼하게 만들어 주는 것처럼 보인다.

하지만 포르노의 엄청난 진화와 다양한 변양을 생물학적인 관점으로 설명하기에는 무언가 부족하다. 포르노가 현실 성생활의 연장이기보다는 그것을 대체하면서 성욕을 전혀 다르게 발전시키는 경우가 많기 때문이다. 예를 들어 포르노 중독에 빠진 사람은 실제 성관계에 흥미를 잃고 점점 더 포르노에만 매달리는 경우가 많다.[1] 성욕은 번식

---

1 예를 들어 다음을 보라. "음란물 중독의 가장 큰 폐해는 정상적인 부부관계를 지속하지 못하는 것이다. 김성 교수는 '음란물 중독 사이클은 가속도가 붙는다. 점점 더 자극적인 내용을 찾게 되므로 정상적인 부부관계에서는 불감증이 생길 수밖에 없다'고 말했다. 음란물에 중독되면 부부관계를 거부한 채 음란물로만 만족을 얻으려고 하거나, 부인에게 비정상적인 성관계를 요구한다"("음란물 중독에 관한 3가지 궁금증』, 『조선일보』, 2010년 1월 8일자).

을 활성화시키기 위해 진화했을 수 있지만 포르노의 끈질긴 생명력이나 번식과 전혀 상관없는 일탈된 욕망을 유전학적 적응기제나 연애 본능으로만 설명하기에는 어려움이 많다. 또 포르노에 대한 개인적 기호와 성별 반응이 다르고 성을 향유하는 문화 차이가 발생하는 특별한 이유도 좀더 심리학적 맥락에서 정교하게 제시할 필요가 있다.

여기서 우리는 정신분석학자 자크 라캉의 주이상스(jouissance) 개념과 사회학자 장 보드리야르의 시뮬라시옹(simulation) 개념을 차용해 포르노의 본질을 적절하게 설명할 수 있다. 주이상스(향유)란 유기체의 행동을 지배하는 '생물학적 보상 시스템'(Biological Incentive System, BIS)을 넘어서 불가능한 쾌락에 도달하려는 절대적 욕망의 상태를 말한다. 라캉에 따르면 인간은 말하는 존재이고, 언어는 세계를 상징화의 사슬로 편입시켜 재구성하면서 사라지게 만들기 때문에 이로부터 불가능한 대상에 집착하는 욕망의 여정이 시작된다. 주이상스는 언어의 한계가 만드는 역동성으로 환상을 통해 심화되는데 포르노의 여러 장르는 본능을 초월하는 인간성의 특징을 잘 보여 준다. 예를 들어 포르노에 흔한 구타(spank), 결박(본디지, bondage), 굴종과 노예화(subservience and enslave), 배설물(scat, urino), 수간(bestiality), 고문과 살인(torture and snuffing)들은 성의 자연스러운 발현도 아니며 철저하게 문화적 생산물이다. 쾌락이 충족될수록 인간은 더욱 강력한 자극을 원하고 이것이 반복되면서 도착적 행위에 탐닉하는데 이런 현상은 인간의 성이 번식 논리에 충실한 동물과는 다르게 구조화됨을 전제할 때 제대로 이해할 수 있다.

다음으로 보드리야르는 실재가 아니라 실제로 존재하지 않는 대상을 존재하는 것처럼 만들어 놓은 현상을 '시뮬라시옹'이라 불렀다. 시뮬라시옹은 원래 현실의 모방과 재현에서 출발하지만 그 자체로 과잉 기호에 불과한 시뮬라크르(simulacre)가 현실을 대체하는 것으로 영화「매트릭스」에 잘 묘사되어 있다. 포르노는 인간의 성을 재현하는 것처럼 보이지만 점차 현실을 대체하며 환상과 자극적 기호로 가득한 파생실재(hyper reality)를 산출한다. 포르노의 특이성은 그것이 특히 '여성의 몸'을 과도한 기호로 변질시킨다는 데 있다. 물론 여기서 재현하는 '여성의 몸'은 실제 여자의 몸이 아니라 가상의 기호를 말한다.

이렇듯 주이상스와 시뮬라시옹의 두 개념은 문화가 발달할수록 점점 더 포르노 현상이 만연하고 다양한 양상으로 포르노가 진화하는 동인을 잘 설명해 준다. 우리는 이 두 개념을 축으로 삼아 포르노가 재현의 대상으로 삼는 '여성의 몸'이 어떻게 구체화되는지를 분석하면서 포르노가 우리를 매료시키는 이유를 규명해 보고자 한다. 포르노의 자연적 기원을 주장하는 진화론적 입장을 반박하면서 정신분석적 입장에서 포르노가 유포하는 불가능한 환상의 실체를 이해하는 것이 이 글의 목표이다.

2. 생물학적 관점의 한계

현대 뇌과학이나 진화론은 포르노 현상을 과학적으로 설명하기 위해 뇌를 활성화시키는 신경작용이나 유전적으로 프로그램화되는 번식 전략을 강조한다. 최근 성 과학은 성욕이란 기관의 요소(호르몬과 중추신경)와 성적 자극이 결합된 총화로 성교나 오르가즘을 얻으려는 다른 행동을 유발한다고 설명한다. 윌리엄 B. 어빈은 생물학적 보상 시스템(BIS)이 이 인간의 욕망을 움직인다고 말한다. 어빈에 따르면 BIS는 생존과 번식 가능성을 높여 주는 행위에 상을 주고 그렇지 못한 행위에는 벌을 주면서 유기체의 행동을 조건반사적으로 지배한다. BIS는 신경조직과 연결되어 어떤 행동이나 대상에 대해 좋은 기분(쾌락)과 나쁜 기분(불쾌나 고통)을 느끼게 하면서 우리 욕망을 지배한다.[2] 이러한 입장에 근거하면 포르노는 특히 두뇌 변연계(limbic system)의 쾌락중추를 자극하기 때문에 우리가 거기에 끌린다.

뇌과학은 현대사회에서 볼 수 있는 음란물 중독 현상을 이런 반복적 쾌락의 결과로 설명한다. 중독이란 특정한 기호, 습관, 행동을 반복하면서 자신도 모르게 어떤 힘에 내맡기면서 특정한 행위를 수행하려는 충동을 느끼고 유혹 조절에 실패하는 상태를 말한다. 중독에서는 일상생활의 지장, 금단, 내성의 세 기준을 보통 제시하는데, 금단이란 음란물을 접하지 못할 때 불안이나 공허함을 느끼는 정서적 의존 상태를 말하고, 내성이란 점점 더 자극적인 것을 추구하는 경향을 말한다. 한 연구 논문에 따르면 우리나라 네티즌들 중 낮게는 사용자의 10%, 높게는 40% 정도가 인터넷 중독으로 주로 게임을 즐기지만 음란물 중독의 비율도 상당하다.[3] 생물학적 관점은 포르노가 강한 자극을 통해 성욕을 활성화시키고 더 강한 자극을 찾도록 만든다고 보면서 포르노의 부정적 효과를 강조한다.

---

2 윌리엄 B. 어빈, 『욕망의 발견』, 윤희기 옮김, 까치, 2008, 특히 7장 「생물학적 보상 시스템」 참조.
3 김민·곽재분, 「디지털 미디어 시대 청소년 사이버섹스 중독」, 『순천향 인문과학논총』 29, 2011, 283~326쪽 참조.

한편 진화심리학은 유전자 보존과 번식을 위한 짝짓기 전략과 이에 따르는 성욕이 성적 자극에 반응하게 만든다고 설명하면서 남녀의 성행동의 차이도 일종의 적응기제와 투자전략으로 설명한다.[4] 진화심리학에 따르면 인간은 자신의 유전자를 더 많이 남기려는 번식욕망을 지니며 성적 자극에 민감한데 이러한 행동기제는 수렵과 채집 기간에 형성되어 여전히 현대인의 뇌 구조를 심층적으로 지배한다. 여기서 타인의 행동과 정서를 모방하고 읽어 내면서 두뇌를 통해 전달되는 밈(meme), 즉 문화 전달자의 역할이 중요하다. 우리가 타인의 성교를 보면 우리 두뇌의 거울신경은 이것을 실제 내가 하는 행위처럼 느끼게 만드는데 이러한 작용을 가능하게 만드는 매개자가 바로 밈이다. 포르노는 진화론적으로 적응한 우리 두뇌의 입장에서 보면 실제 성행동과 구별되지 않는 것으로 특히 남성의 성행동에 절대적인 영향을 미친다. 남성은 보다 많은 번식기회를 갖기 위해 여성에 비해 훨씬 많은 섹스 파트너에 집착하기에[5] 특히 시각적 자극에 민감하게 진화했다. 반면 성관계에 따르는 임신·출산의 부담을 감내하면서 더 많은 투자를 해야 하는 여성은 선택적으로 성관계를 맺으려 하기 때문에 자신에게 이득이 될 친밀한 관계와 정서에 더 민감하다. 진화론의 입장은 기본적으로 포르노의 남성적 속성을 강조하고, 포르노를 실제 성관계의 연장

---

4 진화심리학의 자세한 입장은 이 책의 1장 「포르노그래피의 자연사: 진화·신경학적 접근」 참조.

5 이것을 보여 주는 이론이 바로 '쿨리지 효과'(coolidge effect)이다. 쿨리지 효과란 암컷이 바뀔 때마다 성적으로 새로운 자극을 얻는 효과를 뜻하는 용어로, 미국의 30대 대통령인 캘빈 쿨리지의 이름에서 유래한 말이다. 남자들이 애인과 길을 가다가 다른 여자를 마주치면 무의식적으로 쳐다보는 것도 쿨리지 효과 때문이다. 쿨리지 효과에 대해서는 도널드 시먼스, 「섹슈얼리티의 진화」, 김성한 옮김, 한길사, 2007, 355~364쪽 참조.

이거나 보완으로 보는 경향이 있다.

뇌과학이나 진화론은 둘 다 인간이 환경에 적응하면서 발전시킨 BIS나 성 선택 이론에 근거한 성 전략을 통해 포르노의 메커니즘을 설명하지만 다소 당위적이고 현상의 관찰에 근거한다. 예를 들어 뇌과학은 포르노에 대한 몰입이나 중독 현상을 쾌락중추 혹은 변연계의 작용으로 설명하면서 통계와 관찰 자료를 통해 이를 정당화하는 경향이 있다. 또 포르노를 많이 접할수록 성적 충동이 더 강해지면서 성폭력이나 성범죄를 유발할 수 있다고 경고하기도 하는데 이것은 성범죄의 진정한 원인을 자칫 호도할 수 있다. 성범죄의 경우 성에 대한 기본 관점이나 가치관이 잘못되었기 때문에 벌어지는 것이지 포르노 자체가 범죄 유발의 필요충분조건은 아니기 때문이다.

진화론도 인간 욕망의 다양성과 특이성을 지나치게 단순하게 해석할 위험이 있으며, 위에서 말한 것처럼 포르노의 다양한 문화적 변이를 설명하기 힘든 문제가 있다. 문화적 변이는 집단적이면서 동시에 개인마다 다르게 구조화되기 때문이다. 예를 들어 일본의 성 문화와 많이 팔리는 포르노 장르는 대체로 가학적이지만 모든 일본인이 가학적인 성적 취향을 가지고 있는 것은 아니며 개인적 편차가 때에 따라 무척 크다. 또 하나의 문제는 실제 번식 논리와 무관하게 다양한 양상으로 발전하는 성적 욕망을 성 선택 이론과 번식 전략만으로 설명하기에는 부족하고 때로 모순적이기도 하다는 것이다. 예를 들어 포르노의 한 장르로 배설물에 집착하는 스캇(scat)이 있다. 배설 행위를 보거나 배설물을 만지고 먹는 행위에서 쾌감을 얻는 것으로 생존과 적응이라는 진화론의 입장에서 보면 스캇은 성적 행동과 전혀 상관이 없으며 오히려 혐오 반응이 나타나야 정상이다. 배설물은 생존과 건강에 위협이 되기 때문이다.[6] 배설물에 대한 불쾌감과 거부가 정상이지만 스캇은 꾸준히 마니아를 끄는 장르의 하나이다. 이런 현상을 진화심리학적 입장으로 설명하기에는 어려움이 있다. 물론 밈에 의한 모방을 얘기할 수 있지만 모방의 심리가 생물학적 적응기제를 뛰어 넘는 현상은 또 어떻게 설명해야 하는가?

이처럼 생물학적 입장으로 이미 관찰된 여러 포르노 현상을 설명할 수는 있지만 그것이 작동하는 심리적 메커니즘을 정교하게 제시하기는 어렵다. 특히 포르노가 대체로 여성을 대상화하며, 이 대상화된 몸이 남자뿐 아니라 여자에게도 에로틱한 환상을 불러일으키는 현상을 설명하기 위해서는 다른 이론적 접근이 필요하다. 여기서 우리는 정신분석적 입장이 포르노가 인간을 유혹하는 심리적 메커니즘이나 포르노의 남성적 본성을 분석하는 데 아주 유용하다고 말할 수 있다. 정신분석적 입장은 한마디로 포르노의 본질을 실제 성관계가 아닌 환상으로 규정하는데 거기서 대상이 되는 것은 여성이며, '여성의 몸'을 대상화하는 것은 남성적 시선이다.

3. 포르노의 본질: '여성의 몸'에 대한 주이상스

포르노는 실제 인간의 성을 충실하게 재현하는 것이 아니라 특별한 대

---

6 한 연구에서 미국인과 일본인들에게 가장 혐오스러운 것의 순서대로 목록을 만들어 보도록 요구했다. 여기서 응답자의 25%가 배설물을 지목했는데 배설물은 기생충과 독소를 포함해 해로운 요소를 가지고 있기 때문이다(데이비드 M. 버스, 『마음의 기원』, 김교헌 외 옮김, 나노미디어, 2005, 115쪽).

상에 집착하며 이 대상을 통해 현실에서는 불가능한 쾌락과 성적 환상을 채우고자 한다. 그러므로 포르노를 많이 접할수록 우리는 현실의 성관계보다는 이런 환상에 더 끌린다. 포르노가 다루는 대상은 바로 '여성의 몸'(feminal body)으로 포르노는 그것을 보는 사람의 생물학적 성과 관계없이 남성적 시선을 전제한다는 것이 필자의 입장이다. '여성의 몸'이란 '여자의 몸'(female body)과 다른데 전자가 일종의 여성적인 것을 과장되게 기호화한 이미지라면 후자는 문자 그대로 해부학적인 암컷의 육체를 말한다. 예를 들어 영화 「크라잉 게임」에서 실제 남자인 주인공 딜이 연출하는 이미지가 바로 '여성의 몸'이다. '여성의 몸'은 여성의 성적 이미지를 파편적으로, 때로 극도로 과장한 기표로 예술 작품에서도 많이 볼 수 있다. 예를 들어 신석기 시대 유물인 「빌렌도르프의 비너스」나 귀스타브 쿠르베가 그린 「세상의 근원」, 독일의 초현실주의 작가 한스 벨머가 제작한 인형이 그러한 예들이다 (30~31쪽 '포토 프롤로그' 참조). 예술이 재현하는 '여성의 몸'은 실재를 재현하기보다는 환상적이고 그로테스크하면서 파편적인 이미지로 가득 차 있으며, 언어로 정의하기 힘든 모호한 대상이다. 예컨대 벨머의 인형은 현실의 여자와 닮지 않았으면서도 무의식에 잠재된 여성의 몸 이미지를 자극한다. 포르노가 재현하는 '여성의 몸'도 여성의 몸을 바라보는 남성적 욕망을 극대화한 기호라는 점에서 이런 예술과 본질이 비슷하다. 포르노는 이 몸을 대상화하는 남성적 욕망을 또 다른 남성적 기호인 '남근'(phallus)을 통해 충족시키게 만드는 것이 특징이다. 남근도 실제 성기가 아니라 '여성의 몸'을 정복하고자 하는 결여된 욕망을 드러내는 순수한 상상적 기표를 말한다. 이 텅 빈 기표가 존재하지도 않는 '여성의 몸'을 향유하려는 것이 포르노의 본질이기 때문에 그것은 불가피하게 기만적일 수밖에 없다.

포르노는 진화심리학이 밈을 통해 설명하듯 과도한 노출과 성행위를 마치 옆에서 보듯 생생하게 재현하여 성욕을 자극하는 것 같지만 실은 과도한 기호화 논리를 통해 환상을 유포한다. 이 기호화 논리는 대개 발기와 사정 행위를 중심으로 일반적인 포르노의 형식과 내용을 구성하지만 거기서 볼 수 있는 것은 더 이상 현실의 성관계가 아니다. 황홀경을 보여 주는 과장된 신음과 표정, 성기의 주기적인 클로즈업, 몽환적인 조명과 음악, 비현실적 체위를 통해 실제 성의 모습을 비틀고 파편화시키면서 완전히 이질적인 이미지로 변질시킨다. 김수기는 포르노의 이러한 과장성을 다음과 같이 묘사한다.

대부분의 포르노는 지극히 남성적인, 자지와 사정중심주의에 쏠려 있다. 정복해야 할 대상을 향해 성난듯 한껏 부풀어 올라 경악스러울 정도로 긴 자지의 발기된 모습이 크게 클로즈업되고 그 최정점의 순간에 모든 갈등의 해소와 욕망의 충족을 시각적으로 완벽하게 입증이라도 하듯 뿜어내는 사정 행위는 마치 남자 여자 할 것 없이 우리 모두가 그것을 소망하는 것처럼 그려져 있다.[7]

포르노는 이런 점에서 실제 성기의 쾌락이 아니라 상상적인 대상

---

7 김수기·서동진·엄혁 엮음, 『섹스 포르노 에로티즘: 쾌락의 악몽을 넘어서』, 현실문화연구, 1994, 125~126쪽.

을 겨냥하는 남근의 논리에 충실한 미디어이다. 이러한 남근의 논리 때문에 포르노는 여성들에게 매우 이질적이고 위협적일 뿐 아니라 남성들에게도 깊은 공허감과 좌절을 준다. 남근은 실제로 존재하지 않기 때문이다. 남근은 출생 시부터 감내하게 되는 본래적 결여를 지시하는 기표인데 이 결여를 채우려는 작용이 바로 환상이다. 남근은 환상 속에서 언제나 자신의 결여를 채워 줄 수 있는 여성적인 것을 겨냥하는데 그것이 자신의 부족을 채워 주리라 믿기 때문이다. 이렇듯 남근은 필연적으로 남성적 시선을 전제하는데 포르노는 남성적 시선과 여성의 대상화가 두드러지는 과잉 욕망의 기제이다. 남근 논리는 왜 포르노가 남성적 성격을 띨 수밖에 없는지를 잘 설명해 준다. 생물학적 성에 상관없이 포르노와 에로티즘은 '여성의 몸'을 대상으로 삼는다. 마담 드 스탈은 "남자의 욕망은 여자를 대상으로 한다. 하지만 여자의 욕망은 남자의 욕망을 대상으로 한다"라고 말하면서 에로티즘의 본질을 설명한다. 여자의 경우 애정관계에서 남성의 육체에 자극받기보다는 자신의 몸을 욕망하는 남자의 뜨거운 시선에 심리적으로 더 흥분하면서 무의식적으로 '여성의 몸'을 대상화한다는 말이다. 여성의 이런 심리는 왜 포르노 배우가 아닌 일반 여성들이 인터넷 사이트에서 자신의 누드 사진을 자발적으로 공개하는지를 잘 설명해 준다. 야한 옷차림을 하고 섹시미를 연출하려는 여성의 심리도 마찬가지인데 이러한 행동은 남성을 향한 성적 유혹이기보다는 자신의 몸을 이상화하면서 즐기는 나르시시즘 심리라 할 수 있다. 남성이나 여성 모두가 성적 관계에서 '여성의 몸'을 대상화하는 남성적 시선으로부터 지배를 받는 것이다. 조안 콥젝은 여성이 자신의 몸에 대해 갖는 심리를 다음과 같이 말한다. "자신의 몸에 대한 여성의 관계는 나르시스적이면서 동시에 에로틱하다. 왜냐하면 여성은 마치 다른 이의 몸처럼 자신의 몸을 즐기기 때문이다."[8]

결국 남성과 여성이 성을 향유하는 방식은 다르지만 '여성의 몸'을 환상 속에서 대상화한다는 점에서는 동일하다. 남성은 여성의 노출이나 성행위 장면에 직접적인 흥분을 느끼며 이를 정복하려고 한다. 반면에 여성들은 '여성의 몸'이 '남성적 시선'을 끌어들이면서 만드는 에로틱하고 로맨틱한 분위기에 더 흥분한다. 이것은 몸에 대한 남성과 여성의 성 의식 차이에서 비롯된다. 남자는 본질적으로 힘, 권력, 소유의 가치에 집착하기 때문에 몸은 이러한 기능을 수행하는 주체적인 도구로 인식된다. 반면 여성의 몸은 미적인 기준에 따라 대상으로 정의되고 여성들도 은연중 자신의 몸에 대한 나르시시즘적 관계 속에서 남성적 시선을 즐기려 한다. 물론 이것은 여성이 늘 자신을 대상화한다는 의미는 아니다. 하지만 일단 몸을 기호와 재현의 대상으로 삼는 포르노에서는 이러한 메커니즘이 불가피하게 작동하며 '여성의 몸'은 과도한 성적 의미화와 기호의 대상이 된다. 여성이 일반적으로 포르노를 부정적 태도로 보는 것을 여러 각도로 해석할 수 있지만 나르시시즘적인 심리에서도 이유를 찾을 수 있다. 웬디 스톡의 연구에 따르면 많은 여성의 경우 불쾌감을 느끼는 상당한 이유가 포르노에 나오는 여주인공에 비해 자신이 육체적으로 부족하게 느끼기 때문이라고 대답했다. 이것은 남성적 시각을 전제하는 포르노가 불러일으키는 심리적

---

8 Joan Copjec, *Imagine There's No Woman*, London: MIT Press, 2004, p.100.

효과와 관련해 시사하는 바가 크다.[9]

포르노는 '여성의 몸'을 사실적으로 재현하는 것이 아니라 일정한 맥락[10] 속에서 과장되게 표현하면서 남성적 욕망을 부풀리는데 이것은 실제로는 도달할 수 없는 주이상스의 표현이다. '여성의 몸'도 '남근'도 다 현실에 존재하지 않는 기호이지만 우리는 환상 때문에 그것이 가능하다고 믿는다. 남성은 자신이 남근을 여전히 가지고 있다고 생각하면서 여성의 성욕에 대한 과도한 의미화 작용을 통해 절대적 쾌락에 도달하려고 하지만 그럴수록 '여성의 몸'과 '여성의 욕망'은 의미화를 벗어나 불가능한 대상으로 남는다. '여성의 몸'에 집착할수록 좌절은 더 커지지만 포르노는 이 좌절을 더 큰 욕망으로 부풀리면서 인간을 소외시킨다. 라캉이 말한 '성관계는 존재하지 않는다'라는 역설적 표현은 그것을 포르노에 적용했을 때 잘 이해된다. 포르노는 성관계를 통한 성적 욕망의 충족 불가능성을 잘 보여 주기 때문이다. 불가능한 욕망인 주이상스는 본능이 아니라 욕망의 대상을 지시할 수 없는 언어의 한계에서 비롯된다. 욕망은 본래 대상에 의존하는 욕구가 아니라 절대 채울 수 없는 결여에 대한 관계이기 때문이다. 결여에 대해 관계를 유지하는 것이 욕망의 본질이다. 포르노는 이러한 결여의 관계를 '여성의 몸'을 통해 채우고자 한다는 점에서 원천적으로 금지된 주이상스의 소외된 상태라고 할 수 있다.

---

9 웬디 스톡, 「여성에게 미치는 포르노의 영향」, 전석호 엮음, 『포르노 섹스 그리고 미디어』, 가산, 1999, 158쪽.
10 주로 성적 대상으로 돋보이게 만들기 위해 현실의 특징을 제거하며 온통 남성의 정욕의 대상이 되기만을 바라는 것처럼 코드화한다.

4. '여성의 몸'의 세 형상

포르노가 '여성의 몸'을 특별한 방식으로 기호화하면서 보여 주는 미디어라면 이 양상을 좀더 구체적으로 살피면서 포르노의 본질을 자세히 규명할 필요가 있다. 주이상스의 맥락에서 기호화는 '여성의 몸'을 특정하게 언어적으로 재현하면서 그 재현의 실패를 통해 충족되지 못한 잉여 욕망을 지속적으로 산출하는 과정이다. 언어는 보통 안정적인 의미화의 도구처럼 인식되지만 라캉은 안정적인 의미화는 불가능하고 끝없는 충동의 방출만이 있을 뿐이라고 말하면서 꿈 이미지를 예로 든다. 의미는 늘 과잉되거나 결핍 상태로 존재하면서 끝없이 미끄러지는데 그것은 기호의 구성요소인 기표가 본래 비의미적이며 타자의 질서에 속하기 때문이다. 이러한 기표들의 연쇄가 임시로 의미를 파생시키기 때문에 언어는 언제나 불완전할 수밖에 없는데 그것은 우리가 일상적인 커뮤니케이션에서도 자주 경험하는 일이다. 특히 '여성의 몸'은 단지 여성성과 관련된 기호에 불과하기 때문에 절대 현실의 대상이 될 수 없고 언제나 상상적인 이미지에 머물게 된다. 이것은 고전주의 예술가들이 여성의 누드를 그리면서 인격적인 특징을 철저하게 제거한 것과 비슷하다. 카미유 르모니에는 전통적 누드화에 대해 "아무것도 감추지 않는다. 왜냐하면 감출 것이 아무것도 없으니까. …… 그것은 아무것도 감추지 않고 또한 아무것도 보여 주지 않는다"라고 말한 바 있다.[11] 마찬가지로 포르노는 여성의 몸을 그 자체로 보여 주는 것

11 피터 브룩스, 『육체와 예술』, 이봉지 외 옮김, 문학과지성사, 2000, 273쪽에서 재인용.

처럼 보이지만 실은 모든 구체성과 표상 가능한 이미지를 넘는 불가능한 몸의 이미지만 유포한다. 이 불가능한 '여성의 몸'은 보통 포르노에서 세 양상으로 나타나는데 그 과정에서 끝없는 욕망과 그 좌절을 재생산한다.

(1) 원초적 대상 '물'

'여성의 몸'의 첫번째 형상은 프로이트가 『과학적 심리학 초고』에서 명명한 '물'(物, Ding, thing)의 이미지를 들 수 있다. '물'은 두 번 다시 경험할 수 없는 최초 만족의 대상을 뜻하는 말이자 이 신화적인 최초 만족에 얽힌 기억을 통해 에너지의 자극을 공급하는 신경체계로 자아의 중핵을 이룬다. 최초 만족은 실제 경험이 아니라 사후적으로 환상 속에서 그렇게 가정되기 때문에 신화적이다. '물'이 욕망의 대상이 되는 것은 그것이 영원히 상실한 대상처럼 표상체계에 자리를 잡기 때문이다. 라캉은 모든 것을 상징화하면서 무화시키는 언어의 작용 때문에 상실이 발생한다고 설명한 바 있다. 정신분석 이론에 따르면 아이는 오이디푸스 콤플렉스를 거치면서 어머니에게서 분리되는데 '물'은 아이를 감쌌던 어머니 몸의 상징이다. '물'은 실제 사물이 아니라 환상을 통해서만 작동하는 대상으로 레오나르도 다빈치의 유년 기억을 사로잡는 어머니의 원초적 이미지와 같은 것을 말한다. 다빈치가 모나리자의 미소라는 기호로 표현하고자 했던 것은 유년기 자신의 기억을 지배하는 어머니의 표상과 그것이 주는 양면적 느낌이다. 프로이트는 이러한 양면성을 "정숙함과 요염함, 헌신적인 다정함과 …… 남자를 집어삼킬 듯한 가차 없는 관능성을 동시에 지닌 악마 같은 매력"이라고 설

명한 바 있다.[12] 다빈치를 사로잡는 어머니의 미소는 최초 만족의 대상
이라는 점에서 '물'이라 할 수 있다. 오이디푸스 콤플렉스를 극복한 아
이에게 '물'은 이상화와 사랑의 대상이면서 동시에 아버지에 의해 원
천적으로 금지된 대상이다. 그것은 아이에게 자신의 기원이 되며 사랑
과 보호를 뜻하지만 여기에 접근하는 순간 거세의 위협이 작동하는 그
런 복합적인 대상이다. 물론 이 금지는 실질적인 금지가 아니라 억압
의 결과로 사후적으로 심적 효과를 나타내는 언어적 금지이다. 어머니
의 몸은 아이가 만지고 부대끼는 살과 젖이 아니라 아이의 무의식에
각인된 영원히 잃어버리고 금지된 그런 몸이다. 어머니의 몸은 아버지
가 금지했기 때문에 아이에게 역설적으로 되찾고 싶은 욕망을 불러일
으키면서 최초 만족의 보증자가 된다.

　포르노가 재현하는 '여성의 몸'은 이러한 '물'의 표상을 적용하면
잘 이해된다. 우선 그것은 실제로 접근 가능한 대상이 아니라 단지 잃
어버린 신화적 대상이며, 언어를 벗어나는 실재의 형상이다. '실재'(the
real)는 언어 이전에 존재하는 신화적인 것으로 상징계에 포섭되지 않
는 절대 영역을 말한다. 언어 이전에 존재한다는 것은 상징화 너머를
말하는 것으로 논리적인 의미에서 전제된다. '물'은 실재에 속하며 실
재는 말하는 존재가 느끼는 언어의 한계이기에 욕망과 관련해서만 존
재론적 의미를 지닌다.

　'물'의 이미지에 대해 주체는 늘 양면적인 감정을 가질 수밖에 없
다. 그것은 슬라보예 지젝이 말한 것처럼 주체의 이상을 투사할 수 있

---

12 지그문트 프로이트, 『예술, 문학, 정신분석』, 정장진 옮김, 열린책들, 2004, 223쪽 참조.

는 거울이지만 동시에 절대적 타자성을 대표하면서 주체를 위협하는 기괴하고 괴물 같은 존재이기도 하다.[13] '물'로 대변되는 여성성과 관련된 포르노의 장르로 우리는 금지된 것을 훔쳐보려는 관음증, 여성을 절대화하고 신비화하는 궁정풍 사랑(l'amour courtois), 두렵고 때로 질투를 유발하는 자궁 콤플렉스 등을 들 수 있다.

『세미나 7: 정신분석의 윤리』에서 라캉은 욕망의 한 양상으로 중세 시대 기사들 사이에서 유행한 '궁정풍 사랑'에 대해 말하는데 여기서 여성적 형상은 절대적인 대상인 '물'의 이미지로 표현된다. 라캉은 물에 대해 "시니피에를 벗어나 있는 것으로 처음부터 명명한 그런 것"이라고 말한다.[14] 다시 말해 '물'은 어떠한 경우에도 현실 대상이 아니다. '물'은 주체가 다가갈 수 있는 경험 가능한 대상이 아니라 오히려 인격성이 배제된 텅 빈 장소이기 때문에 주체의 욕망이 투사되는 스크린처럼 기능할 수 있다. 궁정풍 사랑에서 여성에 대한 숭배와 낭만적 거리 두기는 '물' 개념으로 설명할 수 있다. 궁정풍 사랑에서 기사들이 숭배하는 여성은 초월적이고 비인격적 대상, 즉 '물'로 현실의 대상을 이상화하려는 승화(sublimation)가 이 대상에 절대 가치를 부여한다. 궁정풍 사랑에서 대상이 되는 여성은 실제 여성의 형상과 아무런 관련이 없으며, 기사의 사랑에 화답하고 육체적 정념을 조장하는 살아 있는 주체가 되어서는 안 된다. 그것은 철저하게 추상화된 대상으로 남아야 하며, 승화가 지향하는 고결한 목표로서 숭배된다. '물'의 지위까지 승

---

13 슬라보예 지젝, 『향락의 전이』, 이만우 옮김, 인간사랑, 2002, 178~220쪽 참조.
14 Jacques Lacan, *Le séminaire livre VII: L'éthique de la psychanalyse*, Paris: Seuil, 1986, p.67.

격된 '여성의 몸'은 실제 에로스의 힘이 미치지 못하는 그림자 같은 것으로 그 앞에서 욕망은 늘 좌초하거나 지연되면서 되풀이될 뿐인데 원천적으로 이 대상에는 접근이 불가능하기 때문이다. 그런데 이런 불가능성이 대상의 가치를 높이면서 주체의 욕망을 자극한다는 점에서 궁정풍 사랑은 불가능한 쾌락인 주이상스의 본성을 잘 보여 준다. 주이상스는 대상이 금지되었고 불가능하다는 조건 때문에 시작되고 유지되기 때문이다.

궁정풍 사랑에서 기사들이 숭배하는 '물', 즉 여성(lady)은 오이디푸스 콤플렉스를 극복한 후 무의식에 남은 어머니의 몸의 이미지의 현현이다. '물'은 오이디푸스 아이가 꿈꾸는 성애의 대상인 어머니의 육체로 환상 속에서 주체는 이 대상을 향한다. 포르노 관련 인터넷 검색 엔진에서 가장 빈도수가 높은 단어의 하나가 '엄마'라는 연구 결과[15]는 여성의 이미지를 '물'에 연관시키는 무의식적 욕망을 잘 보여 준다. 엄마는 원초적인 욕망의 대상으로 아이에게 잃어버린 자궁, 절대적 여성성을 의미하며 이후 모든 여성들과 맺는 성애적 관계에서 원형으로 작동한다. 프로이트는 「세 상자의 모티프」에서 여성의 첫 이미지는 모든 것의 기원인 대자연이라고 말한 바 있는데 이것은 전형적인 '물'로서 어머니의 기호이다. '물'은 불가능한 대상이고, 금지된 대상이기에 주체에게 주이상스를 불러일으킨다. 여자의 실제 육체 뒤에서 성적 욕망을 부추기는 여성성의 표상이 바로 '물'의 그림자로 충만한 향유를

---

15 오기 오가스·사이 가담, 『포르노 보는 남자, 로맨스 읽는 여자』, 왕수민 옮김, 웅진지식하우스, 2011, 71쪽 참조. MILF('Mothers I'd Like to Fuck'의 약자로 '자보고 싶은 엄마들')는 남자를 겨냥한 포르노 중에서 가장 인기와 수익성이 높은 장르라고 한다.

약속하지만 늘 좌절만 남긴다. 포르노 속의 여성의 이미지는 남성이 자신의 연인과 정사를 벌이면서 오르가즘 속에 떠올리는 원초적 '물'과 비슷하다. 인격성(개성)이나 현실성(살, 냄새, 신체적 결합)을 철저하게 상실한 채 이미지로 부풀려지면서 과도한 잉여 쾌락만을 관객에게 강요하기 때문이다. 이런 면에서 포르노의 환상은 어머니의 육체에 대한 금지된 욕망이다.

(2) 아브젝트

우리가 포르노에서 찾을 수 있는 '여성의 몸'에 대한 두번째 이미지는 줄리아 크리스테바가 사용한 개념인 '아브젝트'(abject)다. 아브젝트는 애착과 분리(금지)의 감정을 동시에 불러일으키는 이중 대상이라는 점에서 '물'과 비슷하다. 여성의 몸은 사랑과 애착의 대상이면서 동시에 공포와 불안, 파괴의 욕망을 불러오는 대상이기도 하다. 여성의 몸에 대한 이러한 이중성은 오이디푸스 시기 어머니의 몸에 대해 아이가 갖는 양가적 감정에서 비롯되지만 주체 형성 과정과 더 관계가 있다. 유아는 오이디푸스 콤플렉스를 극복하는 과정에서 자신과 일체를 이루고 성적 대상이 되기도 하는 어머니로부터 스스로를 떼어 내면서 주체로 탄생한다. 어머니에 대한 상상적 일체감은 아이가 주체가 되는 것을 방해하기 때문이다. 자아가 형성되는 시기 어머니의 원형적 이미지는 다시 아이를 삼키고 통합하려는 대상처럼 무의식 속에서 인식될 수 있기 때문에 아이는 사랑과 증오라는 이중의 감정을 어머니의 상에 투여한다. 아브젝트의 혐오적 정서는 이런 과정에서 형성된 자아 방어 작용의 자연스러운 귀결이다.

아브젝트는 주체를 유혹하면서도 위협하고 두려움을 주는 명명할 수 없는 어머니의 형상과 관계된다. 크리스테바에 따르면 유아는 어머니와 완전한 결합 상태로 있다가 점차 자아에 속하지 않는 낯설고 불결한 것을 스스로에게서 추방하고 외부와 내부의 경계를 설정하면서 '나'의 감각을 개발하기 시작한다. 크리스테바는 이러한 분리의 행위를 '아브젝시옹'(abjection)이라 불렀다.[16] 그러나 아브젝시옹의 대상인 아브젝트는 분리된 이후로도 유아의 자아 경계를 침범하고 삶을 오염시키려 하는데 주체는 이런 대상에 역겨움과 매혹을 동시에 느낀다.

크리스테바가 말한 아브젝트를 우리는 라캉이 명명한 '남근을 가진 어머니'(mère phallique) 개념과 연관시켜 주체를 위협하는 '죽음의 형상'으로 이해할 수 있다. 남근을 가진 어머니는 거세되지 않았기 때문에 법의 형상인 아버지에 매이지 않는 완벽한 존재다. 거세되지 않았다는 것은 결핍을 모르며 아버지에 의존하지 않는다는 말이다. '남근을 가진 어머니'는 그 자체로 완전하고 아버지에 의해 금지되지 않았기에 아이를 절대적으로 사랑하려 한다. 하지만 이렇게 아이와 한 몸을 이루는 어머니의 형상은 욕망을 억압하고 예속시키는 어머니의 '이마고'(imago)로 아이에게 느껴진다. 아이는 어머니의 몸속으로 통합되어 자신의 독립성을 잃어버리는 것을 큰 위험으로 느끼기 때문이다. 여기서 아이는 자신의 주체화를 완성하기 위해 어머니로부터 스스로를 분리할 필요를 느낀다. 그런데 이러한 분리가 주체 안에서 잃어버린 부분으로서 죽음의 효과를 일으킨다. 이 잃어버린 부분의 효과에

16 노엘 맥아피, 『경계에 선 줄리아 크리스테바』, 이부순 옮김, 앨피, 2007, 91~95쪽 참조.

연관된 죽음이 이후 모든 성적 관계에 그림자를 드리우는데 라캉은 이러한 효과를 리비도라고 부른다. 다음을 보자.

> 이 박막(리비도)은 살아 있는 유기체가 성적 경로를 통해 생산되는 과정에서 잃어버린 그 부분을 대표한다 …… 죽음에 영향받는 존재가 여기서 표상하는 것에서 이 부분은 주체가 참여하는 이 관계, 즉 개인 속에 있는 특정한 성적인 관계를 죽음에 대해 각인시킨다.[17]

라캉이 말하는 잃어버린 그 부분은 젖가슴, 똥, 태반 같은 대상들로 본래 주체와 어머니의 몸에 함께 속했던 대상들이다. 이것의 공통점은 무조건적인 혐오의 대상이 아니라 한때 자신의 일부였기 때문에 주체에게 굉장히 친근하다는 점이다. 동시에 그것이 주는 죽음에 대한 두려움 때문에 공격성을 부르기도 한다.

크리스테바가 말하는 아브젝트도 라캉이 말하는 잃어버린 부분대상과 비슷한데 그것은 본디 주체에 속했다가 그로부터 분리되어야 하고 억압하고 배척하면서도 욕망하게 되는 특별한 대상이다. 어머니는 주체로서 나의 존재를 보증하는 대상이자 내가 최초로 욕망하고 의미를 부여하는 대상이다. 그러나 타자로서의 어머니는 동시에 주체를 위협하고 게워 내고 싶은 충동을 일으키는 아브젝시옹의 대상이기도 하다. 우리는 포르노가 기호화하는 '여성의 몸'을 이런 '아브젝트'의 형상으로 이해할 수 있다. 포르노에서 여성의 몸은 아주 에로틱하고 친

---

17 Jacques Lacan, *Écrits*, Paris: Seuil, 1996, p.847.

근하면서도 낯설고 정복되지 않는 이중적 형상이다. 이것은 분리 과정에서 주체를 위협하는 어머니의 몸 혹은 생식기(자궁)의 재현처럼 무의식 속에서 받아들여진다. 그렇기 때문에 아이는 무의식의 심연에서 계속 회귀하는 아브젝트에 대해 친숙함과 더불어 위협과 불안을 복합적으로 느낀다.

SM과 고문, 본디지,[18] 붓카케[19] 같은 장르는 여성의 몸을 대하는 이런 이중적 욕망을 잘 보여 준다. 포르노에서 여성의 몸에 대한 가학적 행동은 쾌락적인 폭력의 분출이기보다는 억압되고 추방된 낯선 대상이 다시 귀환하는 것에 대한 불안 상태의 방어로 해석할 수 있다. 특히 일본의 AV가 이런 복합적인 가학 심리가 강하다. 일본에서는 1980년대 초까지 사회적 메시지를 담은 포르노를 많이 제작하였지만 1980년대 중반부터는 드라마적 요소를 배제한 즉물적 섹스를 표현하는 영상이 주를 이룬다. 여성을 대상으로 한 폭력이나 강간 등 여성을 힘으로 정복해서 자신의 남성을 발기시키고 전능함을 회복하는 내용의 비디오가 인기를 누리는데 이를 남성적 정체성의 위기와도 연결해 볼 수 있다. 일본은 1970년대 이후 고도 경제성장과 더불어 핵가족화·도시화하면서 남녀의 성별 역할 분담이 뚜렷해졌다. 아버지는 밖에서 일하고 어머니는 연고 없는 곳에서 홀로 육아를 담당한다. 아버지의 타지

---

18 본디지는 여성을 결박하여 매달거나 의자나 기둥 같은 곳에 꼼짝 못하게 여러 겹 결박한 채 채찍질을 하거나 성적으로 여성을 자극하면서 즐기는 장르로, 밧줄이나 쇠사슬을 사용하여 묶는 기술 자체가 중요하다.
19 붓카케는 여러 남자가 한 명의 여자를 둘러싸고 자위를 하면서 특히 얼굴에 집단적으로 사정하는 장르다.

발령 시에도 아버지 혼자 떠나는 것이 당연시되는 분위기에서 아들은 어머니의 지나친 애정 속에서 자란다. 어머니의 집착이 강할수록 아들은 어머니에 대한 부정적 이미지를 키우고 이는 모든 여성에 대한 폭력적 성향으로 확대된다.[20] 여성에 대한 폭력의 근원에는 결국 어머니의 몸으로부터 분리를 완성하려는 의지와 어머니의 몸에 대한 두려움이 깔려 있다고 할 수 있다.

어머니의 몸은 '여성의 몸'의 원형이며 이것은 아브젝트이기 때문에 그 관계가 특별하다. 아브젝트의 대상과는 대체로 직접적 성관계를 할 수 없는 경우가 많은데 그것이 무의식적인 두려움을 불러일으키기 때문이다. 붓카케 시리즈에서 여러 명이 여성의 얼굴에 한꺼번에 사정하는 것은 희열에 찬 성적 욕망의 발산이기보다는 주체를 위협하는 대상을 공격하고 배척하는 필사적이고 방어적인 아브젝시옹으로 해석할 수 있다. 여기서는 실제 성관계는 대체로 금지되면서 여성의 얼굴에 사정하는 행위를 통해 대리 만족을 누리기 때문이다. 이러한 상태는 프로이트가 해석한 것처럼 마치 어린아이들이 불을 오줌으로 끄면서 자신의 능력(?)을 확인하고 안도하며 느끼는 쾌감과 유사하다. 불이 인간을 인간으로 만들어 주는 도구이면서 가장 위협적인 파괴자인 것처럼 여성은 "공포와 매혹의 대상, 아브젝트 자체"[21]이기 때문이다. '여성의 몸'에 대한 성적 태도에는 이처럼 필사적 방어와 혐오감이 그 대상에 집착하는 에로틱한 욕망과 뒤섞여 있다.

20　이노우에 세쓰코, 『15조 원의 육체산업: AV시장을 해부하다』, 임경화 옮김, 씨네21, 2009, 특히 5장 「성폭력과 성인 비디오」 참조.
21　줄리아 크리스테바, 『공포의 권력』, 서민원 옮김, 동문선, 2001, 281쪽.

(3) 페티시

'여성의 몸'의 세번째 형상은 바로 페티시(fetish)다. 페티시즘은 어떤 특정 대상에 집착하며 그것을 통해 성적 만족을 추구하는 도착적 행동으로 정의되지만 실은 대상에 대한 집착이 아니라 거세의 부인(denial)이 핵심 메커니즘이다. 부인이란 이중적 태도와 연관이 있다. 페티시즘은 아버지의 법이 부과하는 상징적 거세를 한편으로는 인정하면서도 그것을 회피하려고 하는 방어 심리에서 발생한다. 상징적 거세는 어머니와 아이를 분리한 후 스스로를 어머니의 남근으로 상상하는 아이에게 본래 위치를 정해 주고 동시에 어머니도 남근을 지닌 존재가 아니라 아버지의 남근을 욕망하고 있음을 확인해 주는 이중의 작업으로 구체화된다. 거세는 아이를 상징적 질서에 안착시키는 중요한 작업인데 이것은 반드시 어머니로부터 분리를 전제한다. 여기서 대상(objet)이 아주 중요한 역할을 하는데 그것이 거세된 남근의 우연적인 대체물 역할을 하면서 주체의 불안감을 달래 주기 때문이다.[22] 대상은 거세의 흔적으로 남는 신체 성감대를 물질적으로 표현하면서 거세의 현실을 감추는 역할을 한다. 페티시즘에서 페티시는 늘 결여된 남근을 대신해 주면서 주체를 안심시킨다. 포르노에서 페티시즘은 특히 여성을 오브제로 간주하고 지배하려는 심리를 통해 표현되는데 대상화된 여성을 통해 남성적 주체는 스스로의 능력과 존재감을 확인하기 때문이다. 페티시는 인간의 결핍을 채워 준다고 가정되는 상상적 대상이

---

22 "이러한 거세 위협에 대항하기 위해 소년은 어머니의 페니스가 부재하다는 것을 부인하며, 페티시는 단지 결여된 페니스의 대용물일 뿐이다"(Philippe Sollers, "Préface", *Dictionnaire de la psychanalyse*, Encyclopaedia Universalis, Paris: Albin Michel, 2002, p.134).

다. 페티시즘을 통해 여성의 신체를 파편화된 사물처럼 대하면서 타자를 지배할 수 있다는 권력욕을 만족시키려고 하기 때문에 '여성의 몸'은 오브제로서 가치를 지닌다. 페티시즘은 인간의 성이 결여를 중심으로 구조화될 수밖에 없다는 정신분석의 명제를 확인해 주는 예다. 페티시스트에게 페티시는 그 자체로 중요한 게 아니라 자신의 결여를 채워 주면서 존재를 확인해 주는 거울 역할을 하기 때문이다. 존재가 순수 결여이자 사르트르가 말한 것처럼 '무'(nothing)라면 페티시는 늘 공백으로 남는 이 존재의 틈을 감춰 주고 대신하면서 주체에게 살아 있음을 확인시켜 준다.

그러므로 페티시즘의 논리에서 여성은 철저하게 인격이 배제된 채 동물화되고, 장난감처럼 취급되거나, 변형된 사물 이미지, 즉 주물(fetish)로 변질되기 마련이다. 이렇게 변질된 대상에 남성 주체는 마음껏 자신의 욕망을 발산하면서 실제로는 불가능한 남근적 쾌락을 상상적으로 추구한다. 이러한 페티시즘을 잘 보여 주는 장르로는 일본 AV에서 흔한 사육 시리즈, 여체에 대한 해부적 관찰(내시경), 배설물, 수간 등을 들 수 있다. 포르노 사이트를 보면 나름의 분류 구조가 있다. 다양한 취향에 맞춘 장르뿐 아니라 페티시즘을 극단화하여 '거유(巨乳) 시리즈', '엉덩이', '다리', '발', '입술' 등 여성의 특정한 신체를 페티시의 대상으로 전시하는 사이트도 많은데 이것은 '여성의 몸'이 남성의 결핍을 충족시켜 주는 페티시로서 역할을 하는 사례들이다. 사육이나 노예 시리즈에서도 서사와 정서적 교감은 중요한 역할을 하지 않고 성적 만족의 대상이 된 여성의 과도한 신체 이미지만 화면에 넘친다. 그리고 여성은 철저하게 사물처럼 취급된다. 페티시의 대상이 된 여성들은 말을 하지 않거나 입에 재갈을 물려 말을 못하게 만드는데 이것은 여성의 몸을 사물화하는 형식이다. 페티시즘의 예로 일본 AV 시리즈의 하나인 「인간가축목장」(人間家畜牧場)에 대해 살펴보자.

「인간가축목장」은 일본 공중파에서 익숙한 포맷(리포터가 카메라와 더불어 화제의 현장을 찾아가는 방식으로 방송자막, 성우 내레이션 등이 등장한다)을 사용한 AV이다. 주요한 구성은 인간 가축을 만드는 방법과 애완동물 붐을 취재하는 방송을 교차 편집하고 있다. 전자의 내용은 여주인공 오사와 미카가 인간 목장에서 조교들에 의해 성욕 처리 '펫'(pet)으로 교육받으면서 완전히 페티시로 변하는 내용을 담고 있다. 전신 세정, 신체검사, 성적 자극과 교배 등의 엄격한 훈련을 통해 인간에서 애완동물로 변하게 된다. 미카는 여러 훈련에서 뒤처지고 저항을 하기도 하지만 반복되는 훈련과 체벌을 통해 잘 교육된 성욕 처리 펫으로 재탄생한다. 또한 '화제의 애완동물'이라고 명명된 방송 프로그램에서는 이렇게 잘 교육된 성욕 처리 '펫'의 일상생활을 취재하며 가족들의 사랑(?)을 받고 있는 모습이 그려져 있다.

이러한 「인간가축목장」의 독특한 소재, 스토리 설정은 보는 이의 자연스러운 동조와 도착적인 욕망을 자극한다. 일반적으로 '펫'이라고 하면 여성들의 선호가 강하다. 이러한 정형화된 관념을 남성들의 '펫'으로 치환시키고 일상에서 흔히 접하는 일반 방송의 취재 형식을 차용해 무비판적·무의식적으로 성적 욕망의 수용을 강요한다. 또한 스토리 없는 AV의 장면 위주 묘사는 인간의 성관계를 찍는 몰래카메라와 큰 차이가 없다. 하지만 「인간가축목장」은 세부 상황보다는 여러 여성들을 납치해 성욕 해소에 사용되는 동물로 만들어 마음대로 취급한다는 설정이 남성의 잠재된 페티시즘 욕망을 자극한다(32쪽 '포토 프롤로그' 참조).

흔히 권력은 인간을 포함한 모든 사회적 대상을 도구처럼 길들이면서 자신의 힘을 과시한다. 본래 욕망은 결핍되어 있고 남근은 어디에도 존재하지 않기 때문에 권력을 통해 자신의 존재를 과시하려는 것이다. 하지만 페티시로 전락한 인간은 더 이상 성적 관계의 파트너가 아니라 다만 즉물적 쾌락의 매개물에 불과하기 때문에 권력을 인정해 줄 수 없다. 또 페티시즘을 통해 결여가 충족되는 게 아니라 다만 동물적 욕구의 일시적 충족만 가능하다. 여성의 몸을 페티시로 전락시키는 시도는 이런 면에서 또 하나의 성적 좌절을 보여 준다. 페티시는 포르노가 다루는 '여성의 몸'이 결국 실제 성관계의 파트너가 아님을 잘 보여 주는 사례이다. 부분대상으로 전락한 여성은 더 이상 여자가 아니기 때문이다.

5. 성의 시뮬라시옹: 성관계는 존재하지 않는다

이제 이상의 논의를 종합하여 포르노의 본질과 그것이 남기는 심리적 효과를 명확히 해보자. 지금까지 살펴본 것처럼 포르노는 인간의 성 본능에 부합하여 현실의 성을 보완해 주면서 대리적 방식으로 만족을 충족시켜 주는 것이 아니라 오히려 성을 왜곡하면서 성욕의 불가능성만 확인시킨다. 포르노는 불가능한 충동과 환상을 극대화하는 과잉 이미지의 구성물이기 때문에 절대 성적 향유를 채워줄 수 없고 오히려 욕망을 소외시킨다. 과잉 이미지는 기호화의 결과이다. 예를 들어 포르노 배우들을 보면 유방이나 성기의 크기가 보통 사람들보다 유달리 크고 몸매도 이상적이며, 이들이 연출하는 성행위도 일반인이 따라 하기 힘든 고난도의 기교가 필요한 것이 많다. 이 모든 것은 성적 환상을 극대화하기 위한 인위적 장치들이다. 포르노에서는 현실의 성과 달리 모든 부정적 요소(예컨대 조루, 위생, 불쾌감)가 제거된 채 남성성과 여성성의 과도한 분출만 강조된다. 그러므로 포르노에 탐닉할수록 성욕이 충족되는 것이 아니라 알 수 없고 통제 불가능한 대상 앞에서 위축되는 심리적 발기불능만을 확인한다. 이것은 포르노에 중독된 사람들이 실제 성관계를 회피하는 것에서도 확인되는데 그것이 더 깊은 좌절을 주기 때문이다.

다음으로 포르노는 생물학적인 본능보다는 언어 효과에 더 의존하는 주이상스가 그 본질이며 그것은 불가능한 향유이다. 포르노를 접할수록 더 자극적인 장면을 원하고 특정 장르에 대한 편향이 생긴다는 것은 포르노가 육체적으로 통제 가능한 자극이 아니라 육체적 한계를 계속해서 초월하려는 성적 주이상스의 확장이라는 증거다. 이러한 성적 향유는 실제 생물학적 자극과 관계가 없을 뿐 아니라 실제의 만족도 보장할 수 없다. 그러므로 "포르노는 이론이고 강간은 실천이다"라는 말은 포르노를 성행위와 같은 것으로 간주한다는 점에서 옳지 않다. 포르노가 기호화하는 '여성의 몸'은 위에서 본 것처럼 실제 육체가 아니라 여성 이미지의 과잉이자 파편일 뿐이기 때문이다. 이러한 대상을 우리는 크리스티앙 메츠가 말한 '상상적 기표'라고도 명명할 수 있을 것이다. 이 상상적 기표를 대상으로 불가능한 성관계를 꿈꾸는 포르노는 환상, 그것도 소외된 환상에 다름 아니다.

마지막으로 포르노는 실제 성관계의 부재를 은폐하고 유사 이미지, 과잉 기호, 실제 존재하지 않는 것의 모사로 가득 찬 가상의 영역으로 보드리야르가 말한 시뮬라시옹에 가깝다. 그것은 원래 현실의 성을 모방했으나 어느 순간부터 실재를 변질시키고 감추면서 현실을 완벽하게 대체하는 시뮬라크르가 된 것이다.[23] 포르노는 어떤 한계와 검열 없이 날것으로서 육체를 보여 주는 것 같지만 여성의 몸은 카메라를 통해 철저히 기호로서 재생산된다. 포르노의 작동 원리는 매우 의식적으로 인격적인 특성(점, 체모, 흉터, 얼굴 표정 등)을 제거하고 몸을 이상화하면서 심미적 기호만을 만족시키는 르네상스 시기 누드화와 비슷한 메커니즘으로 작동한다. 매트릭스의 세계에 통제된 기호 이미지만 가득하듯이 포르노의 세계에는 실제 여자도, 남자도, 성관계도 존재하지 않는다. 포르노는 무제한의 성적 만족과 모험을 약속하지만 이것에 탐닉할수록 우리는 더 공허함을 느끼기 마련이다.

정보화 시대에 들어서고, 손쉽게 포르노나 각종 음란 게임을 접하게 되면서 성이 과잉되고 성범죄도 증가하고 있다. 과잉된 이미지는 여성, 남성, 성에 대해 왜곡된 관념을 재생산하면서 성의 주체가 되어야 할 인간을 소외시킬 수 있다. 그러나 무조건 포르노를 규제하고 금

---

23 보드리야르에 따르면 시뮬라크르는 네 단계로 진화하면서 시뮬라시옹을 완성한다. 시뮬라시옹이란 원본 없는 이미지 시뮬라크르로 파생 실재를 구성하는 작업이다. 첫번째 단계에서는 시뮬라크르가 실재를 반영한다. 두번째 단계에서는 시뮬라크르가 반영에서 벗어나 실재를 감추고 변질시킨다. 세번째 단계에서는 시뮬라크르가 실재의 부재를 감춘다. 마지막 네번째 단계에서는 이제 실재와 무관한 순수 시뮬라크르가 등장하면서 원본과 상관없는 독립적 존재가 된다. 포르노의 진화도 이와 같은 시뮬라크르의 진화로 설명할 수 있다. 장 보드리야르, 『시뮬라시옹』, 하태완 옮김, 민음사, 2001, 27~28쪽 참조.

기시하는 것은 성을 마찬가지로 왜곡시킬 수 있으며 또 다른 성범죄를 양산할 수 있다. 환상, 기호화, 시뮬라시옹의 논리 속에서 작동하는 포르노의 본질을 잘 이해하면서 성의 올바른 주체가 될 수 있는 윤리적 대안을 모색해야 한다. 이것은 소외에서 벗어나 진정한 욕망을 되찾는 것에서 찾아진다.

6장

여자도 포르노를 할 수 있을까?:
관능과 쾌락과 욕망의 관점에서 본 포르노

—이은정

1. 여자와 포르노

'여자는 로맨스하고 싶고 남자는 포르노하고 싶다' 서점에 나와 있는 한 책의 제목이다.[1] 이 말이 뜻하는 바가 무엇일까? 로맨스하고 싶은 여자? 포르노하고 싶은 남자? 우리는 그 뜻을 곧 짐작한다. 여기서 '로 맨스'는 '낭만적 사랑=정신적 관계'를 말하고, '포르노'는 '사랑 없는 섹스=육체적 관계'를 말한다. 결국, 한 남자와의 낭만적 사랑을 꿈꾸 는 여자와 무수한 여자와의 사랑 없는 섹스를 꿈꾸는 남자의 성차(性 差)를 드러낸 말이다. 이제껏 포르노는 남자의 전유물로 얘기됐다. 포 르노는 남자의 성적 환상을 극명하게 보여 준다. "그것에 대한 포르노 가 존재한다"[2]라고 말해질 정도로 온갖 종류의 성적 환상을 재현하는

---

1 프란체스코 알베로니, 『여자는 로맨스하고 싶고 남자는 포르노하고 싶다』, 최선희 옮김, 거송미디어, 1998. 이 책의 원제는 『에로티시즘』(L'erotismo)이다.

포르노는 현실에는 존재하지 않는 남자의 이상향처럼 얘기된다. 이런 뜻에서 역사학자 스티븐 마커스는 포르노의 세계를 '포르노토피아'라 하였다.

남자한테 그만의 문화로서 포르노가 있다면, 여자한테는 로맨스가 있다. 포르노가 남자의 에로티시즘을 대변한다면, 로맨스는 여자의 에로티시즘을 대변한다고 말할 수 있을 것이다. 그 둘이 너무도 달라, 포르노는 "여자의 에로티시즘과 전혀 관계가 없는 다만 매춘부의 일거리일 뿐"[3]이라고 전할 정도이다. 남자의 사랑과 여자의 사랑이 이토록 다르다면, 어떻게 이 둘이 만나 서로 사랑하는 일이 있을 수 있는지 의아할 정도이다. "사랑해" 하며 같은 언어를 사용하지만, 이 둘은 결국 다른 곳을 바라보고 있는 셈이 아닌가. 여자는 남자의 영혼과 눈 마주치며 기뻐하지만, 남자는 여자의 영혼이 아닌 몸을 갈구한다. 여자한테 육체적 결합은 사랑의 증표이지만, 남자한테 육체적 결합은 사랑의 모든 것이 될 수 있다. 이 둘의 사랑은 결국 오해에서 비롯되었다고 말할 수 있을 것이다. 여자는 정서적 교감이나 감정적 결합을 '전제'로 하지만, 남자는 그러한 전제를 이해하지 않거나 공유하지 않은 채 여자를 품에 안는다.

그렇다면 정말 여자의 사랑은 그 타고난 습성에서 포르노를 외면하는 것일까? 여자와 포르노는 함께할 수 없는 것일까? 여자의 사랑이 단지 낭만적인 것만은 아니라면, 또한 성적이기도 하다면, 그럼에도

---

2 오기 오가스·사이 가담, 『포르노 보는 남자, 로맨스 읽는 여자』, 왕수민 옮김, 웅진지식하우스, 2012, 38쪽.
3 알베로니, 『여자는 로맨스하고 싶고 남자는 포르노하고 싶다』, 17쪽.

여자의 사랑은 남자의 사랑보다 덜 성적이라고 말해야 할까? 그 둘의 다름이 포르노와 로맨스라는 매우 다른 두 문화를 만들어 내었을까? 그보다는 오히려 여자한테 딸린 '성적 쾌락의 향유권'을 인정하지 않는 우리 사회가 여자의 성을 은폐하였을 뿐 아니라, 여자를 그러한 쾌락에서 결국 멀어지게 하지는 않았는가? 중·고등학생이라는 이른 나이에 벌써 여러 외설물을 통해 그러한 쾌락을 접하고, 그러한 쾌락을 남자의 세계에서 통용되는 일상처럼 아무렇지도 않게 받아들이게 되는 대부분 남자와 달리, 우리 사회는 아직도 여자한테 정숙이나 순결을 요구하는 사회이다. 그렇지 않을 때, '밝히는 여자'라는 오명을 뒤집어쓰과 함께, '헤픈 여자=질 나쁜 여자'라는 꼬리표가 어김없이 따라붙는다. 이러한 사회적 시선과 질타로부터 여자는 자신의 성적 욕망을 감추고 부정함으로써 자신을 지킬 수 있었다. 여자의 자위나 오르가즘에 관해 실제로 얼마나 많은 것을 우리는 아는가? 여자의 성은 우리 사회에서 여전히 장막에 가려 있다. 페미니스트 저널 『이프』(1998년 겨울호)의 의미 있는 시도에도, 여자의 자위나 오르가즘을 공론화하는 일은 여전히 어려운 일로 남는다. 여성의 성적 쾌락의 문제는 여성의 성적 주체성 획득이란 문제와 맞물리면서 페미니즘 진영에서 수차례 논의되어 온 바이며,[4] 여전히 중요한 문제로 남는다. 그렇지만 이러한 보수적 사회 분위기만이 여자가 자신의 성적 쾌락을 향유할 권리를 주장하고 그러한 쾌락을 실제로 누리는 데 따라붙는 어려움이 아니다. 성

4 조영미, 「한국 페미니즘 성연구의 현황과 전망」, 한국성폭력상담소 엮음, 『섹슈얼리티 강의』, 동녘, 2004, 42~43쪽 참조.

폭행이라는 위협에 맞서, 여자는 다른 한편으로 자신이 지닌 성적 쾌락의 향유권을 자발적으로 내놓아야 하였다. 마치 즐기고 싶어 하는 여자의 욕구를 충족시켜 주는 일이 뭐가 잘못이냐는 듯, 남자는 자신의 힘을 행사하는 데 덜 죄책감을 느끼거나 자신의 행위를 정당화하게 된다. 그러나 이는 성적 쾌락의 향유권에 따라붙는 '성적 자기결정권'을 우리 사회가 제대로 이해하지 못한 탓이기도 하다. 그 둘은 떼려야 뗄 수 없는 방식으로 서로 맞물려 있다. 사드는 말한다. "네 몸은 네게 속해, 너 혼자한테. 그것을 즐길 권리를 갖고 네가 좋다고 생각하는 누군가에게 그것을 즐기게 할 권리를 갖는 이는 세상에 너 혼자뿐이야."[5] 여기서 사드는 성적 쾌락의 향유권과 성적 자기결정권을 함께 명시하고 있다.

얼마나 많은 여성이 실제로 자신의 몸을 누리는가? 그 몸이 주는 즐거움을, 아무 거리낌이나 선입견 없이? 즐길 수 있는 권리를 갖는 것만으로는 부족할지도 모른다, 실제로 즐길 수 없다면. 그러려면 상상이 나래를 펴야 하고, 그러한 상상에 자신을 온전히 실을 수 있어야 한다. 사드의 말을 다시 한 번 빌리면, 그의 말처럼, 단 하나의 편견이나 선입견이 우리의 상상을 차갑게 하기에 충분하리라.[6] 포르노를 즐기지 않는 여자? 어쩌면 자기 몸을 온전히 누릴 수 없는 데서, 다시 말해 여자의 쾌락에 관한 사회적 억압에서, 그 해답을 찾아야 하지 않을까?

그러나 인터넷에서 스마트폰으로 이어지는 과학기술의 놀라운 성

5 Donatien Alphonse François Sade, *La philosophie dans le boudoir*, Paris: Gallimard, 1993, p.84 [『규방철학』, 이충훈 옮김, 도서출판b, 2008, 84쪽].
6 *Ibid*., p.101 [앞의 책, 101쪽].

과는 이 부분에서도 포르노의 진화에 이바지한 바가 적지 않다. 여자의 성적 쾌락 향유권을 주창하거나 이를 위해 투쟁하는 수고를 덜어주기라고 하려는 듯, 과학기술의 발전이 가져온 생활의 변화——접근의 용이성——는 점점 더 많은 여자를 포르노의 세계에, 다시 말해 포르노가 펼쳐 보이는 쾌락의 세계에 들어가게 한다. 이제 누구든 예전처럼 남의 눈치를 살피며 청계천 뒷골목을 서성거려야 하는 수고로움없이, 자신의 은밀한 공간에서 마우스 클릭이나 손가락 터치 몇 번으로 포르노를 보거나 즐길 수 있다. 이처럼 포르노를 즐기거나 포르노를 소비하는 데 구애를 받지 않거나 덜 받는 이 신진 여성들은 자신의몸을 누리는 데 좀더 떳떳하고, 이를 '잘못'이라 생각하지 않는 다른세대의 여성들이다. 이들은 이미 청소년기에 여느 남자들처럼 그러한문화를 접하고 아무렇지도 않게 받아들이게 된 다른 문화의 여성들이기도 하다. 이제 포르노는 남자만의 문화도 그만의 전유물이라고도 할수 없다. 남자의 전유물에서 여자의 소유물로 이러한 포르노의 진화에크게 이바지를 한 것으로 우리는 무엇보다 먼저 과학기술의 발전을 꼽지 않을 수 없을 것이다.

그렇다면 여자의 에로티시즘과 남자의 에로티시즘을 갈라 볼 때상식으로 통하는 낭만적 사랑/사랑 없는 섹스, 정신적 관계/육체적관계라는 구분에 조금은 의문을 제기하여야 하지 않을까? 더 나아가, 낭만적 사랑을 "온갖 사회적 권력관계를 교직(交織)하고 그것을체제 내부의 여러 사회적 관계 내로 편재"시키는 이데올로기로서 보는 문화평론가 서동진 씨의 급진적 주장——"낭만적 사랑은 파시즘이다"[7]——에도 한번쯤 귀를 기울여야 하지 않을까? 앞서 행한 구분을 넘어, 나는 얘기하고 싶다. 모든 관계는 '몸적'이라고. 다시 말해 몸에 바탕을 둔다고. 그리고 되묻고자 한다. 여자도 포르노하고 싶다면? 단순히 자신의 몸을 즐기고 싶다면? 자신의 몸이 주는 쾌락의 기쁨을, 상상이 가져다주는 그 증폭된 쾌락을 말이다. 여자의 에로티시즘과 남자의 에로티시즘을 우리는 분명 다르게 논의하여야 할 것이다. 그러나 앞서 언급한 시각에서가 아닌 다른 시각에서 이를 다루어야 할 것이다. 나는 관능과 쾌락과 욕망의 관점에서 이를 다루고자 한다.

2. 포르노의 실제: '나는 쾌락한다'

무엇이 포르노를 포르노이게 할까? 포르노의 실제는 궁극적으로 포르노적 이미지가 아니다. 포르노적 이미지란 다른 이미지와 마찬가지로 감각 이미지를 말한다. 가장 먼저 포르노적 이미지는 시각 이미지였다. 거기에 청각 이미지가 더해진 게 지금의 포르노이다. 직접적으로 포르노는 시각과 청각에 주로 호소하고 있지만, 촉각 또한 거기서 매우 중요한 구실을 한다. 현재 포르노는 아직 촉각을 직접 주는 데까지 이르지 못했지만, 미래 포르노는 그러한 수준에까지 진화할 것이라 한다. 포르노 애호가라면 좋아할 만한 얘기다. 포르노를 포르노이게 하면서, 포르노의 '실제'를 이루는 것은 그러한 감각 이미지에 더해지는 쾌락이다. 포르노의 실제는 결코 감각 이미지의 총체로서 포르노가 아

---

7 서동진, 「누가 성 정치학을 두려워하랴!」, 김수기·서동진·엄혁 엮음, 『섹스 포르노 에로티즘: 쾌락의 악몽을 넘어서』, 현실문화연구, 1994.

니다. '나는 쾌락한다'는 매우 주관적이고 단순한 사실이다. 쾌락은 포르노의 실제를 이루면서, 포르노를 반복적으로 소비하게 하는 행동의 근거가 된다. 다시 말해 포르노의 반복적 소비는 일차적으로 쾌락의 재생산을 목적으로 한다.

성적 자극과 흥분을 목적으로 제작된 것으로 우리는 흔히 포르노를 정의하곤 한다. 여기서 자극이란 외부에서 미치는 작용을 말한다. 흥분은 그러한 자극으로 생겨난 감정의 일어남을 말한다. 달리 말해 흥분은 곧 촉발(觸發)이다. 여기서 촉발은 프랑스어 'affection'을 옮긴 것이다. 촉발은 프랑스 현상학자 미셸 앙리의 철학에서 매우 독특한 자리를 차지한다. 앙리는 삶의 본질을 촉발로 보았다. 앙리한테 삶은 스스로 일어남이며, 그때 일어난 것은 다른 아무것도 아닌 자기 자신이다. 삶은 곧 '자신에 대한 자기촉발'(autoaffection de soi)을 본질로 한다. 여기서 삶은 철학적 또는 현상학적 의미에서 삶을 말한다. 곧 근원적 있음으로서 삶을 말한다. 자기촉발 속에서 삶은 자기 자신을 끊임없이 느낌과 함께, 그 바탕에서 또한 다른 모든 것을 느낀다. 촉발은 이처럼 두 가지 뜻을 지닌다. 촉발은 근원적으로 자기촉발이며 그와 함께 또한 다른 것을 통한 촉발이다. 자기촉발은 삶이 자신을 드러내는 방식이며, 거기서 삶은 고통으로도, 쾌락으로도, 불안으로도, 욕망으로도 된다. 고통, 쾌락, 불안, 욕망은 여기서 근원적 감정에 속한다. 우리가 보고 듣고 만지고 느끼는 모든 일, 그 모든 감각 행위나 작용은 삶을 내재적 본질로 하는 한에서 가능하다. 다시 말해 내재적 삶은 모든 감각의 가능 조건이며, 또한 그 내적 현실이 된다. 보기를 들어, 보는 일은 이와 함께 보는 자기 자신을 느끼는 일이다. 자기 자신을 느끼는 일 곧 내재적 삶은 보는 일의 가능 조건이며, 그 내적 현실이 된다.

흥분은 곧 촉발이며, 촉발의 증대이다. 쾌락은 그러한 증대로서 이해된다. 일어남이 커짐은 곧 삶 자신이 커짐을 말한다. 삶은 자기 자신을 느끼는 속에서, 자기 자신을 즐기며 또한 자기 자신의 커짐을 즐긴다. 촉발의 증대는 곧 쾌락의 증대이기도 하다. 흥분은 그 자체로 쾌락이며, 쾌락의 증대이다. 그렇기에 관음주의자나 노출주의자 같은 성도착자는 훔쳐보거나 자신의 몸을 드러내는 행위 자체에 만족할 수 있다. 그러한 행위는 보통 전희에 속하는 것이다. 전희는 사정과 함께 이뤄지는 최종적 쾌락(plaisir final)과 구별된다. 예비 또는 사전의 쾌락(plasir préliminaire)으로서, 전희는 일반적으로 성행위 앞에 놓여, 성행위에 이르게 해주는 궁극적 쾌락 이전의 쾌락으로 이해된다. 여기서 성행위란 삽입을 통한 성교를 말하며, 그러한 행위를 '정상적' 성행위로 하였을 때, 관음주의자나 노출주의자의 행위는 그러한 정상성에 반하는 '변태'로 분류된다. 관음주의자나 노출주의자에게 중요한 것은 자위나 성교를 통해 얻게 될 최종적 쾌락이 아니다. 관음주의자나 노출주의자는 그들의 행위, 곧 훔쳐보기나 자신의 몸을 드러내는 행위 자체에서 얻는 흥분, 곧 쾌락에 집착한다. 그러한 쾌락은 자위나 성교를 통한 사정에 이를 수 있겠지만, 그들한테 중요한 것은 거기서 얻는 최종적 쾌락이 아닌 전희로서 쾌락이다. 최종적 쾌락은 그와 함께 흥분의 저하, 쾌락의 감소 또는 사라짐을 의미한다는 점에서 오히려 억제된다.

포르노의 실제를 이루는 것이 '나는 쾌락한다'는 단순한 사실이라 하였을 때, 엄밀히 말해 무엇을 즐기는지 물을 수 있을 것이다. 우리는 종종 무엇에 관해 무엇을 즐긴다고 말하지만, 사실 모든 즐거움은 자기 자신과 관계한다. 거기서 '무엇'은 즐거움을 일으킨 한 계기에 지나지 않는다. 우리는 그것을 얼마든지 다른 것으로 대체할 수 있다. 즐거움 속에서 나는 즐거움을 즐기고, 나 자신을 즐긴다. 즐거움이 클수록 나 자신의 느낌 또한 커진다. 반대로 나 자신의 느낌이 클수록 즐거움 또한 크다. 그렇기에 심지어 불안 속에서도 나는 그 불안을 즐기고 좋아한다고 말할 수 있다. 키르케고르는 이러한 불안의 역설에 대해 얘기한 바 있다. "불안은 본질에서 어린아이한테 속한다. 어린아이는 그것 없이 지내고자 하지 않는다. 불안이 그한테 근심을 줄지라도, 그것은 달콤한 근심으로 그를 또한 즐겁게 한다"[8]라고 그는 말한다. 키르케고르한테 불안은 달콤하면서도 낯설고 무서운 것이다. 그에 따르면, 우리는 불안을 두려워하면서 그와 함께 불안을 의심의 여지 없이 좋아한다. 불안 속에서 나는 나 자신을 느끼는 일을 잠시도 멈추지 않으며, 불안이 커질수록 나 자신의 느낌 또한 커진다. 우리가 '더한' 쾌락을 추구하는 데는 '더한' 자신의 느낌을 추구하는 일이 있다. 우리는 포르노를 즐긴다고 말하지만, 실제로 우리가 즐기는 것은 우리 자신이다. '나는 살아 있다', '나는 느낀다', '나는 있다'로 표현될 수 있는 나 자신의 느낌이다. 그 충만한 느낌은 오로지 자신에 대해, 자신을 향해 있으며, 자기 자신으로 꽉 차 있다. 모든 쾌락에는 이처럼 자기 자신을 향유하는 일이 함께 자리하며, 모든 촉발은 자기촉발을 그 바탕으로 한다.

---

8 Søren Kierkegaard, *Le concept de l'angoisse*, trans. Knud Ferlov et Jean-Jacques Gateau, Paris: Gallimard, 1994, pp.202~203 [『불안의 개념』, 임규정 옮김, 한길사, 1999].

삶은 그 자신을, 다시 말해 자신의 한 모습으로서 쾌락을 반복하고자 하고 반복하되 같은 경로를 통해 그러하고자 한다. 이미 알고 있는 경로는 반복을 통해 고착된다. 쾌락의 재생산은 일반적으로 반복과 습관을 통해 이뤄진다. 어린아이의 놀이에서 '반복'은 또한 중요하다. 프로이트는 그 중요성에 대해서 얘기한다. 어린아이는 자신이 겪은 일을 끊임없이 반복하고 재생산하는 데 조금도 물려 하지 않을뿐더러, 그가 받은 인상과 같은 것을 그 모든 반복과 재생산에서 얻는 데 집착한다고 그는 말한다. 그처럼 몇 번이고 되풀이해서 어린아이는 같은 놀이를 다시 하자고 어른을 조르거나, 그가 들은 얘기를 다시 들려 달라고 떼를 쓴다. 지루해진 어른이 다른 얘기를 읽어 주려고 하거나 얘기를 조금이라도 바꾸려 들면, 곧 정색하며 같은 얘기를 읽어 달라고, 그리고 글자 하나 바꾸지 말아 달라고 요구한다. 같은 사건에서 같은 인상과 같은 즐거움을 되찾는 어린아이의 이러한 능력을 그러나 우리는 자라면서 조금씩 잃어 간다고 프로이트는 말한다. 같은 농담이라도 두 번 들으면 곧 싫증 나게 되고, 같은 영화를 두 번 보는 데서 처음의 즐거움이나 감동을 다시 찾기 어렵다. 어른한테, "새로움은 즐거움의 조건"[9]이라고 그는 말한다. 이러한 다름이 나타나는 이유에 대해서 프로이트는 정확히 설명하지 않았지만, 우리는 어린아이의 삶이 지닌 '단순성'에서 그 설명의 실마리를 찾아볼 수도 있을 것이다. 단순성에서 삶은 긍정의 힘을 얻고 쉬움을 얻겠기에. 그리고 쉬움은 긍정의 힘만

---

9 Sigmund Freud, "Au-delà du principe de plaisir", *Essais de psychanalyse*, trans. Samuel Jankélévitch, Paris: Payot, 1976, p.45 [『쾌락원칙을 넘어서』, 박찬부 옮김, 열린책들, 1997, 49쪽].

큼이나 삶의 큰 힘이겠기에.

　많은 이가 포르노에 집착하는 데는 이처럼 쾌락의 재생산이 있다. 여기서 쾌락은 단순한 즐거움 이상이다. 모든 쾌락은 나 자신을 느끼는 일이며, 거기서 자신과 자신의 커짐 ──내재적 삶의 증대──을 즐기는 일이다. 그러나 같은 포르노를 두 번, 세 번 보는 데서 쾌락의 재생산이 반드시 보장되는 것은 아니다. 쾌락의 재생산은 프로이트의 말마따나 새로움을 요구하게 된다. 다른 여자들과 다른 환상들, 새로움에 대한 요구는 포르노의 양적 팽창으로 나타난다. 거기서 새로움은 아주 다름이 아니다. 조금의 변화로 충분하다. 포르노의 다양성은 굳이 쾌락을 목적으로 하지 않더라도, 호기심을 충족시키거나 지루한 일상을 잠시나마 탈피하게 해주는 하나의 놀이로서 포르노를 자리하게 한다. 그러나 쾌락은 여전히 포르노에서 중요한 구실을 한다. 거기서 쾌락의 성격은 '성적'이다. 나는 이 말이 갖는 의미에 관해 조금 생각해 보고자 한다.

3. 성적 쾌락, 관능적 쾌락

'쾌락은 성적이지 않고 관능적이다.' 나는 이제부터 이 말을 옹호하려 한다. 성적 쾌락이란 표현이 아주 잘못되어서라기보다는, 근원적 의미에서 모든 성적 쾌락은 관능적 쾌락이며, 그 근원적 의미를 한번 생각해 보고자 함이다. 우리는 어떨 때 성적 쾌락이나 성적 쾌감이란 표현을 쓰는가? 어떤 쾌락이나 쾌감이 몸의 한 부분인 성기에서 느껴질 때, 우리는 그러한 표현을 쓴다. 여자가 자신 몸의 애무에서 느끼는 쾌락이나 쾌감은 이런 의미에서 또한 성적이다. 가슴이나 신체의 다른 부분에서 애무가 이뤄지지만, 그때 일어나는 쾌락이나 쾌감은 성적이다. 성적으로 뚜렷이 인식된 쾌락이나 쾌감은 그것이 마치 우리 몸의 국지화된 한 부분인 성기에서 오는 듯 착각을 주지만, 성기 어디에도 쾌락은 없다. 성기는 그 자체로 쾌락하지 않는다. 우리의 일상 언어는 '나는 쾌락한다'고 말하지 '성기가 쾌락한다'고 말하지 않는다. 성기에 집착하다 못해, 확대경으로 성기를 보여 주고, 여자의 감춰진 곳까지 카메라를 들이대는 일본 포르노는 마치 '여자의 쾌락은 어디에서 오는가'에 대한 탐문처럼 보인다. 그러나 거기에는 점액질로 끈적거리고 보기에 역겨운 살덩어리만이 있을 뿐이다. 여자의 성기에서 흐르는 끈끈한 액체를 쾌락의 증거물처럼 보여 주며, "보라! 여자의 쾌락을. 놀랍지 않은가!" 하고 소리치는 것 같지만, 거기 어느 곳에도 여자의 쾌락은 없다. 이는 남자의 쾌락이 오르가즘에서 내뿜는 정액에 있지 않은 것과 마찬가지이다. 일본 포르노는 여자의 쾌락을 대상화하고 물체화하려 하지만, 쾌락은 대상화할 수도 물체화할 수도 없다. 대상화하고 물체화된 것 앞에서 오히려 욕망은 주춤한다. 욕망이 욕망하는 것은 눈앞에 내던져진 고깃덩어리가 아니다. 그 앞에서 욕망은 곧 혐오로 바뀐다.

쾌락은 그 본질에서 성적이지 않다. 이 말은 눈은 그 자체로 아무 것도 볼 수 없다는 말과 동등하다. 눈이든, 귀든, 손이든, 성기든, 우리 몸의 기관은 그 자체로 아무 힘도 지니지 않으며, 그 자체로 아무것도 할 수 없다. 이는 마치 진화심리학자가 뇌에서 우리 심리에 얽힌 그 모든 비밀이 쏟아져 나오는 듯 얘기하지만, 그래서 뇌를 연구하면 그 모든 심리적 비밀이 해명되는 것처럼 얘기하지만, 사실 뇌는 그 자체로 아무 비밀도 숨기지 않는 것과 같다. 우리 몸의 기관은 그 자체로 아무 것도 할 수 없으며, 그것이 해내는 모든 것, 그것이 느끼는 모든 것은 그 안에 내재하는 삶 덕분에 가능하다. 내재적 삶은 모든 기관의 가능성이자, 그 현실이다. 그 삶이 곧 기관의 삶이며, 기관의 삶은 이 근원적 삶에 바탕을 둔다. 기관의 느낄 줄 아는 능력, 느끼는 힘을 '관능'이라 할 때, 그 힘은 본디 삶의 힘이다. 시각에 고유한 관능은 봄(vision) 안에 내재하는 느끼는 힘을 말한다. 그 힘은 본디 삶의 힘이며, 삶 자체다. 그 힘은 근원적이며, 그 힘으로 봄은 그 자체를 느끼고, 그처럼 느끼는 가운데 슬픔으로도, 쾌락으로도 된다. 그 쾌락은 기관의 관능 곧 삶에 딸리며, 외재화된 눈——바깥에서 관찰할 수 있는 것으로서 눈——에 속하지 않는다. 마찬가지로, 우리가 성적 쾌락이라 말하는 것은 외재화된 성기와 관계없다. 그것은 우리 몸의 외재적 특징이자 우연적 결정으로서 성(sexualité)이 아닌, 근원적이며 내재적인 힘으로서 관능(sensualité)과 관계한다. 쾌락은 성적(sexuel)이지 않고, 관능적(sensuel)이다. 다시 말해 국지화되고 그처럼 인식된 몸으로서 성기가 아닌 관능의 몸에서 쾌락은 기인한다. 관능의 몸은 우리가 보고 만지고 느낀 것으로서 외재적 몸이 아닌, 그러한 일에 앞서 근원적으로 있는 것으로서 내재적 몸——외재적·대상적 몸과 구별하기 위해 '살'(chair)이라 부르게 될 것——이다. 우리는 내재적 몸을 보고 만지고 느끼는 일을 통해서가 아니라, 우리 안에서 우리 자신을 느끼는 일을 통해서 안다. 우리 자신은 내재적 몸과 하나를 이루며, 그 몸은 근원적 삶이다. 쾌락은 그러한 것으로서 관능의 몸에 본디 딸리며, 관능의 몸만이 쾌락할 수 있다. 쾌락은 성적이기에 앞서 관능적이며, 그 본질에서 성적이지 않고 관능적이다. 관능적 쾌락을 성적으로 인식하는 일, 곧 국지화된 성기에서 느끼는 일은 현상학적으로 뒤의 일이다. 성적 쾌락을 관능적 쾌락으로 되돌리는 일은 본질적인 것으로 되돌리는 일이며, '쾌락이 성적이지 않고 관능적이다' 하는 것은 그 본질적인 것을 생각하고자 함이다.

4. 관능의 몸에서 욕망으로

여자는 낭만적 존재일 뿐 아니라 또한 성적 존재이기도 하다는 말을 나는 자주 접하곤 한다. 다시 말해, 여자는 낭만을 좋아할 뿐 아니라 성을 또한 좋아한다는 얘기다. 그러나 이 말은 여자는 근본에서 낭만적 존재이지만 또한 성적 존재이기도 하다는 말이지, 동등한 지위에서 그 둘을 인정하는 것은 아니다. 여자는 근본에서 성적 존재가 아니거나 남자보다는 덜 성적 존재라는 뜻에서, 그러한 성격을 또한 지님을 상기시켜 주는 데 그칠 뿐이다. 그러한 상기는 여자는 포르노를 덜 좋아하지만, 포르노를 즐길 수도 있다는 사실을 해명하는 데 쓰인다. 그러나 낭만을 즐기는 여자가 성적이지 않다고 말할 수 있는가? 포르노를 즐기는 남자보다 더 성적이라고 말할 수 없다고 장담할 수 있는가? 포르노보다 더한 것이 로맨스에 있다고 말할 수 없다고 확신할 수 있는가? 여자는 어쩌면 남자보다 '더' 성적이기에 포르노가 아닌 로맨스를 즐기는지도 모르지 않는가. 남자의 포르노, 여자의 로맨스라는 상식적 구분에 반해, 그러나 점점 더 많은 여자가 포르노에 다가선다. 남자의 포르노를 자신의 방식으로 즐기거나, 슬래시(slash)나 야오이 같은 자신만의 포르노를 만들어 내기도 한다. 여기서 슬래시는 미국과 유럽에서 유행한 장르로, 남자와 남자의 사랑을 다룬 여성용 성애물로 기존 드라마나 소설 속 남자 캐릭터들이 커플로 등장한다는 특색을 지닌다고 한다. '커크/스포크'(Kirk/Spock) 또는 'K/S'와 같은 방식으로 이름 사이에 사선을 그어 두 남자의 관계를 표현한 데서 그 명칭이 나왔다고 전한다.[10] 이와 비슷한 장르로, 야오이는 일본에서 유행하여 우리나라에도 적잖은 여성 애호가를 지닌다고 알려져 있다. 슬래시와 마찬가지로 남자들의 동성애를 그리는데, 야마나시(주제 없음)·오치나시(소재 없음)·이미나시(의미 없음) 세 단어의 머리글자를 딴 데서 그 명칭이 나왔다고 한다.

여자는 남자보다 '더' 성적이라고 나는 생각한다. 아니, 이 말은 다음처럼 고쳐 써야 할 것이다. 여자는 남자보다 '더' 관능적이라고. 이에 대해, 재밌는 얘기가 하나 있다. 오비디우스의 『변신 이야기』에 나오는 얘기이다. 고대 그리스 예언가 티레시아스는 7년간 여자의 몸으로 살았다가 8년째 되던 해 다시 남자의 몸으로 되돌아왔다. 두 성의 쾌락을 모두 경험한 그에게 제우스는 헤라와의 다툼을 종결시켜 달라며, 남자와 여자의 쾌락 가운데 누구의 쾌락이 더 큰지를 물었다. 티레시아스는 제우스의 손을 들어 주며 주저 없이 여자의 쾌락이 더 크다고 답했다. 이에 헤라의 분노와 티레시아스에 내려진 벌책의 이유야 어떠하든, 티레시아스의 손을 들어 주며, 나는 말하고자 한다. 여자가 남자

10 도널드 시먼스·캐서린 새먼, 『낭만 전사』, 임동근 옮김, 이음, 2005, 107쪽.

보다 더 관능적이라고. 그렇기에 티레시아스의 진실처럼 여자의 쾌락이 더 큰 것이라고. 이에 대한 해명을 나는 이제부터 시작하려 한다. 그러나 먼저 관능의 몸에서 어떻게 욕망이 나는지, 욕망의 대상과 성격을 규정하고 나서 그에 대한 해명을 나는 시작할 것이다.

쾌락이 성적이지 않고 관능적인 것과 마찬가지로, 우리 몸은 성적이지 않고 관능적이다. 쾌락하는 몸은 관능의 몸이다. 그렇기에 그 몸은 느끼고, 그 느낌은 쾌락으로도 다른 무엇으로도 될 수 있다. 관능의 몸(corps sensuel)을 전제함 없이 어떠한 사랑도, 어떠한 관계도 형성될 수 없다. 반대로 말해 모든 사랑, 모든 관계의 밑바탕에는 관능의 몸이 자리한다. 여기서 관계란 타자와 관계를 말한다. 관능의 몸으로서 타자를 인식할 때 타자는 비로소 내게 타자로서 존재하게 되며, 타자와의 관계 또한 가능하게 된다. 내가 나와 다른 이를 나와 다른 이로 알 수 있는 것은 그가 나와 달라서가 아니라, 그가 나와 '같은' 까닭에서다. 나와 다르다면, 그는 나와 다른 '나'일 수 없을 것이다. 그가 나와 다른 '나'인 건, 그가 나와 '같은' 까닭에서다. 나처럼 그도 관능의 몸을 지녔으며, 나처럼 그도 움직이고 느낄 수 있는 주체라는 사실을 깨닫는 데서다. 나와 똑같이 보고 만지고 느끼는 힘이 그 안에 또한 자리함을 알아차리는 데서다. 내 안에서 나를 나로 있게 하는 그 삶이 그 안에서 또한 그를 그로 있게 하는 그것임을 알아보는 데서다. 나와 본질에서 다르지 않은 삶이지만, 그 안에 있는 삶은 그의 삶이지 나의 삶이 아니다. 그가 보고 만지고 느끼는 그 모든 인상과 느낌은 그의 것이지 나의 것이 아니다. 나도 그처럼 보고 만지고 느낄 수 있다는 사실이 그와 나의 삶을 혼동하게 하지는 않는다. 우리는 서로 삶으로 묶이고 삶을 그 공통된 내용으로 하는 하나의 커다란 공동체를 이룰 뿐이다. 그 안에서 그가 사는 삶은 내가 가로지를 수 없는 강처럼 저편에서만 만나고 욕망하게 될, 내 삶과는 '다른' 삶이다. 그렇기에 나와는 '다른' 이이다, 나와는 '다른' 나이다.

그처럼 다르지만 같은 두 삶이 마주 섰을 때, 홀린 듯 서로가 서로에게 이끌림을 당한다. '저 너머', 보이지 않는 곳, 심연 어딘가에 다른 내가 산다. 포물선을 그리며 떨어지는 손길 어딘가, 무심한 눈길 어딘가, 희미하게 웃는 입가 어딘가, 신비한 움직임과 자태 속, 손을 내밀면 곧 만져질 듯 다르지 않으면서 다른 그이가 있다. '~에게 닿을 수 있지 않을까?' 가능성 속에서, 나는 이미 욕망 이외에 다른 아무것도 아니다. 가능성 속에서, 불안해하는 욕망 이외에 다른 아무것도 아니다. '~에게 다가가고 싶다.' '그리고 ~를 만지고 싶다.' '~를 안고 싶다.' '~를 품에 꼭 잡아 쥐고 싶다.' 그러나 욕망의 대상은 늘 멀다. 가까이 있어도 늘 멀고, 손에 잡아도 잡히지 않으며 잡을 수 없다. 넘을 수 없는 담 저편에, 내가 닿을 수 없는 곳에 그이는 산다. 그이와 나 사이 건널 수 없는 강이 흐른다. 내가 욕망하는 사이, 아니면 나보다 더 먼저, 나의 욕망을 눈치라도 챈 듯, 아니면 또 다른 불길이 나 모르게 그의 욕망을 지피기라도 한듯, 그이의 시선이 부서진다. 같은 마법에 걸리기라도 한듯, 그처럼 두 욕망이 마주하고 섰다. 여기서 욕망은 상호관계성을 띤다. 두근거리는 심장이 그의 것인지 나의 것인지 더는 알 수 없다. 하나인지 둘인지 알 수 없다. 둘이지만 둘이지 않고, 하나이지만 하나가 될 수 없다. 하나의 욕망이 다른 욕망을 욕망하고 섰다. '할 수 있지 않을까'에서 '하고 싶음'으로, 욕망은 그것이며, 그 모든 것을 곧 다가섬과 만짐과 껴안음 따위를 하고자 함이며, 욕망은 불안을 잇고 불안을 동반한다. 앙리는 욕망과 불안의 이러한 밀접한 관계에 관해 얘기한다. "욕망은 불안 속에서만 가능하다. 욕망의 세계는 불안의 세계이다."[11] 욕망이 다른 이를, 다른 삶을 욕망할 때, 욕망이 좋아하는 것은 그러나 그이가 아니다. 욕망이 좋아하는 것은 자기 자신이다. 욕망은 욕망하는 자신을 좋아한다. 가능성 속에서, 욕망은 자신의 불안을 좋아하고, 자신의 두근거림을 좋아한다. 욕망은 말한다. "그이를 좋아해요." "그이의 '무엇'에 홀린지 말할 수 없지만, 그이를 좋아하는 것만큼, 아니 진정 말할 수 없지만, 그보다 더 그이를 좋아하는 그 마음을 좋아해요." 욕망은 이처럼 욕망하는 자신을 좋아하고, 욕망은 이처럼 촉발과 같은 의미에서 자신의 파토스(pathos)를 즐긴다. 자신의 커지는 파토스와 함께 그 기쁨도 커진다. 파토스로 꽉 찬 욕망은 그 자체로 결핍도 충족도 아니며, 끊임없이 달라지는 파토스만이 욕망을 욕망으로도 욕망 아닌 다른 무엇으로도 만든다. 파토스의 끊임없는 변천이 바로 우리 삶이며, 욕망이나 충동 같은 삶의 여러 모습이다. 욕망은 자신의 파토스를 즐김과 함께, 그러한 파토스의 원천으로서 타자를 또한 좋아한다. 타자는 여기서 이차적 의미에서 파토스의 원천이다. 일차적 의미에서 파토스의 원천은 파토스 자체이다.

여기서 잠시 용어에 대한 설명을 하고 넘어가도록 하자. 파토스는 '받다'라는 뜻을 지닌 그리스어 'paschein'에서 나온 말로, 촉발과 같

11 Michel Henry, *Incarnation: Une philosophie de la chair*, Paris: Seuil, 2000, p.290 [『육화, 살의 철학』, 박영옥 옮김, 자음과모음, 2012, 380쪽].

은 뜻으로 쓰인다. 촉발은 일어남을 말하고, 일어나는 일에는 받는 일이 생긴다. 근원적 의미에서 촉발이 자기촉발이듯, 파토스는 가장 먼저 자기 자신을 자신 안에 받는 일이다. 자기 자신을 자신 안에 받는 일은 자기 자신을 느끼는 일 없이 일어나지 않는다. 자기 자신을 느낌에 그 느낌은 구체적으로 기쁨이나 고통이나 욕망이나 불안 같은 것이다. 자기 자신을 받는 일은 곧 자기 자신을 이루는 그러한 느낌을 받는 일이다. 모든 파토스는 근원적·내재적 파토스에 바탕을 둔다. 다른 것을 느끼는 일은 자기 자신을 느끼기에 가능하며, 이를 늘 동반한다. 파토스나 촉발은 앞서도 얘기했듯 삶의 본질로서 이해된다.

그럼 이제 우리 논의로 되돌아와 보자. "중요한 것은 충동 자체이지, 대상이 아니다." 나는 이 말을 프로이트와 함께 다시 새기고자 한다. 중요한 것은 충동 자체이다. 또는 충동에 내재하는 파토스이다. 욕망이나 충동의 본질로서 파토스, 촉발, 내재적 삶이다. 나는 여기서 욕망이나 충동을 따로 구분하지 않겠다. 충동은 욕망의 내적 구조를 이루지만, 모든 충동이 욕망인 것은 아니다. 충동의 원인으로서 대상은 앞서도 얘기했듯 이차적 의미에서 중요하다. 대상은 충동의 진정한 원인이 되지 못한다. 충동 안에 있고 그가 껴안는 파토스의 진정한 원인이 되지 못한다. 진정한 원인이 되지 못할뿐더러, 충동이나 욕망 속에서 우리가 진정으로 좋아하는 것이 되지 못한다. 우리는 우리 자신의 파토스를 좋아하기에, 그러한 이유에서만 충동이나 욕망의 한 계기로서 타자를 좋아한다. 이 점에서 프로이트의 말은 다시 새겨들을 만하다. "고대 세계의 애정 생활과 우리 것 사이 가장 두드러진 다름은 다음 사실에 있다. 옛날 사람들은 충동 자체에 중요성을 두는 반면에, 우리는 그것을 대상에 둔다. 옛날 사람들은 충동을 숭배했으며, 그의 이름으로 심지어 낮은 가치의 대상을 숭배할 준비가 되어 있었다. 반면에, 우리는 그 자체로서 충동 행위를 낮게 평가하고 대상에서 우리가 만나는 성질들을 이유로만 그것을 용납한다."[12] 프로이트의 이러한 시대적 통찰은 지금 우리 시대에도 여전히 유효할 것이다.

포르노에서 욕망은 어떠한가? 포르노에서 욕망은 먼저 상호관계성을 배제한다. 타자를 필요로 하지 않고, "각자가 각자의 결핍–만족의 회로를 닫아 버리는 상태의 도래"[13]를 『동물화하는 포스트모던』의 저자 아즈마 히로키는 알렉상드르 코제브의 표현을 빌려 '동물화'라 하였다. "매뉴얼화하고 미디어화하여 유통 관리가 잘 보급된 현재의 소비사회에서 소비자의 요구는 가능한 한 타자의 개입 없이 순식간에 기계적으로 충족"[14]된다고 그는 지적한다. 포르노에서 욕망은 고독하다. 기쁨을 함께할 누구 없이, 그 기쁨을 이어 줄 누구 없이, 홀로 이뤄지고 덧없이 끝난다. 그러나 포르노에서 욕망은 근본에서 다르지 않은 것 같다. 파토스적 욕망의 대상은 관능의 몸이다. 포르노의 이미지는 여자의 몸에 집중된다. 포르노가 보여 주고자 하는 여자의 몸은 무엇보다 먼저 관능의 몸이다. 다시 말해 느끼는 몸이며, 특히 쾌락하는 몸이다. 쾌락하는 몸으로서 주로 여자의 얼굴, 가슴, 성기를 포르노는 집중적으로 보여 줌과 함께, 여자의 끊이지 않는 신음을 들려준다. 여자

12 Sigmund Freud, *Trois essais sur la théorie sexuelle*, trans. Philippe Koeppel, Paris: Gallimard, 1998, pp.56~57 [『성욕에 관한 세 편의 에세이』, 김정일 옮김, 열린책들, 1998, 254~255쪽].
13 아즈마 히로키, 『동물화하는 포스트모던』, 이은미 옮김, 문학동네, 2007, 150쪽.
14 앞의 책, 150쪽.

의 성기나 남자의 성기는 프로이트가 얘기했듯 그 자체로 아름답지 않다. 아름답지 않을뿐더러, 징그럽고 혐오스럽기까지 하다. 그러한 성기를 기분 좋은 무엇으로 만들어 주는 것은 그것이 성적 흥분, 다시 말해 촉발을 일으킨다는 사실이다. 성적 흥분, 다시 말해 촉발은 앞에서도 얘기했듯 그 자체로 쾌락이다. 어린아이를 예를 들면, 어린아이는 자신의 성기 앞에서 낯설어한다. 그 낯섦 속에 불안이 자리한다. 자신의 불안 속에서 그러나 그와 함께 오르는 묘한 쾌락에 사로잡힌다. 낯설고 동일시할 수 없는 그것에 놀라 눈을 떼고 달아나려 해도, 불안은 또는 쾌락은 그의 동작을 마비시킨다. 불안과 마찬가지로 쾌락은 여기서, 촉발에서 비롯되었으며, 우리 몸의 우연적 특징 가운데 그 어느 것보다 더 이해할 수 없고 더 부조리한 성적 특징에서 비롯되었다. 앙리는 키르케고르에 이어 '성적 특징'과 '성적 다름'이 우리 몸의 다른 어떤 우연적 결정보다 더 이해할 수 없고 더 부조리하다는 사실을 받아들인다. "성적인 것은 '게누스'(genus)[15]로 결정된 영원한 정신이라는 어마어마한 모순을 표현한다. 그 위에 천을 던져 가리고자 하고 감히 이해하려 하지 못하는 내적 수치심으로 그 모순은 나타난다"[16]라고 키르케고르는 말한다. 놀라움과 불안 속에서, 촉발은 그것의 정점에 도달하고, 촉발의 증대는 놀라움이라든가 불안 따위 감정의 증대로 나타나며, 또한 그 안에서, 그와 더불어, 쾌락의 증대로 나타난다. 자신의 성기를 보는 데서 그리고 다른 이의 성기를 보는 데서 쾌락을 느끼는

---

15 '종'(種)을 뜻하는 라틴어로, 여기서는 성의 종류(남성 또는 여성)를 나타낸다.
16 Kierkegaard, *Le concept de l'angoisse*, p.233 [『불안의 개념』, 217쪽].

어린아이의 보기는 어린아이가 성적 존재임을 말해 주기보다는 그가 관능적 존재임을, 그가 관능의 몸을 지녔음을 얘기해 준다. 그가 마주하고 선 성기는 단순한 사물로서 성기가 아닌, 관능의 몸으로서 성기이며, 관능의 몸으로서 그가 '저것'이라는 데 모순이 자리한다. 그 모순은 불안을 잉태하고, 거기 또한 욕망은 자리한다. 욕망은 행위를 낳고 (예를 들어, 보는 행위에서 만지는 행위로의 전환), 관능은 불안과 욕망과 행위의 과정을 반복하게 된다.

포르노는 그러한 관능의 몸을 보여 준다. 그 몸은 성적 특징들과 함께 모순의 극대화이다. 그런데 포르노가 보여 주는 관능의 몸은 주로 여자의 몸이다. 여자의 몸 앞에서 몸이 다는 것은 그러나 남자뿐이 아니다. 나는 그 쾌락을 욕망과 몸의 이중성에서 오는 모순의 관점에서 접근하였다. 그러나 여기서 남자의 쾌락과 여자의 쾌락을 달리 생각해 볼 수 있을 것이다. 쾌락하는 여자의 몸 앞에서 여자는 쾌락하는 여자와 아니 좀더 정확히 말해 그 여자의 쾌락과 동일시를 할 수 있다. 쾌락하는 여자처럼, 그와 같은 방식으로, 여자도 쾌락할 수 있으며 그러한 가능성은 동일시를 통해 실제 쾌락을 느끼는 일로 바뀔 수 있다. 여기서 동일시는 '함께-느끼기'(pâtir-avec)를 통해 이뤄진다. 함께-느끼기, 함께-느낌은 여기서 동일시의 작용 원리이다. 앙리는 '함께-느낌'(pathos-avec)을 공동체를 이루는 가장 기본적인 요소로 이해한다. "고통스러워하는 모든 것과 함께 우리는 고통스러워할 수 있다. 함께-느낌은 생각할 수 있는 모든 공동체의 가장 넓은 꼴이다"라고 그는 말한다.[17] 함께-느낌 곧 공감이나 상호감응을 통해 여자는 다른 여자의 쾌락을 공유할 수 있게 된다. 다른 이처럼, 다른 이와 같은 방식으로, 내가 느낄 수 있고 느끼는 일은 그의 삶과 나의 삶이 본질에서 같기에 가능하다. 파토스적 삶은 동일시의 가능 조건이며, 그 실질적 내용이다. 동일시를 통한 쾌락하기, 그 밖에 욕망과 몸의 이중성에서 오는 모순의 관점에서 쾌락을 설명했다면, 여기서 나는 여자의 몸은 남자의 몸보다 더 관능적이라고 얘기해야 할 것이다. 나는 두 가지 뜻에서 이 말을 이해할 것이다. 여자가 남자보다 더 크게 느낀다는 뜻에서, 그리고 여자의 몸이 남자의 몸보다 더 큰 느낌을 불러일으킨다는 뜻에서.

5. 여자의 몸은 남자의 몸보다 더 관능적이다

여자의 몸은 남자한테 욕망의 대상이다. 욕망의 대상이 되는 여자의 몸은 관능의 몸이다. 관능의 몸은 또한 성적인 몸이기도 하다. 그 몸은 여자의 몸 또는 남자의 몸이며, 그와 함께 성적 특징을 드러낸다. 우리 몸은 이처럼 이중으로 결정되어 있다. 그 몸은 느끼는 주체이면서, 그와 함께 또한 성적 특징을 지닌 몸이다. 그러한 이중성은 모순 자체이다. 동일시할 수 없는 두 몸——내재적 몸과 초월의 몸, 주체적 몸과 대상적 몸——이 결국 하나라는 사실이 모순이다. 내가 내 안에서 나로 느끼는 몸과 내가 내 밖에서 보는 낯선 몸이 결국 하나라는 사실이 모순이다. 남자한테 여자의 몸은 또한 그러한 모순을 드러낸다. 그 몸은 관능의 몸이면서 또한 성적 특징을 지닌 몸이다. 그 몸이 더 성적인 특

---

17 Michel Henry, *Phénoménologie matérielle*, Paris: PUF, 1990, p.179 [『물질 현상학』, 박영옥 옮김, 자음과모음, 2012, 252쪽].

징을 드러내면 드러낼수록 그 앞에서 느끼는 모순도 더 커간다. 그리고 모순 속에서 쾌락 또한 소리 없이 오른다. 여기서 쾌락은 역설의 성격을 띤다. 그러한 역설로서 우리는 앞서 불안과 쾌락의 공존을 보았다. 그 밖에 다른 불쾌의 감정들, 보기를 들면 혐오감이나 수치심 또한 거기 뒤섞일 수 있다. 쾌락의 극대화를 노리는 포르노는 여자의 과장된 몸을 보여 준다. 여자의 가슴은 기형적으로 부풀려졌고, 여자의 성기는 기형적으로 확대되었다. 이에 맞춰, 여자의 얼굴은 쾌락으로(쾌락인지 고통인지 때로 분간하기 힘들지만) 뒤틀리고 끊임없이 신음을 뱉어 낸다. 과장된 것은 여자의 몸만이 아니다. 남자의 성기는 늘 초대형이다. 힘줄을 드러내고 발갛게 단, 보기에 혐오스런 그 괴상한 성기는 또 끈끈한 액체를 여자의 온몸에 특히 얼굴에 뿌려 댄다.

포르노가 보여 주고자 하는 것은 결국 관능의 몸뿐 아니라, 또한 성적인 몸이다. 그 몸은 주체의 몸이면서, 그와 함께 대상의 몸이다. 포르노가 보여 주고자 하는 것이 이러한 몸의 이중성이라면, 키르케고르와 함께 여자의 몸은 남자의 몸보다 더 관능적[18]이라고 말해야 하겠다. 그러한 까닭에서 키르케고르는 여자의 불안이 남자보다 더 크다고 하였다. 여자의 몸이 남자의 몸보다 더 관능적인 데는 여자의 몸이 남자의 몸보다 더 성적 특징들로 결정되어 있다는 사실이 자리한다. 성적 특징이 더 두드러지기에, 여자가 느끼는 모순과 모순 속 수치심 또한 더 크다. 수치심뿐 아니라, 여자의 불안과 불안 속 쾌락도 더 크다. 여자의 몸은 모순의 극대화를 나타낸다. 그 앞에서 여자가 느끼는 일이

18 Kierkegaard, *Le concept de l'angoisse*, p.228 [『불안의 개념』, 205쪽].

더 크기에, 그러한 뜻에서 여자의 몸은 남자의 몸보다 더 관능적이다. 그러나 다른 뜻에서 또한 여자의 몸은 남자의 몸보다 더 관능적이다. 내재적 몸과 초월적 몸, 안에서 느끼고 움직이는 몸과 밖에서 보고 만지고 느낀 몸, 양립할 수 없는 두 몸의 모순으로서, 그리고 그러한 모순의 극대화로서, 여자의 몸은 보는 이한테 더 큰 느낌을 불러일으킨다. 여자는 또한 여자의 몸에서 더 큰 아름다움을 느낀다. 남자만이 아니다. 여자 또한 여자의 몸을 더 즐기고 좋아한다. 남자의 몸은 여자의 몸보다 덜 관능미를 지닌다. 보고 만지고 느끼는 데서 오는 즐거움을 '관능미'라 할 때, 아름다움은 그러한 즐거움과 관계한다. 아름다움은 정신적인 것도 육체적인 것도 아니다. 아름다움은 말하자면 그 둘의 합일이다. 우리 몸은 가장 먼저 영혼이나 정신과 다른 것인 아닌 것으로서 몸이다. 그 몸을 앙리는 내재적 몸 또는 근원적 몸이라 하였다. 삶은 그러한 몸으로 되어 있으며, 이를 '육화'(incarnation)라 한다. 내재적 방식으로 주어지는 그 몸과 달리 초월적 방식으로 주어지는 몸이 있다. 바로 대상으로서 몸이다. 그 둘은 따로 있지 않다. 독립적이고 나뉘어 있다는 뜻에서 '다른' 몸이 아니다. 주어지는 방식에서 완전히 다른 몸이지만, 그 둘은 '하나의 몸'을 이룰 뿐이다. 둘 다 '내' 몸이며, 나 자신이다. 아름다움은 내재적 몸과 초월적 몸, 주체의 몸과 대상의 몸, 두 몸의 합일이다. 합일로서 몸은 더는 외재적이고 성적인 몸이 아닌, 내재적이고 관능적 몸이다. 그 몸이 지나치게 대상화되고 물체화될 때, 대상화의 극대화와 물체와의 극대화 속에서, 아름다움은 혐오로 바뀐다. 대상화되고 물체화된 몸 앞에서 우리 자신은 또한 대상으로, 물체로, 단순한 '저것'으로 된다. 그것은 더는 내 몸이라 할 수 없는, 동일시할 수 없는 낯선 몸에 지나지 않는다.

'관능'은 이미 여러 차례 말한바, 느끼는 일을 말한다. 나는 두 가지 뜻에서 여자의 몸이 남자의 몸보다 더 관능적이라고 이해하였다. 여자의 몸이 남자의 몸보다 더 크게 느낀다는 뜻에서, 그리고 여자의 몸이 남자의 몸보다 더 큰 느낌을 불러일으킨다는, 곧 관능을 자극한다는 뜻에서. 첫번째 뜻에서, 포르노는 여자의 관능을 충족시켜 주지 못한다고 생각해 볼 수 있다. 우리가 전희라 말하는 것은 사정과 동일시되는 최종적 쾌락을 위해 사전에 행하는 일이 아니다. 여자한테 전희는 더 큰 쾌락일 수 있다. 남자한테 또한 전희는 중요하다. 최종적 쾌락과 구별되는 전희에는 애무나 입맞춤 밖에도 자위나 삽입을 통한 성교에서 남자가 직접 자신의 성기를 마찰하거나 여자의 질 안에서 자신의 성기를 움직임으로써 얻는 즐거움이 포함된다. 구강성교도 그러한 전희에 들어간다. 포르노는 주로 성기에 집중된 쾌락을 보여 주지만, 몸의 모든 부분과 모든 내적 기관에 성감대의 성격을 줄 수 있다고 프로이트가 말한 것처럼,[19] 원칙에서 우리의 몸은 어디나——눈, 코, 입, 귀, 젖꼭지, 항문 따위——성감대가 될 수 있다. 곧 성적 쾌감의 원천이 될 수 있다. 그럼에도 포르노는 천편일률적으로 성기에 집중된 쾌락만을 보여 준다. 쾌락의 이러한 축소화·집중화의 이유야 어떠하든, 그 쾌락은 당연히 남자의 것이다. 남자는 거기서 (성기로 축소된) 포르노 속 남자와 동일시를 통해 그 쾌락을 즐길 수 있다. 여자의 쾌락은 거기서 남자의 쾌락을 위해 존재할 뿐이다. 포르노는 여자의 쾌락이 아닌 남자

19 Freud, *Trois essais sur la théorie sexuelle*, p.108 [『성욕에 관한 세 편의 에세이』, 299쪽].

의 쾌락을 위해 존재한다. 다시 말해, 여자의 전희가 아닌 남자의 전희를 위해 존재한다. 많은 여자가 포르노를 즐기지 않는다면, 이러한 사실에서 그 까닭을 찾아볼 수 있을 것이다. 그들은 포르노가 징그럽고 혐오스럽기도 하지만, 무엇보다도 포르노가 지루하다고 말한다.

6. 포르노의 환상은 남자의 전희를 위해 존재한다

포르노에서 환상은 매우 중요한 구실을 한다. 환상은 우리 몸의 관능을 어느 극점까지 끌어올려 더는 참을 수 없는 지점에서 마침내 자신의 부푼 살을 터뜨리도록 한다. 관능은 환상 속에서 최대가 되고, 환상은 '관능의 극대화'를 목적으로 한다. 관능의 극대화는 쾌락의 절정을 이룬다. 환상과 관능, 쾌락의 이러한 관계에 대해, 사드는 "상상은 쾌락의 자침(刺針)"이라고 말한 바 있다.[20] 곤충의 침처럼 쾌락을 몰아가고 쾌락을 자극하는 그것은 쾌락의 동기이며, 쾌락의 원인이며, 쾌락의 원천이 된다. 그로부터 가장 짜릿한 쾌락이 온다고 사드는 말한다. 환상은 파토스의 화신으로 얘기되는 디오니소스가 꾸는 꿈이다. 그 꿈은 또한 이미지나 표상을 대표하는 아폴론의 꿈이기도 하다. 꿈의 이미지는 허상이지만 그 안에서 춤추는 파토스는 늘 실제의 성격을 지닌다. 파토스적 삶은 말하자면 환상의 생성·변이·소멸을 관장한다.

여자가 느끼는 일과 남자가 느끼는 일 이 둘의 관능이 다르다면, 그에 봉사하는 환상 또한 다를 수밖에 없지 않을까? 여자의 환상에 대

---

20 Sade, *La philosophie dans le boudoir*, p.101 [『규방철학』, 101쪽].

해 우리는 실제로 무엇을 얼마나 알고 있는가? 여자의 관능에 호소하는 섹시남이나 꽃미남은 포르노에서 찾아보기 어렵다. 여자의 포르노라 말해지며 여자를 사로잡는 슬래시나 야오이에는 반대로 그러한 섹시남이나 꽃미남으로 넘쳐 난다. 시각적으로 여자의 관능을 최대한 즐겁게 해주는 남자가 여자의 다른 관능을 극대화해 주는 무엇을 여자가 좋아하는 방식으로 해주었을 때 이를 즐기지 않을 여자가 어디 있을까? 여기서 '무엇'은 물론 여자의 전희를 위한 무엇을 말한다. 전희는 또한 환상의 차원에서 이뤄질 수 있다. 환상은 전희를 위해 존재한다. 환상은 실제와 다른 차원이다. 거기서 허용하는 많은 것을 실제 삶에서 허용하지 않을 수 있다. 익명의 또는 다수 남자와 성관계를 갖고 싶다고 해서 그러한 바람을 상상 밖에서 실현하려는 이는 드물 것이다. 매춘이나 강간에 대한 환상은 쾌락을 자극하고 극대화할 수 있지만, 실제 삶과 관계없다. 상상 속 매춘이나 강간은 그야말로 쾌락을 위해 '상상하고 연출한 것'임을 잊지 말아야 한다. 그것은 상상 속에서만 감미로울 수 있다. 꿈꾸는 자의 꿈속에서만 감미로울 수 있다. 여기서 꿈꾸는 이는 에로스이다. 에로스는 여기서 디오니소스의 다른 이름이다.

　포르노의 환상은 전적으로 남자의 환상이며, 오로지 남자의 전희를 위해 존재한다. 앞서 말한 슬래시나 야오이는 그렇다면 흔히 말해지듯 여자의 포르노라 할 수 있을까? 나는 왜 여자를 위해 여자가 쓰는 슬래시나 야오이가 다루는 주제가 하필이면 남자와 남자의 사랑인지 의아했다. 남자와 남자의 사랑이 남자와 여자의 사랑 또는 여자와 여자의 사랑보다 더 관능적으로 여겨지기 않았기에 그러한 의아함은 더 컸다. 그러던 가운데, 나는 이에 대한 해답을 아즈마 히로키의 생각에서 어느 정도 찾았다. 완전히 동물화해 버린 미소녀 게임의 소비자와 비교해 야오이를 사랑하는 여성 오타쿠들의 창작 동기나 소비 행동은 훨씬 인간적이며 섹슈얼리티의 문제와 밀접하게 관계하는 것으로 보인다고 그는 자신의 생각을 전한다.[21] 성행위에 대한 상세한 묘사에만 집중하고, 성적 자극과 흥분을 유발하려는 목적밖에 다른 목적을 지니지 않는 남자의 포르노와 달리, 야오이에는 실제로 사람과 사람의 관계에 관한 얘기를 포함해 다른 고민이 담겨 있는 듯 보인다. 그러한 고민의 하나로서 '섹슈얼리티의 문제'를 아즈마 히로키는 얘기한다. 이를 통해 그가 듣고자 하는 바를 정확히 알 수 없지만, 그러한 섹슈얼리티의 문제로서 '성 대결'의 문제를 생각해 볼 수 있을 것이다. 『낭만 전사』의 저자들은 전사의 아내가 되기보다 동료 전사가 되어 사랑을 나누고 싶어 하는 여자의 심리에 대해 전한다. 슬래시나 야오이는 성 대결의 문제를 완전히 없애는 데 이르지 못하였지만, 상당 부분 완화해 준다고 그들은 말한다.[22] 그러나 슬래시나 야오이가 포르노를 하고 싶은 여자의 요구를 충족시켜 준다고 말하는 데에는 어려움이 있을 것 같다. 거기서 다뤄지는 문제는 관능적 쾌락의 문제라기보다 감정의 문제인 까닭이다. 성행위에 대한 적나라한 묘사가 이뤄지고 있긴 하지만, 매우 평범한 수준에 머무를뿐더러 여자의 전희나 환상을 고려했다고 보기 어렵다. 그렇기에 포르노를 즐기고 싶은 여자는 차라리 남자의 포르노에서 그가 원하는 더 많은 것을 찾을지도 모를 일이다.

21 아즈마 히로키, 『동물화하는 포스트모던』, 154쪽.
22 시먼스·새먼, 『낭만 전사』, 130쪽.

7. 나가는 말

앙리의 정의를 따르면, 문화는 "삶이 자기 자신으로부터 자신을 끊임없이 증대하고자" 하는 데서 출현한다. 곧 "자신의 느끼는 능력과 행위의 수위와 사랑의 강도를 증가하고자" 하는 데서 문화는 기원한다.[23] 그러한 삶의 욕구를 실현하는 것이 곧 문화이다. 살아 있는 두 주체가 서로 사랑하고 욕망하는 일이나 그러한 일을 다룬 것으로서 에로티시즘은 그처럼 삶의 자기증대로서 이해한 문화에 속한다. 포르노는 창조적이거나 생산적인 에로티시즘과 거리가 멀지만, 에로티시즘의 한 형태로 볼 수 있을 것이다. 거기에는 쾌락과 욕망, 그리고 관능이 서로 뗄수 없는 방식으로 맞물려 있다. 욕망의 증대, 관능의 증대는 쾌락으로 이어진다. 쾌락은 삶이 자신을 증대하는 일에서 커진 자신을 즐기는일이다.

포르노를 에로티시즘의 한 형태라 했을 때, 그것을 또한 에로티시즘의 변질된 한 형태로 볼 수 있을 것이다. 관능은 모든 감각에 내재하는 근원적 힘이다. 그러한 힘을 본디 지닌 몸으로서 우리가 우리 몸을 인식할 때, 그 몸은 감각적 몸(corps sensible) ——성적 특징을 지닌 몸(corps sexuel)은 감각적 몸에 속한다—— 이 아닌 관능적 몸(corps sensuel)이 된다. 에로티시즘에서 욕망의 대상은 감각적이고 대상적인 몸이 아닌 관능적이고 주체적인 몸이다. 포르노는 그처럼 관능적이고 주체적인 몸을 감각적이고 대상적인 몸으로 환원하려 한다. 거

---

23 Henry, *Incarnation Une philosophie de la chair*, p.312 [『육화, 살의 철학』, 408쪽].

기서 쾌락은 단지 주체의 삶 속에서 일어나지 않고, 여느 대상처럼 우리가 볼 수 있는 것처럼 우리 눈앞에 주어진다. 우리 눈앞에 그처럼 주어지는 것은 생식기이며 애액이나 정액이다. 마치 우리 안에 있는 삶의 한 모습으로서 쾌락을 그것으로 환원할 수 있다는 듯, 포르노는 우리 몸——관능적이고 주체적인 몸——을 전시하는 데 열을 올린다. 쾌락은 그 자체로 볼 수 없으며, 누구도 이제껏 관능적이고 주체적인 몸을, 주체와 그의 삶을 본 적이 없다. 우리는 관능적이고 주체적인 몸을 보는 일 없이 본다. 그 몸이 우리 자신의 몸이든, 타자의 몸이든, 우리가 보는 것은 그 자체로서가 아니며, 실제의 성격을 띠지 않는다. 포르노에서 만나게 되는 환원주의는 긍정적이고 자연스러운 에로티시즘——살아 있는 두 주체가 그들 안에서 그들의 보이지 않는 삶을 욕망하는 일이나 그러한 일을 표현한 것 ——의 변형으로, 부정적이고 이데올로기적인 성격을 띠게 된다. 극단적 환원주의와 대상주의를 포르노의 지배적인 이데올로기로 보았을 때, 그러한 이데올로기가 봉사하는 것은 앙리가 이해한 바로서 니힐리즘(nihilisme)이다. 앙리는 절대 주체성과 그 주체성을 이루는 삶을 배제하고 삶의 모든 가치를 파괴하는 적극적 행위를 니힐리즘이라 하였다.

쾌락의 관점에서 포르노를 보는 마음을 이해했을 때, 그리고 그 마음이 성차를 드러내지 않는 보편적 성격을 띤다고 했을 때, 그렇다면 왜 여성은 포르노를 남성만큼 보지 않는가? 여성이 포르노를 보지 않는 데는 본래의 성적 경향의 차이나 양육 본성에 근거한 진화론적 설명보다는 사회문화적 맥락을 살피는 것이 더 중요하다고 나는 생각한다. 여성이 자신의 욕망이나 쾌락을 추구하거나 적극 실현하는 일을 인정하지 않는 사회에서 여성은 자연스레 보수적 성 의식을 가질 수밖에 없으며, 그러한 보수적 성 의식은 자연스레 여성이 포르노를 꺼리거나 싫어하게 하였다고 생각해 볼 수 있다. 사회의 흐름이 바뀌면서, 여성도 자신의 욕망이나 쾌락을 실현하는 일에 덜 장애를 느끼는 지금 포르노를 좋아하는 여성이 점점 많아지는 것은 또한 자연스러운 현상이 아닐까?

나는 다음의 질문으로 나의 글을 시작했다. 여자도 포르노를 할 수 있을까? 이에 대한 나의 답은 너무도 뚜렷하다. 모든 사람은 관능적 존재이며, 누구나 자신의 몸을 누리고 그 몸이 주는 쾌락을 즐길 수 있다. 반대로, 포르노를 할 수 없는 여자는 결국 제 몸을 온전히 누릴 수 없는 자가 아닐까? 자신의 쾌락을 위해 상상의 나래를 자유롭게 펴는 대신, 자신한테 꾸준히 사회적 검열을 하는 자가 아닐까? 이제껏 포르노는 남자의 문화였을 뿐 아니라, 남자한테만 허용되는 문화였다. 이제 "포르노를 허하라, 여자에게도"라고 말한다고 해서 그게 큰 사회적 물의를 빚게 될지는 의문이다. 여자는 이미 자신만의 포르노 문화를 만들어 가겠기에. 이미 자신의 몸을 누리는 데, 쾌락의 향유를 위해 상상의 나래를 펴는 데, 그것을 표현하고 공유하는 데 좀더 자유롭고 좀더 떳떳하겠기에. 포르노는 그러한 향유 ─ 몸의 향유, 쾌락의 향유 ─ 를 위한 상상의 산물이다. 여자의 포르노? 그것이 어떤 모습을 지닐지 이제 볼 일이다.

7장/
남성 성자유주의를 넘어:
페미니스트는 포르노 문제에 어떻게 대응할 것인가

-이명호

1. 성보수주의와 남성 성자유주의를 넘어

내가 아는 한 서구 논쟁사의 정리나 산발적 논의를 제외할 경우 한국에서 페미니스트들이 포르노 문제를 전면에 걸고 논쟁하거나 투쟁한 사건은 없었다. 몇 년 전 산부인과 의사들이 불법적으로 시술되어 오던 낙태를 자율적으로 규제하자는 제안을 하여 논란이 된 경우를 제외하고는 낙태 문제가 한국 페미니즘에 쟁점으로 떠오르지 않은 것과 마찬가지로, 포르노도 일종의 공백으로 남아 있다. '가족을 위협하고 여성의 인권을 침해하는 남성의 무분별한 성적 방임 행위를 국가가 처벌한다'라는 명목으로 제정된 간통죄 존폐를 둘러싼 논쟁은 있었지만, 한국에서 포르노 문제는 남성 성자유주의자들이 성보수주의자, 혹은 표현의 자유를 침해하는 사법적 권력과 충돌하는 과정을 통해 1990년대 이후 사회적 의제로 부각되었다. 마광수 사건, 장정일 사건 등 예술적 표현과 외설의 경계를 넘는 예술 창작 행위가 사법적 권력에 의해 처벌될 때, 표현의 자유를 옹호하는 남성 성자유주의들과 성보수주의자, 그리고 이들의 세계관을 대리하는 국가 사이에 대립이 형성되었다. 페미니스트들은 이 대립 전선에 적극적으로 개입해 들어가지 않았다. 양쪽 모두와 다른 입장이었지만, 그것을 표현하거나 의제화할 준비가 되어 있지 않았거나 그럴 필요성을 크게 느끼지 못했기 때문으로 보인다.

　한국 페미니즘이 포르노 문제를 딜레마로 여기지 않을 수 없었던 데에는 역사적 이유도 있다. 한국 사회에서는 1987년 6월 항쟁 이후 민주화가 일정 정도 성취되고 성, 육체, 쾌락, 욕망, 소비 등 개인의 자유와 해방의 욕구가 터져 나오면서 성과 쾌락의 향유를 둘러싼 문제가 본격적으로 떠오르기 시작했다. 1994년 현실문화연구 출판사에서 펴낸 김수기의 『섹스 포르노 에로티즘: 쾌락의 악몽을 넘어서』는 한국 진보운동의 한계로 존재해 왔던 '성 정치학'(sexual politics)을 수면 위로 떠올린 사건이었다.[1] 한국에서 지식인 동성애자들이 커밍아웃을 시도하고 동성애 담론이 제도적 매체에 표현되면서, 한국에서 좌파와 우파를 동시에 지배했던 강고한 이성애주의와 성보수주의에 미세한 균열이 일어났다. 1997년 장정일 사건이 터지면서 검열 철폐와 표현의 자유를 주장하는 흐름 속에는 성적 욕망의 해방과 성적 권리에 대한 급진적 요구가 있었다. 비록 전면화되지는 않았지만 이 요구에는 포르노 문제도 내재되어 있었다. 성의 해방을 위해서는 (남성이) 포르노적 텍스트를 '쓸' 자유뿐 아니라 포르노를 '즐길' 권리가 보장되어야

1　김수기·서동진·엄혁 엮음, 『섹스 포르노 에로티즘: 쾌락의 악몽을 넘어서』, 현실문화연구, 1994.

한다는 것이다. 남성들이 그동안 죄책감을 느끼며 은밀하게 즐겨 오던 '포르노적 쾌락의 생산과 향유의 권리'를 공개적으로 주장하기에 이른 것이다.

이 시기 한국 페미니즘에서는 사회민주화와 여성의 해방을 동시적으로 이루고자 했던 80년대 여성운동에 대한 이른바 '영 페미니스트들'의 비판이 일면서 진보운동 내의 남성중심성과 성폭력의 문제가 제기되었다. 뒤늦었지만 페미니스트들이 민중해방과 여성해방을 동시적으로 이루기 위한 민족민주운동 내부의 '성폭력' 문제를 말해야 한다는 자각, 여성도 성을 말하는 주체라는 자각이 일어났다. 이 자각은 이른바 '100인위 사건'으로 표출되었다. 피해자주의를 전면에 내세운 '운동사회성폭력뿌리뽑기100인위원회'란 긴 이름을 가진 이 비타협적 조직은 성폭력이 '정치적' 문제이며 젠더의 권력관계를 함축하는 갈등의 현장이라는 점을 드러냈다. 남성 성자유주의자들과 동성애주의자들이 성적 쾌락과 성해방을 기치로 내걸고 나오던 시기 페미니스트들은 그동안 묻혀 있던 성폭력의 문제를 폭로하고 있었다.

주목할 만한 사실은 100인위 사건을 둘러싼 당시 대립전선이 보수주의와 페미니즘의 갈등이 아니라 프리섹스를 옹호하는 남성 성자유주의와 성폭력 피해자 여성의 입장을 강조하는 페미니스트의 마찰이었다는 점이다. 실제로 100인위가 공개한 사례들 가운데 다수는 성적 자유를 표방하는 남성들이 동지적 관계와 친밀성을 매개로 일으킨 사건이었다.[2] 1990년대 이후 한국 사회에서 성보수주의는 경향적으로

---

2 100인위의 활동과 파장에 대해서는 운동사회성폭력뿌리뽑기100인위원회, 「쥐는 언제나 고양이를 물

퇴조하고 있는 반면 자유주의가 성 담론과 법 담론에 미치는 영향력은 늘고 있다. 성보수주의 담론은 여성의 성적 욕망과 쾌락을 부정한 채 순결과 모성을 강조함으로써 재생산의 기능을 전유하고자 하지만, 성 자유주의자들은 성해방을 이루지 못한 여성들을 성적으로 미성숙한 존재로 치부함으로써 쾌락의 권리를 전유하고자 한다. 개인의 성적 자유를 절대화함으로써 상호관계의 규범 자체를 불가능하게 만드는 자유주의의 영향력 확대 속에서 여성의 성적 자기결정권을 주장하면서도 성폭력을 규제해야 한다는 페미니즘의 입지는 좁아진다. 이런 비좁은 공간에서 어떻게 성적 자유를 주장하면서도 여성의 성적 자기결정권의 침해에 대응할 것인가? 반(反)성폭력 운동은 성폭력을 여성의 성적 자율성에 대한 침해로 규정하고 사회적 억압과 남성적 폭력에 맞서 여성의 '성적 자기결정권'을 중요한 권리로 주장했다. 남성권력의 지배와 폭력의 위협 없이 성적 쾌락을 향유할 권리가 여성 주체성의 기초를 이룬다는 생각은 이후 성적 쾌락과 성폭력을 대립시키지 않고 사유할 길을 열어 놓았다. 하지만 성폭력이라는 어두운 문제를 대면하지 않는 성의 자유가 공허한 것이듯, 성폭력에 대한 공포 때문에 성적 자유를 포기하는 것 역시 퇴행적이다. 이 이분법을 넘어서는 이론과 실천의 개발이 필요하다.

포르노 문제에 대한 페미니스트들의 개입도 결국 폭력/욕망, 피해/권리, 위험/쾌락, 남성권력/여성의 자율성이라는 대립구도에 갇히

어서는 안 된다?」, 『경제와사회』, 49, 2001, 150~176쪽과, 같은 책에 실린 황정미, 「성폭력의 정치에서 젠더 정치로」 참조.

지 않으면서 여성의 쾌락의 자유를 확장하는 쪽으로 나아가야 할 것이다. 성급진주의를 자처하는 남성들이 페미니스트들에게 가하는 비판, 이를테면 페미니스트들은 "섹스란 본질적으로 부끄러운 것이고 혼란스러운 것이고 죄를 불러일으키는 것으로 간주하는 전통적·도덕적 성 개념에서 한 발짝도 벗어나지 못하고 있"으며, 따라서 포르노가 "페미니즘의 발목"[3]이라는 지적은 "성에 관한 진리의 체계"[4]를 문제 삼아야 한다는 정당한 지적에도 불구하고 폭력에 대한 체감적 이해가 결여되어 있다. 서동진의 주장처럼 페미니스트가 이성애주의가 할당한 여성성의 이데올로기에 갇혀 "성적 수줍음"에 빠져 있다는 지적은 일면적 타당성을 지니지만, 그것은 쾌락의 자유를 포기한 데에서 기인한다기보다는 바로 그 자유를 획득하기 위한 비판적 문제제기의 성격을 지닌다고 보아야 한다. "개인적인 것이 정치적이다"라는 페미니즘의 모태적 슬로건은 개인적인 것의 구성영역을 성으로까지 확장하는 급진적 도전이었고, 그것은 협소하게 규정된 기존 정치관념의 해체를 요구하는 것이었다. 급진주의 페미니스트가 제기한 '성의 정치학'이란 문제설정은 정치성을 국가와 같은 거시적이고 공적인 영역만이 아니라 개인의 성이라는 사적이고 미시적이며 비합리적으로 보이는 영역에 적용하도록 재정의했다. 그것은 성해방에 대한 급진적 요구이면서 성의 억압을 지속시키는 사회·이데올로기적 장치와 물적 토대에 대한 문제제기이다.

<hr />

3 김수기, 「포르노에 대한 다른 시각」, 『섹스 포르노 에로티즘』, 124~127쪽.
4 서동진, 「누가 성 정치학을 두려워하랴」, 앞의 책, 25쪽.

1997년 표현의 자유를 둘러싸고 포르노 문제가 한국 사회에 불거졌을 때 이재현은 "왜 한국의 페미니스트 언니들은 섹시하지 않은가?"[5]라는 반대심문을 던지며 "한국 사회에서 포르노 논의는 아직 시작되지 않았다"[6]고 주장한다. 포르노 논의에 참여하려면 자기 몸을 즐길 줄 알아야 하는데, 한국 사회에서는 보수주의자들뿐 아니라 페미니스트도 자기 몸을 즐길 줄 모른다는 것이다. 그는 페미니스트가 몸을 향유하기 위해 스스로 포르노를 만들어 보기도 하고 다양한 종류의 포르노를 보기도 하라는 진심 어린 충고까지 아끼지 않는다. 나는 몸의 향유가 필요하다는 그의 주장에 동의한다. 졸지에 섹시하지 못한 집단으로 분류된 억울함 때문이 아니라 성폭력과 성욕망의 이중구속에서 페미니스트들 역시 벗어나기 쉽지 않다는 점을 인정하기 때문에 더더욱 그의 주장에 동의한다. 그의 말마따나 남성의 욕망과 환상만이 아니라 "여성의 욕망이나 환상, 그리고 쾌락 역시도 가부장제적이고 남근적인 헤게모니 안에서, 그것도 특정한 내용과 방식으로 가정된 지식-권력의 틀 안에서 장구한 세월 동안 주조되어 왔다. 따라서 여성의 욕망이나 환상, 쾌락에 대해 제대로 사유하는 것은 거의 불가능한 일이다".[7] 이 불가능한 작업을 위해 포르노 실험을 감행하라는 그의 주장에 어찌 반대할 수 있겠는가. 하지만 내가 이재현의 충고에 온전히 공감하지 못하는 것은 성해방의 진보성을 이기적이고 착종된 방식으로 전유하는 일부(다수?) 남성들이 성적 자유와 프리섹스를 앞세우며 성

---

5 이재현, 「포르노티즘과 에로그라피 2-1」, 『문화과학』, 11, 1997, 120쪽.
6 앞의 책, 122쪽.
7 앞의 책, 121쪽.

해방을 성폭력의 현장으로 만드는 데 활용하고 있는 현실을 외면할 수 없으며, 이런 폭력적이고 여성 비하적인 현실 구성에 포르노적 성의 향유와 소비가 기여하고 있는 현상을 부인할 수 없기 때문이다. 여성의 성적 훼손을 '살인의 추억'으로 기억하는 문화에서 여성들이 '밤길 되찾기 운동'을 할 수밖에 없는 시대착오적 현실 역시 나의 고려사항속에 들어 있다. 우리 사회에서 '두려움 없이 즐기라'는 명령을 따르기에는 여성들은 고위험사회에 살고 있다. 위험을 과장해서 쫄게 만들기위해서가 아니다. "쫄지 마 씨바"라는 해방적 욕설을 유포시키며 권력에 쫄지 않는 거침없는 아이들이 공론장을 활보하는 동안에도 여성의몸은 남성 쾌락의 대상으로 전유되어 SNS를 타고 흐른다.

1990년대 이후 한국 사회에서 성자유주의 담론은 남성의 무제한적 성적 자유를 위한 전제이자 알리바이로 여성의 성해방을 거론한 측면이 없지 않다. 금기를 말하는 것이 무색할 정도로 도처에 성이 넘쳐나고 '즐기라'는 명령이 또 다른 형태의 외설적 억압이 되어 버린 사회에서 성을 말한다는 것은 더 이상 금기를 깨는 위반도 해방도 아니다. 이중적 성규범이라는 말조차 촌스럽게 느껴질 정도로 온 나라가 섹시함을 신종 우상으로 숭배하고 있는 문화에서 포르노의 위반성을 말한다는 것은 위선적이다. 한국은 음란사이트 세계 2위 국가라는 순위에걸맞게 무차별적으로 살포되는 포르노성 스팸메일과 이와 연결된 무수한 포르노 사이트, 포르노성 만화와 게임에 이르기까지 포르노의 공습을 피하는 것이 오히려 힘들 정도로 포르노에 포위된 나라에 살고있다. 포르노의 정치성을 찾기 위해 프랑스 대혁명 시절의 정치적 포르노로 올라가는 논자들도 있지만, 우리 사회에서 포르노는 린 헌트가

"진정하게 현대적인 포르노그래피"라고 부르는 것, 즉 "성적 도발을 야기시키려는 유일한 목적으로 성기나 성행위를 노골적으로 묘사하는" 것에 가깝다.[8] 정치적 혁명성이 거세되고 쾌락에 대한 도착적 집착이 일상화된 현실에서 '어떤 성을 어떻게 나눌 것인가'에 대한 고려 없이 성적 자유 그 자체를 절대화할 수는 없다. 페미니스트는 이재현의 반대심문에 섹시함을 증명하는 방법으로 대응할 수도 있겠지만, 남성의 성적 행동이 과연 타자와 상호주관적 이해를 지향하는 것인지, 또 그 이해에 이르기 위한 감정적·육체적·인지적·윤리적 조건을 충족시키는 것인지 되묻지 않을 수 없다. '당신은 당신의 성적 자유에 책임을 지고 있는가?', '당신은 당신이 즐긴 것에 대해 책임을 지고 있는가?'란 질문을 생략할 때, 주체의 (자유주의적) 권리의 정치는 자신의 욕망에 대한 책임으로 이어지지 못하고, 가해자의 권리와 피해자의 권리가 충돌하고 국가가 개인의 권리에 개입하는 것이 옳으냐 그르냐는 식의 자유주의적 틀 속에 갇히게 된다. 페미니스트는 자유주의에서 상정하는 젠더 중립적 개인이 과연 존재하는 것인지, 그 개인의 권리주장이 불균형한 권력관계라는 사회역사적 맥락 속에 존재하는 개인들을 시야에서 지워 버리고 그들의 목소리를 침묵시키는 작용을 하는 것이 아닌지 되물어야 한다. "개인적인 것의 정치화가 개인적인 것의 소멸을 위한 정치화가 아니듯, 반성폭력 운동은 여성들의 다양한 성적 욕망과 자유를 부정하는 것이 아니라 오히려 이 다양한 정체성과 욕망의 기획

---

8 린 헌트, 「포르노그라피의 발명: 외설성과 현대성의 기원, 1500~1800」, 조한욱 옮김, 책세상, 1996, 378쪽.

을 실현할 수 있는 자율적인 주체 위치를 확보하기 위한 인정투쟁으로 이해되어야 한다"는 한 여성학자의 주장은 비단 반성폭력 운동만이 아니라 '포르노 현상'을 논의하는 데에도 정당한 출발점이 될 수 있다.[9] 이제 우리는 포르노 찬반, 혹은 검열/자유라는 이분법적 시각을 벗어나 포르노가 어떻게 주체의 성적 욕망과 환상을 구성하고 재생산하는지, 그리고 포르노적 사회에서 우리들 각자는 각기 자신의 욕망과 쾌락을 어떻게 추구해야 옳은 것인지 질문해야 한다.

2. 포르노 정의와 규제

지금까지 포르노 문제에 대한 페미니스트들의 대응은 지나치게 법적 문제에 갇혀 온 감이 없지 않다. 포르노를 법으로 규제하는 것이 옳은가 그른가, 혹은 규제하는 것이 실효성이 있는가 없는가 하는 문제에 과도하게 몰입했다. 법적 규제를 옹호하는 페미니스트들의 주장이 과잉 대표되면서 불필요한 적대감을 촉발하고 페미니즘 전체에 대한 희화화로 이어지기도 했다. "포르노는 이론이고 강간은 그 실천이다"라는 로빈 모건의 주장은 페미니스트를 재현과 행위를 기계적으로 연결시키는 일차원적 인간으로 폄하시키는 데 결정적으로 기여했다. 포르노의 법적 규제는 검열과 국가의 개입이라는 또 다른 문제를 끌어들였고, 이는 페미니즘의 내분을 자초했다.[10]

---

9 신상숙, 「성폭력의 의미구성과 '성적 자기결정권'의 딜레마」, 『여성과사회』 13, 2001, 41~42쪽.
10 포르노를 둘러싼 미국 페미니즘 진영 내의 찬반논쟁에 대해서는 이미 국내에서도 소개된 바 있어 더 이상의 요약이나 해설이 필요하지는 않다. 이에 대해서는 심영희, 「포르노의 법적 규제와 페미니즘」,

나는 포르노 문제에 대한 페미니스트의 개입을 법적 차원에서 정치적 차원으로 옮길 필요가 있다고 생각한다. 포르노 비판을 검열 옹호와 곧바로 연결시키지 않으면서 포르노 장르를 통해 지속되는 남성적 쾌락 향유 방식을 문제 삼는 쪽으로 방향을 전환할 필요가 있다. 언어적·시각적 재현체계인 포르노에서 남성의 '행위'를 끌어내고, 그 행동의 직접적 '결과'로 여성의 '피해'를 곧장 도출할 수는 없다. 페미니즘 내에서도 이미 많은 비판이 있었지만, 이런 논의는 재현과 행위 사이에 직접적 인과관계와 영향관계, 시간적 선후관계를 설정하는 오류를 범하고 있다.

하지만 인과적 논리에 대한 비판이 재현체계 자체가 현실구성력을 갖지 않는다는 주장으로 이어져서는 안 된다. 이를테면 김수기는 로빈의 앞선 주장을 이렇게 비판한다.

'포르노는 이론이고 강간은 그 실천이다'라는 주장에서 이제 우리는 이 말의 전반부가 정확히 맞는 말이라고 지적할 수 있다. 사실 포르노는 이론일 뿐이다. 포르노는 성과 성적 쾌락에 대해 다양하게 사고하고 말할 뿐이다.[11]

『한국여성학』 10, 1994; 주유신, 「포르노그래피와 여성의 성적 주체성: 페미니스트 포르노 논쟁과 두 편의 텍스트를 중심으로」, 『영화연구』 26, 2006, 397~422쪽; 최성희, 「자아로부터의 비상, 에로스」, 이희원·이명호·윤조원 엮음, 『페미니즘: 차이와 사이』, 문학동네, 2011, 83~109쪽; 이나영, 「포르노그래피, 억압과 해방의 이분법을 넘어서」, 한국성폭력상담소 기획, 변혜정 엮음, 『섹슈얼리티 강의, 두번째』, 동녘, 2006, 277~311쪽을 참조할 것.

11 김수기, 「포르노에 대한 다른 시각」, 『섹스 포르노 에로티즘』, 132쪽.

이론은 이론일 뿐 현실적 실천과 아무런 관련이 없다는 이런 주장은 포르노의 유해성을 입증함으로써 검열을 옹호하고자 하는 논자들의 주장을 반박하기 위해 가장 흔히 채택되는 방식이다. '폭력적 포르노가 성폭력범을 낳고 폭력적 게임이 폭력적 아이들을 낳는다. 따라서 법적 규제가 필요하다'는 식의 주장이 많은 문제를 안고 있는 것은 사실이다. 이런 식의 논의가 현실의 폭력성을 재현 탓으로 돌림으로써 현실을 회피하는 손쉬운 기제로 활용되어 온 측면을 부인할 수도 없다. 포르노적으로 구성된 사회에서 재현물로서 포르노만을 비판하고 규제하는 것으로 문제를 해결할 수 없다는 것은 분명하다. 하지만 이런 단선적 인과론이 문제가 있다고 해서 재현의 현실구성력을 배격하는 것은 옳지 않다. "이미지만은 아니다"라는 주장은 이미지를 행위와 곧장 연결시키지만 않는다면 옳다. 행태주의 이론에서 전제하듯 인간의 행위는 외부 환경이나 자극에 대한 기계적 반응이 아니다. 인간의 행위는 사회문화적으로 구성되면서 주체가 내리는 선택과 결정을 포함한다. 우리는 인간에게 주체적 선택의 몫을 남겨 두면서도 사회문화적 재현체계가 주체의 행위에 미치는 구성적 효과를 인정해야 한다. 자신의 불능(不能)을 인정하면서 책임을 면죄받고자 하는 태도는 비겁하다. 그것은 재현이 지닌 구성적 힘(constituting power)을 인정하지 않는 태도이다. 재현은 현실과 무관한 이미지만의, 언어만의 세계가 아니라 현실을 구성하고 생산한다. 재현이 지닌 구성적 힘이 문제적일 때 법적 차원의 검열과 규제가 아니라 정치적 차원에서 지적하고, 비판하고, 해체하고, 재구성해야 한다.[12]

직설적으로 물어보자. 왜 남성들은 포르노를 그렇게 많이, 열심히,

오랫동안 보는가? 한 일본 연구자(이노우에 세쓰코)에 의해 '15조 원의 육체산업'이라는 이름을 얻은 이 거대 다국적 산업을 먹여 살리는 힘은 어디서 나오는가? 물론 여자들도 포르노를 본다. 하지만 굳이 통계 수치를 들이대지 않더라도 포르노 소비자의 다수가 남성들이라는 사실을 부인할 수는 없다. 포르노 소비자의 75%가 남성이고 돈을 주고 구매하는 적극적 소비자의 98%가 남성들이다.[13] 포르노 비판에 앞서 선행되어야 하는 것이 바로 이것, 즉 남성들을 끌어들이는 포르노의 매혹의 실체를 해명하는 일이다.

이 매혹의 실체를 해명하기 전에 먼저 수행해야 하는 것이 포르노가 무엇인지를 정의하는 일이다. 하지만 포르노 문제의 어려움은 그 정의의 어려움에서 비롯된다고 할 만큼 포르노를 단일하고 깔끔하게

---

12 이미 국내에서도 잘 알려졌듯이, 포르노의 제조와 유통을 법적으로 규제하려는 페미니스트들의 시도는 미국의 미니애폴리스(1983년)와 인디애나폴리스(1984년)에서 포르노 규제 법안을 제출하는 형태로 나타났다. 하지만 포르노가 여성의 시민권에 해악을 미친다는 이들의 주장은 받아들여지지 않았다. 포르노 규제 법안은 미국 수정헌법 제1조가 보장하는 표현의 자유를 침해한다는 이유로 1985년 연방 대법원으로부터 위헌판결을 받았다. 이로써 미국에서 포르노의 제조와 유통을 법적으로 규제할 수는 없게 되었다. 미국과 달리 캐나다 대법원은 1992년 표현의 자유를 침해하기는 하지만 여성에게 해로운 포르노를 불법화하는 것은 합법적이라는 판결을 내렸다. 캐나다는 포르노가 여성에게 해를 준다고 말한 세계 최초의 국가가 되었다. 우리나라는 형법 243조, 정보통신망 이용촉진 및 정보보호 등에 관한 법률, 청소년 보호법, 성폭력 특별법 등등 여러 법을 통해 음란물을 규제하고 있다. 이에 대한 자세한 논의는 서윤호가 쓴 이 책의 4장 「법은 포르노를 어떻게 판단하는가?」를 참조하라.

13 국내에 번역 출간된 『포르노 보는 남자, 로맨스 읽는 여자』에 따르면, 미국의 성인 동영상 유료 웹사이트 중 가장 인기가 많은 곳의 고객 75% 정도가 남성이라고 한다. 방문객의 25%는 여자라는 이야기이다. 넷 중 하나가 여자라면 적은 수라고 할 수는 없을 것이다. 하지만 포르노를 보려고 실제로 돈을 지불하는 사람들로 들어가면 남녀 간의 격차는 끝도 없이 벌어진다. 포르노 사이트 전체 회원 중에서 여자 이름의 신용카드로 결제하는 경우는 단 2%에 불과하다고 한다(오기 오가스·사이 가담, 『포르노 보는 남자, 로맨스 읽는 여자』, 왕수민 옮김, 웅진지식하우스, 2011, 66쪽). 위 책의 저자들인 오기 오가스와 사이 가담은 포르노 수용에 나타나는 남녀의 차이를 진화생물학적 관점에서 해석하여 남성=포르노 관람자, 여성=로맨스 독자라는 등식을 만들어 낸다. 이들의 생물학적 시각에 완전히 동의하지 않더라도 전체적으로 보아 포르노가 남성적 쾌락 장르인 것은 분명하다.

정의하기란 불가능하다. 정의는 대상에 대한 특정한 관점과 지식을 전제한다. 특히 포르노처럼 그 범주 안으로 들어갈 때 검열과 규제, 정치적·도덕적·문화적 억압과 배제가 동반되는 문제일 경우, 누가 어떻게 정의하는가는 단순히 인식의 문제만이 아닌 법적·정치적 문제가 된다. 법적 규제는 규제 대상에 대한 정의를 요구하고, 시민권은 그 침해에 대한 정의를 요구한다. 포르노의 정치적·문화적 의미는 그것이 사유와 표현, 통제의 범주로 등장하게 되었다는 사실과 분리할 수 없다.

포르노의 근대적 발명을 역사적으로 점검한 린 헌트가 지적하듯이, 포르노의 의미는 국가와 작가/예술가, 성직자들 간의 대립과 충돌을 통해 규정되어 왔으며, 정의와 통제의 기준은 사회가 변화하고 권력의 중심축이 이동하면서 바뀌어 왔다. 예를 들어, 서구에서 포르노그래피라는 단어가 프랑스어 사전에 처음 등장한 것은 1769년이었고, 널리 쓰이게 된 것은 19세기로서 옥스퍼드 영어사전에는 1857년 수록되었다.[14] 포르노그래피라는 말이 쓰이지 않았다고 해서 포르노적 표현물이 존재하지 않았던 것은 아니다. 포르노그래피라는 말의 어원이 '매춘부의 그림'이라는 그리스어 단어에서 나왔듯, 성표현물로서 포르노는 고대 서양의 그리스 시대에도, 그리고 춘화라는 이름의 그림으로 알려졌던 우리나라 조선시대에도 존재했다. 욕망, 관능, 에로티시즘, 그리고 노골적인 성기 묘사는 대부분의 시대와 장소에서 발견할 수 있는 일반적인 것이었다. 하지만 '음란한(obscene) 글이나 그림'이라는 의미에서의 포르노그래피, 그리고 그것을 둘러싼 법적·정치적 통제

---

14 헌트, 「포르노그라피의 발명」, 16쪽.

및 검열은 서구 근대성과 함께 출현했다. 프랑스 혁명을 전후한 서구 근대 시기에 포르노그래피는 구체제에 대한 정치적 공격과 연관되었던 자유사상, 인쇄문화, 물질주의 철학 등 민주주의적 함의를 지니고 있었다. 하지만 헌트의 지적처럼 당시 포르노에서 여성의 육체는 "모든 남성에 의해 동등하게 구입이 가능한 대상으로 상정되었다는 의미에서 민주화되었지만" 이것이 "여성의 해방을 의미"한 것은 아니었다. 포르노그래피는 "관음증과 여성의 물건화가 복합적으로 교차하면서 만들어진 새로운 형제애"를 낳았다.[15] 이 형제애는 "사회적 평준화라는 의미에서 민주적이었을지 몰라도 궁극적으로 그것은 대부분 남성들만을 위한 평준화였다".[16] 따라서 근대 포르노그래피의 출현에는 남성 형제애에 기초한 근대 민주주의의 젠더 모순이 깊이 새겨져 있다.

법적·정치적·도덕적 규제와 검열의 대상으로서 음란물이라는 근대적 정의는 이후 포르노의 핵심적 성격으로 자리 잡는다. 물론 그 기준은 역사적 변화를 겪는다. 1868년 영국의 히클린 사건(Hicklin case)[17]에서는 '부도덕한 영향을 쉽게 받는 자'를 부패시키고 타락시키는 것이 판단기준으로 등장한다. 1957년 로스 사건(Roth case)[18]은 '사회의 평균인'에게 호색적인 흥미를 자극하는 것으로, 그리고 1973년

---

15 헌트, 『포르노그라피의 발명』, 53쪽.
16 앞의 책, 53쪽.
17 영국의 벤저민 히클린이 음란 간행물을 배포했다는 혐의로 기소된 사건으로 포르노의 사회적 유해성을 판단한 최초의 판결로 유명하다.
18 미국의 새뮤얼 로스가 상업적 목적으로 섹스 잡지 및 도서를 운송했다는 혐의로 기소된 사건이다. 우리나라 대법원은 대체로 이 사건에 적용한 기준을 따르고 있다. 이에 대해서는 이 책의 4장 141~142쪽을 참조하라.

밀러 사건(Miller case)[19]은 성적으로 노골적이어도 혐오감을 주지 않는 것은 음란한 것이라 볼 수 없다고 보면서 문학적·예술적·정치적·학문적 가치의 존재 여부를 중요한 판단기준으로 제시한다.[20]

현재 우리나라에서 포르노의 법률적 의미는 '성적 수치심이나 성적 욕망을 유발하거나 만족'시키는 음란물로서 법적 규제의 대상이 된다. 이는 형법, 음란 비디오물 및 게임물에 관한 법률, 청소년 보호법, 성폭력 특별법, 정보통신망 이용에 관한 법률 등에 산포되어 있고, 위법 시 부과되는 형량 역시 일관되지 않다. 음란성에 대해서는 대법원과 헌법재판소가 다른 판단기준을 제시한다. 대법원은 음란물을 "일반 보통인의 성욕을 자극하여 성적 흥분을 유발하고, 정상적인 수치심을 해하여 성적 도의관념에 반하는 것"[21]으로 규정한다. 여기서 음란성의 판단기준은 '그 시대의 건전한 사회통념', '일반인의 성적 수치심과 도의심'이다. 반면, 헌법재판소는 음란에 이르지 않는 성표현물인 저속을 음란과 구분하고 저속은 표현의 자유의 보호를 받는 반면 음란은 그렇지 못하다고 명시하고 있다. 음란의 기준으로는 다음 세 가지를 제시한다. ①노골적이고 적나라한 성표현으로서 "인간 존엄 내지 인간성을 왜곡"하는 정도까지 이른 것, ②성적 흥미 유발의 목적만 있는 것으로 전체적인 구조상 문학, 예술, 학문 혹은 정치적 가

---

19 마빈 밀러가 남녀의 성행위 장면이 묘사된 사진과 그림을 게재한 섹스 도서 4종과 영화를 선전하는 광고책자를 발송하여 고발당한 사건으로, 이 사건을 통해 미 연방대법원은 수정헌법 제1조에 의해 보호되지 않는 음란물의 기준을 제시했다.
20 이나영, 「포르노그래피, 억압과 해방의 이분법을 넘어」, 『섹슈얼리티 강의, 두번째』, 282쪽.
21 대법원 판결과 헌법재판소의 판결은 이 책의 4장 133~138쪽을 참조했다.

치를 갖지 않는 것, ③사회의 건전한 성도덕을 크게 훼손하되 사상의 경쟁 메커니즘에 의해서도 그 해악이 해소되지 못할 만큼 노골성을 지닌 것. 전체적으로 대법원과 헌법재판소의 판결은 각기 미국의 로스 판결과 밀러 판결을 따르고 있는 것으로 보이는데, 대법원의 판단기준이 보수적이라면 헌법재판소는 조금 완화되었다고 볼 수 있다. 하지만 두 경우 모두 성도덕주의적 관점에 기초해 음란을 '성적 도의관념에 반하고', '성도덕을 크게 훼손하는 것'으로 제시하고 있다. 포르노에 관한 한국 법 담론을 분석한 한 법학자의 발언을 빌리지 않더라도, 우리는 일반인의 성적 도의관념이라는 기준 자체가 극히 모호하고 자의적이라는 점을 지적하지 않을 수 없다. 결국 한국의 성보수주의적 법 담론은 "기존의 법적 강제가 실효성을 거두기 어려울 때 새로운 사회공포와 자기계몽의 근거를 한층 강화하려는 스스로의 규범적 핑계"[22]였을 뿐이다. 자신을 위한 규범적 정당화란 결국 성보다는 성을 규정하는 권력이, 그리고 그 권력을 통해 이루고자 하는 사회통제가 성에 관한 법 담론의 핵심적 관건이었음을 말해 준다.

페미니스트의 포르노 정의는 성도덕주의적·보수주의적 관점과 다른 시각을 제시한다는 점에서 차별화된다. 포르노가 여성의 시민권을 침해한다고 규정하여 포르노 규제 법안을 발의한 안드레아 드워킨과 캐서린 매키넌에 따르면, 포르노란 "말이나 그림을 통해 여성을 종속시키는 사실적이고 성적으로 노골적인 표현물"이다.[23] 여기서 관건은

22 박종성, 『포르노는 없다: 권력에 대한 복잡한 반감의 표현』, 인간사랑, 2003, 334쪽.
23 Catharine A. MacKinnon, *Only Words*, Cambridge, Mass.: Harvard University Press, 1993, p.22.

성적 노골성 그 자체가 아니라 여성을 종속시킨다는 것이다. 매키넌에 따르면, 포르노는 지배와 권력의 차이를 성애화함으로써 여성의 종속을 자연스러운 것으로 만드는 표상체계이다. 매키넌 자신은 아홉 개의 기준을 제시하여 여성의 종속성을 규정하는데,[24] 이 기준 자체는 문제를 해결하기보다는 또 다른 문제의 원인이 된다. 보는 관점과 맥락에 따라 얼마든지 다른 해석이 가능하기 때문이다. 하지만 포르노를 '음란'으로 규정함으로써 성도덕주의적 관점을 취하지 않고 '여성의 종속'이라는 시각을 취한 것은 아홉 가지 기준의 적실성 여부를 떠나 매키넌이 포르노 논의에 기여한 중요한 부분이다. 그의 정의가 포르노의 전부에 적용될 수는 없지만, 현재 포르노 시장의 대부분을 차지하고 있는 주류 이성애 포르노에 한정할 경우 그 포괄적 유효성을 인정할 수는 있다.

3. 남성적 쾌락 장르로서의 주류 이성애 포르노

말이나 그림은 재현(representation)이다. 어떻게 여성을 비하하고 종

---

24 참고로 매키넌이 제시한 아홉 가지 기준은 다음과 같다. "① 여성을 성적 대상, 물건, 또는 상품으로 비인간화하는 것으로 표현하는 것, ② 여성이 고통이나 굴욕을 즐기는 것으로 표현하는 것, ③ 여성이 강간을 당하면서 성적 쾌락을 즐기는 것으로 표현하는 것, ④ 여성이 결박되거나, 잘리거나, 절단되거나, 멍이 들거나, 신체적으로 다치는 성적 대상으로 표현하는 것, ⑤ 여성을 성적 복종이나 노예 상태, 예속이나 전시의 자세로 표현하는 것, ⑥ 여성의 신체 ─ 질, 가슴, 엉덩이를 포함하되 그것들로 한정되지 않는 ─ 가 신체의 부분으로 환원되는 것에 의해 전시하는 것, ⑦ 여성은 본성상 매춘부라고 표현하는 것, ⑧ 여성들이 물건이나 동물들에 의해 침투당하는 것으로 표현하는 것, ⑨ 여성들이 비하, 상해, 고문당하는 장면으로 표현하거나, 더럽거나 열등하거나 피를 흘리거나 멍이 들거나 다치는 것이 성적인 것으로 보이는 맥락에서 그려지는 것"이다(Catharine A. MacKinnon, *Feminism Unmodified: Discourse on Life and Law*, London: Harvard University Press, 1987, p.176).

속시키는 재현물이 남성 수용자들을 그토록 매혹시키는가? 포르노적 재현체계의 특성은 무엇인가? 성적으로 노골적이고 명시적인 장면, 이를테면 생식기의 전시나 성행위 장면의 묘사도 그 자체가 포르노적이라기보다는 그것이 특정한 방식으로 재현되었을 때 포르노적이 된다. 관건이 되는 것은 '얼마나 벗었느냐 혹은 성행위 장면이 있느냐 없느냐'라기보다는 '어떻게 그려지는가'이다. 전라와 성행위 장면의 노출 그 자체가 포르노의 결정적 기준은 아니다. 로스 카워드의 지적대로, 포르노적 재현은 "몸(보통 벗은 몸)이나 성행위를 하고 있는 사람들을 일정한 규약에 따라 보여 줌으로써 이들이 사회에 의해 포르노적인 것으로 해석되게 만든다".[25] 여기서 관건은 포르노적 재현 양식이 특정한 해석과 의미화 양식에 기초해 있다는 사실이다.

포르노는 나름의 재현 규칙을 가진 하나의 독자적인 문화 장르이다. 특정 장르가 관객과 독자들에게 지속적으로 어필할 때는 나름의 설득력과 소구력을 지닌다. 이런 장르적 규약 속에는 오랜 세월 지속되는 공통적 특성과 관객의 취향과 감수성의 변화에 따라 바뀌는 가변적 속성이 공존한다. 포르노 장르 안에는 주류 이성애 포르노, 게이와 레즈비언 포르노, 하드코어와 소프트코어 포르노 등등 하위 장르가 존재하며, 수간, 아동성애, 사도마조히즘 등 성도착적 유형들이 존재한다. 내가 이 글에서 주목하려는 것은 성적 표현물로서 포르노 장르 안에 존재하는 다양한 변이가 아니라 주류 이성애 포르노의 관습적 규약

25 Ros Coward, "Sexual Violence and Sexuality", ed. Feminist Review, *Sexuality: A Reader*, London: Virage, 1987, p.310.

과 그 효과이다.

주류 이성애 포르노의 관습적 규약은 '만남-흥분-사정'이다. 이는 전형적으로 이성애 남성의 환상을 부추기는 장치로서 일시성과 반복성을 그 특징으로 한다. 이 직선코스가 너무 노골적이라 환상이 작동하지 않을 때 내러티브가 삽입된다. 하지만 포르노에서 내러티브는 성적 합체를 위해 언제든지 멈춰 서는 부차적인 요소이다. 다시 말해 포르노에서 내러티브는 성행위의 개연성을 보완하기 위해 들어오지만 성행위라는 목적을 위해서는 언제든지 뒤로 물러선다. 포르노가 마치 다큐멘터리처럼 성행위를 사실적으로 묘사하는 것 같아 보이는 것이 이 때문이다. 스티븐 마커스가 적절히 지적하듯이, "포르노에서 언어는 거추장스러운 필요이고 그 기능은 일련의 비언어적 이미지들을 촉발하는 것인 만큼 부차적이다. 포르노의 서사는 남성 독자의 자위행위에 필요한 만큼의 길이로 지속되는 성행위 장면의 반복일 뿐이다".[26] 포르노에서 쾌락은 너무 나아가는 것이 분명하다. 비포르노 영화에서는 모든 것을 다 보여 주지 않는다. 어느 순간이면 이미지는 흐려지고 카메라는 시선을 돌린다. 슬라보예 지젝의 말처럼 "장면은 차단되고 우리는 결코 '그것'을 직접 보지 못한다".[27] 하지만 포르노는 재현의 한계를 넘어 기어이 "그것"을 보여 준다. 내러티브는 "그것"을 보여 주기 위한 위장일 뿐이다.

그러나 재현의 한계를 넘어서는 "그것"의 직접적 제시가 포르노

---

26 Steven Marcus, *The Other Victorians: A Study of Sexuality and Pornography in Mid-Nineteenth-Century England*, New York: Transaction Publication, 2008, p.268.
27 슬라보예 지젝, 『삐딱하게 보기』, 김소연 옮김, 시각과 언어, 1995, 222쪽.

를 환상이 작동하지 않는 실재의 현시로 만드는 것은 아니다. 포르노에 나타나는 성과 성행위의 노골적 전시는 종종 포르노가 환상의 외피를 찢어 내고 실재에 접근하는 것으로 읽게 만든다. 이를테면 김종갑은 현대사회에서 포르노를 향한 열정을 실재에 대한 열정으로 읽어 내고 이를 "실재가 사라진 현대사회의 증상적 발현"으로 해석한다. 그에 따르면 근대사회에서 존재는 그 의미에서 분리되고 성은 탈맥락화된다. "포르노는 낭만화된 여성상에 대한 반동으로서 동물화된 여성의 상을 제공한다. 이 포르노토피아에서 인간은 서로 사랑하는 인격적인 존재가 아니라 동물처럼 교미하는 탈인격적 존재이다. …… 이 외피를 벗기고서 진짜 섹스의 핵심으로 단박에 진입하려는 욕망이 포르노이다."[28] 문제는 지젝이 "그것"이라 부르고 김종갑이 "진짜 섹스"라 부르는 것이 환상이 벗겨진 실재 그 자체와의 대면이 아니라 주체가 자신의 결핍을 감추기 위해 불러낸 허상이라는 점이다. 따라서 포르노는 낭만적 사랑의 환상에 대한 교정으로서 "진짜 섹스"에 진입하는 것이라기보다는 진짜처럼 보이는 가짜, 그러나 진짜보다 더 큰 위력을 발휘하는 가짜 섹스에 대한 열정적 애착이고 그것에 대한 환상이다. 나중에 김종갑 자신이 인정하듯이, 진짜 섹스에 다가가는 것으로 보였던 포르노는 더 많은 것을 요구하는 과잉 섹스이자, 이 과잉을 위해 "최후의 알갱이마저 가짜의 질서에 편입시켜 버리는" "주체의 욕망"[29]에 다름 아니다. 김종갑이 더 이상 묻지 않는 것은 과잉에 매달리는 이 주체

28 김종갑이 쓴 이 책의 3장 「실재를 향한 열정으로서 포르노」를 참조하라. 인용은 '포르노를 말한다' 학술대회에서 발표된 초고에서 가져왔다.
29 앞의 글, 68쪽.

가 과연 누구인가라는 질문이다.

지젝은 앞서 문장의 "그것" 옆에 괄호를 치고 "성기의 삽입 등"이라는 표현을 넣고 있다.[30] 문제는 "어디로" 삽입되는 "어떤" 성기인가다. 주류 이성애 포르노에 직접적으로 드러난 성기는 여성의 구멍 속에 삽입된 발기된 남성 성기이다. 물론 여성의 구멍은 입일 수도 항문일 수도 있고, 하나일 수도 여럿일 수도 있다. 그러나 그 모든 변이 아래에 놓인 공통성은 바로 과잉 팽창된 남성 성기이다. 매키넌은 포르노가 여성을 성적 대상이나 물건으로 만든다고 말했다. 여성만이 아니라 남성도 그렇게 한다고 말한다면 이 지적은 옳다. 포르노에서 남성은 온전한 인간이 아니다. 타자와 소통할 수 있는 인격적 자아가 필요하지도 않다. 그는 몸의 한 부분, 욕망의 시각적 언어로 그려진 성기일 뿐이다. '해부학이 운명이다'는 프로이트의 지적은 포르노에 그려진 남성에 문자 그대로 적용되어야 한다. 남자라는 존재에 맞서 자지가 솟아오른다. 물론 그 자지를 찔러 넣는 여성도 당연히 보지로 환원된다.

자지는 남근(phallus)과 같지 않다. 남근이 남성을 특권적 존재로 만드는 사회적·상징적 권위의 표상이라면 자지는 남성의 신체적 기관이다. 페미니스트의 포르노 비판에 대한 남성들의 역비판이 겨냥하고 있는 것이 바로 이것, 즉 페미니스트들이 자지와 남근을 혼동하면서 남근 비판을 자지 비판으로 대체하고 있다는 점이다. 이를테면 김수기의 다음 지적이 겨냥하는 바가 이것이다.

---

30 지젝, 『삐딱하게 보기』, 222쪽.

포르노가 자지를 통해 수동적인 여성성을 위협한다는 주장은 단지 성기에 대한 잘못된 인식의 결과일 뿐이다. 남성의 권력이 자지에서 나오는가? 페미니즘의 유일한 목적이 남성 타도인가? 문제 삼아야 할 것은 자지의 상징적 의미가 구축되는 대립체계 즉 포르노와 성적 재현물들에 대한 담론적 근저에 접근하는 일일 것이다. …… 오히려 포르노는 자지를 노골적으로 있는 그대로 보여 주고 있다는 점에서 남근적이지 않다. 그런데도 포르노가 남근적인 이유는 자지를 보여 주는 데 있어서 '성'에 관한 진실을 모두 알고 있는 것처럼 가정하기 때문이다. 마치 남근이 그 자체 단일적인 것으로 가정하는 것처럼 포르노 역시 성을 단일한 것으로 가정하기 때문이다. 따라서 남근이 아닌, 자지를 공격하는 것은 남성적 권력의 진짜 원천을 회피하고 있는 것이다.[31]

김수기의 비판과 달리 페미니스트가 포르노를 비판하는 것은 포르노가 성기와 성행위를 노골적으로 보여 주기 때문이 아니다. 남성의 권력이 생물학적 기관에 불과한 자지에서 나온다고 순진하게 믿어서도 아니고 성적 수줍음에 사로잡혀 적나라한 성 묘사를 받아들이지 못하기 때문도 아니다. 페미니스트들이 문제 삼는 것은 포르노에 그려진 자지와 남근 사이에 결코 뗄 수 없는 환유적(metonymic) 관계가 존재한다고 생각하기 때문이다. 포르노에 재현된 자지는 단순히 생물학적 기관이 아니라 남성 권력의 육체적 축소판이다. 가부장적 사회의 권력관계 일반으로 확장할 수는 없겠지만, 적어도 포르노 장르에서 남

31 김수기, 「포르노에 대한 다른 시각」, 『섹스 포르노 에로티즘』, 130쪽.

근과 자지 사이엔 환유적 관계가 있다. 그것은 전체를 대리하는 부분으로 기능한다. 김수기의 주장과는 달리 포르노는 자지를 있는 그대로 보여 주지 않는다. 가리지 않았다고 있는 그대로 보여 준다고 말할 수는 없다. 그도 인정하듯이 포르노가 "성에 관한 진실을 모두 알고 있는 것처럼 가정"한다면, 그 진실은 성관계에서 남성의 파워와 우월성을 자연스러운 것으로 만들기 때문이다. 롤랑 바르트의 지적처럼 이데올로기의 기능이 사회적으로 구성된 '자의적'(arbitrary) 관계를 '자연화'(naturalize)함으로써 당연하게 만드는 것이라면, 포르노에 그려진 자지는 남성 권력을 자연화하는 육체적 수단이다. 이를 위해 동원되는 것이 거짓 단순화이다. 포르노는 성행위가 일어나는 사회적 맥락도 성행위를 주관하는 행위자도 무시한다. 거기에 존재하는 것은 추상화된 허구적 성기이다. 안젤라 카터가 포르노를 "성교를 위한 프로파간다"라 부르며 그 이데올로기가 "본질적으로 반동적"이라 말할 때[32] 의미하는 바가 이것, 즉 포르노는 발기된 자지의 재현을 통해 성적 지배를 자연화한다는 사실이다.

포르노에서 발기에 실패하는 자지를 본 적이 있는가? 그 자지의 삽입에서 오르가즘을 느끼지 않는 여자를 본 적이 있는가? 아무리 짓밟히고 모욕을 당해도 여성은 쾌락의 절정을 경험하고 괴성을 지른다. 여성의 향유가 포르노의 페티시가 되는 이유가 이 때문이다. 화면 가득히 클로즈업되는 희열에 찬 여성의 얼굴, 그것을 즐기지 않을 남성

---

32 Angela Carter, "Polemical Preface: Pornography in the Service of Women", ed. Drucilla Cornell, *Feminism and Pornography*, Oxford, UK; New York: Oxford University Press, 2000, pp.536~537.

관객이 어디 있을까? 포르노에서 자지는 언제나 발기해 있고, 언제 어디서고 즉각 솟아오를 준비가 되어 있다. '남자를 지배하는 발기된 자지', 이것이 포르노가 남성을 유혹하는 정체이다.

　이는 물론 환상이다. 현실에서 그런 자지는 없다. 문제는 이 불가능성이 환상의 힘을 약화시키는 것이 아니라 오히려 강화시키고 거듭 그곳으로 돌아가게 만든다는 점이다. 최소한 현재 포르노 시장의 대부분을 차지하는 주류 이성애 포르노는 포르노를 만드는 남성, 포르노 안에 재현된 남성, 포르노 밖 남성 관객의 욕망이 소통하는 재현 방식이다. 생산-재현-소비를 연결 짓는 이 회로에서 남성들은 불가능에 도달하려는 꿈을 꾼다. 실현 불가능하기 때문에 더욱 매달리는 매혹은 과연 어디서 나오는 것일까? 그 심리적 원천은 무엇일까?

4. 포르노적 환상기제: 남근적 어머니에 대한 공포와 초월의 환상

포르노가 남성들을 끌어들이는 유혹의 정체를 해명하기 위해 지금까지 제출된 여러 해석 중 내게 가장 설득력 있게 다가온 것은 드루실라 코넬의 것이다. 코넬이 포르노의 발기된 자지에서 역추적해 들어가 찾아낸 것은 거대한 남근적 어머니(phallic mother) 앞에서 거세위협에 떨고 있는 꼬마 남자아이이다. 그 꼬마의 모습을 요약하자면 이렇다.[33]

　자신의 모든 것을 받아 주는 것으로 느꼈던 엄마에게 자신이 더 이

---

33 Drucilla Cornell, "Pornography's Temptation", *Feminism and Pornography*, pp.556~566. 남근적 어머니의 환상에 대한 이 부분의 설명은 코넬의 논의를 필자가 재구성한 것이다.

상 전부가 아님을 알게 된 순간 아이는 트라우마에 빠진다. 나는 엄마에게서 분리되어야 한다. 인간이 하나의 독립된 개체로 서기 위해 이를 피할 수는 없다. 나의 욕구(need)를 넘어서는 엄마의 욕망(desire)의 발견은 내가 엄마에게서 떨어져 나와야 한다는 것을 의미한다. 더욱이 이 순간 발견한 엄마는 여자이다. 욕망하는 엄마의 발견 이전에 엄마는 여자가 아니다. 그저 나의 욕구를 채워 주는 젖가슴일 뿐이다. 엄마와 맺고 있던 이자적(二者的) 관계를 깨뜨리는 존재는 상징적 아버지이다. 포르노와 관련하여 중요한 것은 아이가 경험하는 나르시시즘의 상처이다. 이 상처가 트라우마로 불릴 만큼 엄청난 것은 아이가 어머니-타자에게 갖는 절대적 의존성 때문이다. 육체적으로 취약한 아이는 욕구의 충족을 위해 엄마에게 절대적으로 의존한다. 아이의 상상 속에서 엄마는 언제나 그곳에 있으면서 자신의 욕구를 채워 주는 존재이다. 아이는 엄마가 자신의 전부이고 자신이 엄마의 전부라고 상상한다. 서로가 서로에게 전부가 되는 절대적 관계가 깨어질 때 아이는 트라우마에 떨어진다. 아이는 이 상처를 쉽게 극복하지 못하고 엄마에게 저항한다. 자신의 안전을 빼앗아 간 것은 바로 엄마의 욕망이라고 상상하기 때문이다.

물론 이 절대적 안전성이라는 것은 환상이다. 그리고 이 환상과 조응하는 것이 엄마가 상처 입지 않은 완전한 존재, 거세되지 않는 존재라는 환상이다. 그녀가 '남근적 어머니'라 불리는 이유다. 남근적 어머니는 생물학적으로는 여성의 성기를 지니고 있지만 아직 결핍이 없는, 말하자면 모든 것을 가진 전능한 존재이다. 어머니/아이의 충만한 이자적 관계라는 환상이 깨어지면 남근적 어머니는 아이의 상상 속에서 생명을 주기도 하고 빼앗기도 하는 위협적인 존재로 남는다. 이 남근적 어머니에 대한 공포와 욕망이 그녀를 무의식 속에 억압하도록 만든다. 하지만 남근적 어머니를 잃어버리는 것이 상실감만을 주는 것은 아니다. 상실 못지않게 얻는 것이 있다. 아이는 엄마를 잃는 대신 사회적 상징질서 속에서 사회적 위치를 얻는다. 어머니를 잃고 상징적 위치를 얻게 해주는 존재가 상징적 아버지이다. 아버지-대타자가 어머니-타자를 통제함으로써 아이에게 정체성을 가져다줄 수 있는 것은 그가 남근적 권력을 지니고 있기 때문이다.

포르노에 그려지는 자지가 바로 이 남근을 가진 자지, 남근적 어머니를 통제할 수 있는 아버지의 상상적 자지이다. 남자는 거대하게 발기된 자지를 통해 거세공포에서 벗어난다. 상상적 자지의 환상은 아이로 하여금 자지와 남근을 분리시키지 않아도 되게 한다. 자지와 남근의 차이를 인정하고 결핍을 받아들이는 것이 거세를 수용하는 것이라면, 양자를 분리하지 않는 것은 거세를 회피하는 것이다. 환상화된 아버지의 자지를 통해 남아는 자신의 거세를 받아들이는 대신 어머니를 통제하고 해체한다. 포르노에 반복적으로 나타나는 성적 폭력은 남근적 어머니를 방어하는 무기이다. 아이는 어머니를 찢고 부수고 버려야 한다. 그러나 환상으로 존재하는 바로 그 이유 때문에 남근적 어머니는 완전히 사라지지 않는다. 히치콕의 영화 「사이코」에 등장하는 연쇄살인범처럼 아이는 계속해서 남근적 어머니를 죽여야 하지만, 죽은 후에도 그녀는 다시 살아난다. 연쇄살인범이 훼손된 여성의 육체를 살인의 추억으로 남기며 걸어간 행로는 이 무의식적 환상이 얼마나 질기고 무서운지 생생히 입증한다. 남성들이 포르노로 반복해서 돌아가는 것은 남근적 어머니가 그들의 무의식 속에 새겨져 있기 때문이다. 포르노가 결코 그 목적에 도달할 수 없는 반복행위가 되는 것은 이 때문이다. 남근적 어머니를 없애려면 그녀를 지배할 수 있는 상상적 아버지의 위치에 올라서야 한다. 하지만 현실 속 남성은 그 누구도 이 예외적위치를 차지할 수 없다. 현실 속 여성들 역시 파편으로 존재하지 않는다. 하지만 포르노에서 여성들은 신체의 한 부분, 남성의 성기가 뚫고들어가는 텅 빈 구멍으로 존재한다. 포르노에서 남성은 찌르고 부수고뚫는다. 남성들이 포르노에서 경험하는 짜릿한 흥분과 전율은 육체적쾌락 그 자체라기보다는 이 초월의 환상에서 나온다. 비록 그 초월의끝이 자위라는 혼자만의 무력한 행위라 할지라도. 살인이 초월의 최종적 행위라고 주장할 때 사드는 이를 정확히 알고 있었다. 역설적이게도 사드에게 가장 육체적 행위라 할 수 있는 섹스는 육체를 초월하는행위이다. 물론 남성들은 초월이 불가능하다는 것을 알고 있다. 초월뒤에 공포가 놓여 있다는 것도 안다. 알면서 부인하는 것이 페티시즘의 논리라면 포르노 보는 남자들은 근원적으로 페티시스트이다.

5. 성적 평등의 요구와 욕망에 대한 책임

남은 문제는 어떻게 이 환상을 다룰 것인가이다. 환상 속에서 여성들이 찢기고 부서진다고 해서 환상에 법을 들이댈 수는 없는 노릇이다. 법적 규제를 통해 인간의 무의식적 환상을 교정할 수 있다면 포르노문제를 풀기는 의외로 쉽다. 환상의 힘은 그것이 금기될수록 더 강해진다는 역설에 있다. 성을 둘러싼 금기와 규제는 결코 넘지 못할 경계선을 긋는 것이 아니라 권력과 쾌락의 끝없는 나선형 구조를 만든다.

그러나 환상이 환상으로 그치지 않고 주체의 심리에 영향을 미쳐 현실적 힘을 행사한다면 환상에 대한 책임은 필요하다. 금기에 대한 억압이 문제라 해서 모든 것을 "욕망해도 괜찮아"라고 말할 수는 없다. 욕망의 자유 못지않게 욕망에 대한 책임도 필요하다. 모든 개인이 자신의 욕망을 추구할 절대적 자유를 행사하는 이른바 홉스의 자연상태에서 한 개인의 욕망은 다른 사람의 욕망을 무한정 침탈할 수 있다. 이 만인의 만인에 대한 전쟁 상태에서는 사실상 어떤 자유나 권리도 존재할 수 없다. 주류 포르노에서 그려지는 폭력과 남성 지배는 그것이 특정 성범죄와 인과적으로 연결되기 때문에 여성에게 피해가 되는 것은 아니다. 설령 포르노가 성폭력을 유발했다고 해도 그것을 입증할 도리는 없다. 또 여성 관객들이 포르노적 환상에 대해 어떤 협상력도 갖지 못하는 일방적 희생자인 것은 아니다. 여성들은 자신들을 종속시키고 비하시키는 위치와만 동일시하는 것이 아니라 여러 위치와 동일시할 수 있다. 이를테면 포르노에 흔히 등장하는 사도마조히즘적 장면에서 여성 감상자들은 지배당하는 마조히즘적 위치와 동일시하는 것만이 아니라 지배하는 사디즘적 위치와도 동일시할 수 있으며, 가학과 피학 사이엔 넘을 수 없는 선이 그어지는 것이 아니라 얼마든지 위치 이동이 가능하다. 하지만 여성 감상자들이 전복적 수용을 포함하여 포르노에 대해 다양한 형태의 협상력을 발휘할 수 있다고 해서 여성을 비하하는 재현물이자 남성적 환상으로서 포르노가 여성에게 피해를 주지 않는다고 말할 수는 없다. 우리가 개인의 권리를 포괄적 의미로 받아들인다면, 다시 말해 자율성과 더불어 인식적·감성적·미적·도덕적 능력들의 균형 있는 발휘, 그리고 친밀한 인간관계의 참여 등을 포함하는 광의의 의미로 이해한다면 다수 포르노에 그려진 종속적인 성 자체가 여성의 평등권을 침해하는 것일 수 있다.

코넬은 성적 존재로서 한 인간이 평등한 시민으로서 공적 영역에 참여할 수 있는 '개인'(individual)이 되려면 최소한의 조건을 보호받아야 한다고 주장한다. 그가 '개인화를 위한 최소조건'(minimum conditions of individuation)[34]이라 부르는 것은 우리가 평등한 시민으로서 공적·정치적 삶에 참여할 수 있는 주체적 개인으로 자신을 변화시킬 수 있는 동등한 기회를 갖는 데 필수 불가결하다. 코넬은 이 조건이 다음 세 가지를 포괄해야 한다고 주장한다. 첫째, 신체적 보전(physical integrity), 둘째, 자신을 타인과 구별해 주는 언어적 기술을 습득하기에 충분한 상징형식에 대한 접근성, 셋째, 상상적 영역(imaginary domain)이다.[35] 코넬이 '상상적 영역'이라 부르는 것은 "감정적 문제에 깊이 연루된 성적 존재"로서 한 개인이 자신이 누구인지 판단하고 재현하는 "심리적·도덕적 공간"[36]을 가리킨다. 이런 상상적 영역 개념의 핵심에 자리 잡고 있는 것이 바로 인격체로서 개인(the person)은 태어나면서 주어지는 것이 아니라 생성 과정 중에 있다는 생각이다. 개인은 미래적 가능성이자 지향성이다. 코넬은 라캉 정신분석학의 논의를 원용하여 인간이 거울 속에서 만나는 상상적 이미지가

---

34 Drucilla Cornell, *The Imaginary Domain: Abortion, Pornography and Sexual Harassment*, New York: Routledge, 1995, p.5.
35 *Ibid.*, p.4.
36 *Ibid.*, p.5.

자아의 형성에 필수적이라고 주장한다. 자신을 되비춰 주는 상상적 이미지가 적절히 공급되지 않거나 심각하게 훼손될 때 자아는 상처를 입는다. 상상적 영역의 침해는 가장 깊은 수위에서 우리가 타인에게 범하는 잘못이자 피해이다. 포르노가 여성에게 피해를 준다면 그것은 포르노가 남성들에게 성범죄를 유발하기 때문이 아니라 여성들이 한 인격체로서 자기 자신을 형성하기 위해 확보해야 하는 상상적 이미지를 훼손하고 비하하기 때문이다.

성적 자율권은 한 개인이 자신의 성과 관련된 문제에 대해 자유롭게 선택하고 결정하는 자율적 주체라는 것을 인정하는 법 권리적 표현이다. 문제는 남성이 자신의 성적 욕망을 추구할 권리를 행사하는 것이 여성의 권리와 갈등하는 상황이 벌어질 수 있다는 것이다. 여성주의 법학자들이 젠더 중립적인 합리적 개인이라는 관점이 보편성이라는 외피를 쓰고 있지만 사실상 남성의 관점이라고 비판하면서 피해자의 관점이나 합리적 여성의 관점을 모색하게 된 이유가 여기에 있다. 피해자의 관점은 피해자가 놓여 있는 권력관계의 맥락에 대한 이해와 고려, 그리고 구체적인 타자의 윤리적 관점에 대한 인정과 배려를 필요로 한다. 이는 전형적인 자유주의에서 상정하는 소유권으로서의 자기결정권이나 중립적 공정성으로는 도달할 수 없는 시각이다.

하지만 주관적 시각에 불과한 남성적 시각이 보편성으로 군림해 온 남성중심주의가 문제라고 해서 보편성을 버리고 주관성으로 도피하는 것이 해결책이 될 수는 없다. 하나의 보편성을 주관적 이해관계를 가진 복수의 기준들로 대체하는 것이 법을 더 정의롭게 만들지는 못한다. '차이'의 이름으로 주장되는 주관적 기준들이 경합할 때 그 어떤 것도 정당성을 주장할 수 없고 모두가 옳다는 상대주의나 힘이 곧 정의라는 권력투쟁론을 수용해야 하기 때문이다.

인간은 법 앞에 평등한 존재라는 자유주의적 시각에 내장된 가능성을 그 최대치로 끌어올리기 위해서는 평등 속의 차이를 말할 수 있어야 한다. 우리는 보편적으로 각자 다 다르다. 단 그것은 우리가 동등한 개인으로 서로를 대할 수 있는 조건에 한해서이다. 고유한 개체적 존재로서 각자의 차이가 살아날 수 있는 이런 '조건의 평등성'은 에티엔 발리바르가 '평등 속의 차이' 혹은 '보편적 다양성'이라 부르는 것과 일치한다.[37] 페미니즘 논의에서 대립과 갈등을 일으켰던 '평등과 차이'의 문제 역시 보편적 차이에서 그 해결책을 찾을 수 있을 것이다. 여성이 남성과 평등한 권리를 요구하는 것은 양성 사이에 아무런 차이가 없다고 주장함으로써 성차를 지워 버리는 것이 아니라 개인성의 이름으로 여성적 성(feminine sexuality)의 평등한 가치를 요구하는 것이다. 남성적 성(masculine sexuality)에 특권적 가치를 부여하는 가부장적 사회가 여성적 성을 비하하거나 가치절하해 왔다면, 이는 개인성을 형성하기 위한 평등한 조건을 거부해 왔다는 것을 의미한다. 여성이 차이를 지닌 자율적 개인으로 존재하려면 이런 차이가 살아날 수 있는 최소한의 조건이 인정되어야 한다. 평등은 자유와 배치되는 것이 아니라 그 선결조건이다. 평등의 주장은 여성의 자유를 가로막는 강요된 성규범과 성차별적 관행의 철폐를 요구하는 것이지 성차를 무화시키거나 성을 초월하는 것이 아니다. 차별 철폐와 기회 균등은 다양한 차

---

37 에티엔 발리바르, 『대중들의 공포』, 서관모·최원 옮김, 도서출판b, 2008, 530쪽.

이들이 가능하게 만드는 전제조건이다. 페미니즘은 이 보편적 조건을 얻기 위한 싸움이었고, 이 싸움을 통해 여성뿐 아니라 많은 사회적 소수자들의 인간적 가능성을 확장시켰다.

포르노가 문제적이라면, 그것은 포르노가 여성이 자유를 획득하기 위한 최소조건으로서 신체적 보전과 상상적 영역을 제한하고 훼손하기 때문이다. 페미니즘 내에서 포르노 찬반론자들은 각기 성적 자유와 평등을 요구했다. 포르노 옹호론자들은 포르노 규제가 남성뿐 아니라 여성의 성적 자유와 표현의 자유를 침해한다고 비판했고, 반대론자들은 포르노가 여성의 평등권을 침해한다고 주장했다. 여기서 자유와 평등은 서로 대립되는 가치로 설정되어 있다. 하지만 앞서 우리가 살펴보았듯이, 최소한 주류 이성애 포르노 속에서 여성들이 남성의 성적 환상의 대상으로만 그려져 있다면 이는 여성들의 상상적 이미지에 제한으로 작용한다. 매키넌은 포르노가 여성 차별이라는 현실적 효과를 발생시키는 '강요된 언어 행위'(coercive speech act)라고 주장한다.[38] 그가 포르노를 여성의 종속과 차별을 일으키는 수행적 행위로서 여성의 평등권을 침해한다고 보는 이유다. 하지만 여성들은 남성적 환상에 의해 그 존재가 규정당할 만큼 취약하지는 않다. 여성들이 남성의 재현 행위 때문에 얼마나 희생당해 왔는지 주장함으로써 그 권리를 보장받으려는 이른바 '피해자화'의 함정에서 벗어나기 위해서도 포르노에 너무 큰 권능을 부여해서는 안 될 것이다. 하지만 남성적 환상의 재현으로서 포르노가 그런 실제적 위력을 행사하는 것은 아니라고 해서

---

38 MacKinnon, *Only Words*, pp.13~25.

포르노가 여성이 자신의 신체와 성에 대해 다른 상상을 할 수 있는 기회를 제한하고 축소시키지 않는다고만 할 수는 없다. 여성들 개개인이 자존감을 지닌 인격적 개체가 되려면 자신의 신체적 욕구와 성적 욕망에 대해 자유롭게 상상하고 다양한 정체성을 실험할 수 있는 공간이 필요하다. 포르노는 이런 상상의 영역을 제한하고 축소시킴으로써 개인성의 최소조건을 침해한다. 특히 신체를 훼손 없이 온전하게 보존하는 것은 개인성의 기획에 필수적이다. 여성의 신체를 절단하고 파괴하는 폭력적 포르노는 성보수주의자들이 주장하듯 성적 도의심에 반하는 수치심과 불쾌감을 조장하기 때문이 아니라 여성의 신체적 존엄성을 훼손하고 여성의 성을 비하하기 때문에 문제이다.

포르노 규제가 필요하다면 그것은 자신의 생각을 표현하고자 하는 권리나 그 표현물을 보고자 하는 권리를 막을 법적 강제가 아니라 보지 않으려는 자의 권리, 혹은 보고 싶지 않은 자의 권리 보호라는 차원에서 시도되어야 한다. 보고 싶지 않은 자들에게까지 포르노를 살포하여 보지 않을 수 없게 만든다면, 이는 포르노적 성과 다른 방식으로 자신의 섹슈얼리티를 상상할 수 있는 기회를 제한한다. 보고자 하는 사람들에게만 포르노 관람을 허용하고 불특정 다수에게 무차별적으로 이루어지는 살포 행위는 규제할 필요가 있다. 휴대전화, 이메일, 인터넷 등에 본인의 의사와 무관하게 혹은 그에 반하여 무차별적으로 살포되는 포르노물은 규제되어야 한다. 생산이 아닌 전시와 관람의 영역에서 이루어지는 규제는 표현의 자유를 침해하지 않는다. 표현의 자유라는 헌법적 권리는 남성뿐 아니라 여성에게도 필요하다. 여성이 자신의 성을 상상하고 표현함으로써 자신이 누구이고 또 누구여야 하는지 실험하기 위해서는 표현의 자유를 포기할 수 없다.

우리는 포르노를 새로운 의미 구성의 가능성에 열어 놓아야 한다. 여성들이 성에 관한 대안적 표현물을 창조해 내지 못한다면 남성적 환상을 반영하는 현재의 포르노들은 불변의 실체로 존재할 것이다. 여성에 대한 성차별적 시각은 우리 문화 전반의 상징적 코드 속에 깊이 각인되어 있다. 따라서 포르노만 공격할 수는 없다. 가부장적 문화에서 여성의 성은 성애화와 물상화가 동시에 이루어지고 있기 때문에, 포르노 역시 여성 억압의 원인이라기보다는 가부장적 사회문화의 반영이자 그것의 재생산에 기여하는 한 형태이다. 포르노 생산을 규제하고 포르노 추방 캠페인을 벌이는 것으로 여성 억압의 원인을 제거할 수는 없으며, 남성적 환상을 교정할 수도 없다. 감시와 비판을 넘어 성에 대한 다른 상상이 제공되지 않는다면 현재의 포르노는 계속될 것이다.

이 다른 상상에 굳이 포르노라는 이름을 붙이는 것이 적절한지에 대해서는 의문이다. 포르노라는 말 속에는 이미 사회적으로 구성되고 통용된 너무 많은 의미 층위와 관습적 규약이 쌓여 있기 때문이다. 한국의 일부 페미니스트 예술가들이 시도한 '포르나'(남성적 포르노를 전복하는 여성적 포르노를 부르는 이름)가 남성적 포르노를 대체하는 적절한 길인지에 대해서도 의문이 든다. 남녀의 위치를 단순히 뒤집기만 해서는 포르노적 환상 구조를 해체할 수가 없다. 무엇보다 성을 하나의 물건이자 도구로 환원하는 시각을 넘어 감성의 충족을 동반하는 전인적 성이 그려지지 않는다면, 여성 소비자들의 감각을 열 수 없을 것이며 그녀들의 쾌락도 만족시킬 수 없을 것이다. 이는 포르노적 환상 구조 자체를 넘어서는 상상을 요구한다. 타인을 비하하거나 물상화하지 않는 욕망, 이성애적 가부장제 이데올로기의 각본에 매이지 않는 환상, 아직 탐사되지 않은 미지의 가능성이자 잠재력으로서 여성의 섹슈얼리티에 대한 실험은 계속되어야 한다. 프랑스의 여성주의 철학자 뤼스 이리가레는 여성의 질을 남성의 성기가 뚫고 들어가는 '구멍'이 아니라 서로 접촉하고 애무하는 '두 입술'(two lips)이라 불렀다. 두 입술은 여성의 몸을 아름답게 표현하는 비유이자 남성적 동일성의 논리에 견인당하지 않는 여성적 성에 대한 윤리적 지향을 담고 있다. 이리가레가 이론적 언어로 말한 두 입술이 새로운 시각적·언어적 표현을 만날 때 포르노를 넘어서는 성적 재현은 모습을 드러낼 것이다.

2012년 한국 사회는 이루지 못한 욕망 때문에 괴로워하는 소심한 아저씨들의 고백으로 뜨거웠다. 우리 모두 죄책감에서 벗어나 솔직하게 욕망을 인정하자는 한 남성 법학 교수의 고백이 많은 남자들의 공감을 얻었다. 그 욕망은 학위를 위조하여 대학교수가 된 여성 큐레이터와 사랑에 빠진 고위 공직자에서 중국인 브로커 여성과 애정 행각을 벌이는 외교관으로 이어지고 있고, 그 끝자락에는 친구 집에서 『플레이보이』 잡지를 몰래 훔쳐보던 중학생이 놓여 있다. 『욕망해도 괜찮아』의 저자 김두식은 안식년 동안 체류한 미국의 한 대학에서 동성애 목사의 강연을 듣고 선 하나를 넘었다고 고백한다. 성에 관한 금기의 선을 넘고 난 후 그가 조심스럽게 내놓은 것이 이제 우리 모두 몸의 욕망을 억누르지 않았으면 좋겠다는 제안이다. 그가 유포한 '욕망해도 괜찮아'라는 메시지는 금기와 죄의식에 시달려 온 한국 남성들에게 안도와 위로를 선사한다.

인간은 살의 존재이기 때문에 살의 소통을 억압해서는 안 된다는 그의 주장 자체가 문제는 아니다. 이는 전적으로 옳다. 문제는『플레이보이』에 그려진 살들의 관계가 문제라고 느껴지지 않는 그의 감각이다. 세상에 존재하는 모든 욕망이 괜찮은 것은 아니다. 눈 밝은 한 서평가가 예리하게 지적했듯이, "모든 욕망이 더러운 것은 아니지만 모든 욕망과 그 욕망의 관계 역시 전적으로 순수할 수는 없다. …… 저자는 자신의 욕망에 최대한 접근하고자 하지만 실패한다. 그 욕망을 오직 반성의 대상으로만 삼을 뿐 욕망끼리의 함수관계나 욕망의 사회적 형성과정에는 그다지 귀를 기울이지 않고 있기 때문이다".[39] 이제 우리는 욕망을 억압하는 사회를 반성하면서 '욕망해도 괜찮아'를 주장하는 수준을 넘어 서로 갈등하는 욕망이 부딪칠 때 '어떻게 더불어 살 것인가'를 고민해야 한다.

1990년대 이후 한국 사회에 주도적 영향력을 미치기 시작한 남성들의 성자유주의는 성적 욕망과 표현의 권리에는 민감했지만 상이한 욕망을 가진 사람들이 어떻게 공존할 것인가에 대해서는 둔감했다. 포르노적 성에 만연한 폭력성이 여성들에게 상처가 된다는 주장도 그들의 욕망의 권리 앞에선 침묵당하기 일쑤였다. 남성들의 성적 욕망이 괜찮은 것이 되려면 그들이 살을 맞대는 여성들이 괜찮다고 느낄 수 있어야 한다. 여성들은 그들이 살을 나누는 파트너이자 감정을 교류하는 이웃이다. 욕망의 권리가 이웃의 억압으로 이어지지 않으려면 욕망에 대한 책임이 필요하다. 이는 포르노 논의에도 유효한 명제이다.

39 최수태, 「욕망해도 괜찮아? '강부자', '고소영', '김재철'도?!」,『프레시안』, 2012년 6월 8일자.

3부

—

좌 담

포르노, 못다 한 이야기
2012년 6월 14일 건국대학교 몸문화연구소 회의실

지금 왜 포르노가 문제인가?

김종갑 반갑습니다. 지난 1년간 우리는 포르노그래피 연구를 함께 진행했고, 심포지엄도 개최하였습니다. 오늘 우리 연구를 한 권의 책으로 묶으면서 그간의 연구 활동을 정리해 보고, 또 심포지엄에서 논쟁이 있었지만 마무리 짓지 못했던 이야기들과 앞으로 남은 문제들을 더 토론해 보기 위해 좌담회 자리를 마련했습니다. 먼저 포르노그래피에 관한 연구가 지금 이 시대에 어떤 의미가 있는지 이야기를 해보면 어떨까요? 우리가 10년 전이나 10년 후가 아니라 바로 2012년 이 시점에 왜 포르노라는 주제를 기획했는지, 이런 논의가 어떤 의미를 갖는지 말씀해 주시죠.

김운하 제가 사회학적인 차원에서 접근했기 때문에 먼저 이야기를 하는 게 좋지 않을까 하는 생각이 듭니다. 먼저 재미있는 사실에서부터 이야기를 시작하고 싶은데요. 며칠 전에 아마 뉴스 보신 분들도 있을 겁니다. 이른바

'지하철 야동남'이라고 혹시 보셨습니까? 혼잡한 지하철 1호선에서 여성분들도 많이 있는데 한 중년 남자가 몰래 스마트폰으로 포르노를 본 겁니다. 문제는 손으로 가리고 봤는데, 그 사람이 중년 남자라서 그런지, 거기까지는 아직 디지털 기술에 적응을 못해서 그런지, 이어폰을 안 꽂고 그냥 소리가 다 나는 상태에서 포르노를 보고 있었던 거죠, 지하철에서.

서윤호 그 중년 남자가 과연 어떤 생각과 의도로 지하철에서 포르노를 봤는지가 궁금하군요.

김운하 그게 유튜브에 올라왔는데, 제가 보기에 이 사람은 흔히 말하는 바바리맨처럼 노출증 환자는 아니었어요. 말 그대로 이 사람은 정말 손으로 가리고 있었어요. 자기만 보려고 했는데 소리가 새어 나온 거죠. 자기는 몰두해 있었기 때문에, 그게 뭐가 뭔지 몰랐던 거죠. 그런데 그다음에 그걸 누가 동영상으로 찍고 또 유튜브에 올려 사회적인 문제를 일으켜 버렸거든요. 그래서 경찰한테 막, 항의가 들어간 거죠. 저 사람, 지하철 야동남 잡아야 된다, 처벌해야 한다 식으로.

이은정 그런 의도에서 올린 거예요? 그거 올린 사람은?

김운하 아마 그렇지 않을까요? 그래서 이게 뉴스에서 막 터지니까 경찰에서 조사에 들어간 거죠. 조사 들어가서 어떤 법 조항을 걸어 이 사람을 잡아넣을 수 있는지 검색해 봤는데 처음 몇 개 언론에서는 정보통신법이라든가 풍기문란죄, 음란공연죄 등등 100만 원 이상의 벌금을 물 걸로 법조인들은 보고 있다고 했는데, 나중 기사는 경찰의 말을 인용해 너무 모호하기 때문에 법적 근거가 없다는 거예요. 그런데 법적인 걸 떠나서 제가 이야기하고 싶은 것은 이 사건 자체가, 사실 제가 글에서 밝힌 것의 아주 정확하고 구체적인 실례를 보여 주는 상징적인 사건이라는 거죠. 세계 역사상 아주 유례가 없는 사건이 지금 발생한 건데요. 스마트폰이라는 디지털 기기, 그리고 태블릿PC도 마찬가지고, 이런 것들이 등장했는데 이것이 사실은 굉장히 혁명적인 의미를 가지고 있다는 거죠.

포르노그래피와 관련해서 본다면, 모든 다른 삶의 영역도 마찬가지이지만 포르노 역시 테크놀로지의 발전과는 동떨어져서 생각할 수 없는데 이것이 상징하는 바는 패러다임 자체가, 쉽게 말하면 인쇄·활자 문화의 시대, 구텐베르크 은하계라고 부르는 그 패러다임이 이제 완전히 끝났다는 거죠. 완전히 끝나고 지금은 디지털 패러다임 시대, 디지털 은하계의 시대가 완벽하게 도래했다는 겁니다. 그런데 이 패러다임 자체가 완전히 바뀌면 인간 삶, 개인들의 삶의 존재 양식 자체도 완전히 바뀌거든요. 구텐베르크 이전의 삶의 양식하고 이후의 삶의 양식이 달랐던 것처럼 지금 스마트폰으로 표현되는 이런 디지털 기술혁명은 이전과 완전히 다른, 성적인 삶도 그렇고 다른 노동이라든가 여가라든가 모든 면에서 사회적 삶이나 공동체의 삶이나 개인의 삶 전체를 다 바꾼다고 생각합니다. 그래서 지하철 야동남이 보여 주는 게 뭐냐 하면, 첫번째는 **탈경계 현상**입니다. 국경이라든가 그런 모든 경계를 초월한 이런 디지털 혁명이 가져온 하나의 사회적 결과는 지구 자체가 하나의 진정한 의미에서의 영토가 되었고, 그래서 어떤 법체계로도 내가 지하철 안에서 포르노를 보든, 어디서 보든 그것은 막을 수가 없다는 거죠. 그다음 두번째는 언제 어디서나 즉각적으로 내가 원하면 언제든지 바로 호출할 수 있다는 **즉각성**입니다. 세번째는 **편재성**인데, 이제는 누구나 다 스마트폰을 들고 다니니까 아무 데서나, 신이 어디서나 존재하듯이, 포르노그래피는 어디서나 일상 속에서 늘 존재한다는 거죠. 그래서 이 기술이 이전 기술과 무엇이 다른지 곰곰이 생각해 봤어요. 텍스트에서 영상 기술로 넘어오는 과정에서 제일 먼저 영화가, 그다음에 TV, 그다음에 인터넷, 그리고 이제 스마트폰인데요. 이것을 보면, 처음에 영화는 공적인 영역에서 보는 거잖아요. 극장이라든가 사람이 몰려가 보는데, 이것이 점점 더 개인화되고 있다는 거죠. 완전히 개인화되고 있다는 거예요. TV만 해도 집 안 거실에서 보기 때문에 일종의 공공성을 가지고 있었는데 이건 완벽하게 개인화되어 버렸다는 거죠. 그래서 이제는 **개인화를 넘어서 신체화되는 단계, 아예 신체 자체로 결합되는 그런 단계로까지 나아가고 있으니까** 이제는 이 디지털 기기 하나를 통해서 사적 영역과 공적 영역의 경계 자체가 무너지고, 그렇게 되면서 이 디지털 기계 하나가 이제 개인과 완전히 결합된 상태에서 삶 자체를 완전히 변형시켜 버렸다는 거죠, 제가 봤을 때는.

장대익 그런데 지금 말씀하신 것은 디지털 혁명의 일반적 특성이 아닌가요? 우리의 물음은 대체 '왜 이 시점에서 포르노냐'라는 것입니다. 물론 포르노가 디지털 혁명 때문에 어떤 식으로 진화해 갈 것인지도 연관된 물음이겠지만 말입니다.

김운하 지금 이 시점에서 왜 포르노냐? 그게 아까 지하철 야동남에서 드러났던 것처럼, 이제 포르노그래피 자체가 완전히 개인화되어 버렸고 즉각적으로 언제든지 호출되어 있는, 될 수 있는 그런 상황이 도래했다는 거죠. 이전에는 포르노가 근대적 상황, 즉 20세기 상황에서는 인쇄 매체라든가 TV라든가 혹은 뭐 비디오에서는 **완벽하게 금기의 영역이었고 최소한의 공공성**을 가졌거든요. 그런데 이제 그런 걸 완전히 탈피해 버린, 완벽하게 개인화된 상태로 들어온 최초 시점이 지금이라는 거죠. 왜냐하면 한국 같은 경우에 스마트폰이 지금처럼 보급된 게 2년밖에 안 됩니다. 2년 또는 3년밖에 안 돼요. 완전히 시작 단계에 있다는 거죠. 제가 고민하는 건 그거예요. 이렇게 스마트폰이나 태블릿PC를 통해서 이제 포르노그래피가 편재성과 즉각성을 가지고 완전히 개인화되고 있는데, 탈경계화된 포르노그래피가 이렇게 개인화되었다는 건 누구도 부인할 수 없는 현실이고 사실이거든요? 여기에서부터 출발해야 한다고 봅니다. 그런데 이게 도대체 어떤 의미를 가지고 있느냐, 어떤 사회적 의미를 가지느냐 하는 게 제가 고민했던 주제이고요. 어떤 식으로 이게 우리의 삶을 변형시키느냐 하는……. 그래서 나중에 다시 이야기하겠지만 페미니즘 같은 경우에도 이전에는 이게 도덕적인 문제, 성표현의 자유의 문제냐 아니면 여성의 폭력 문제냐 등의 패러다임으로 논의했는데, 제가 보기에는 이런 새로운 디지털, 지금과 같은 디지털 기술은 이런 패러다임을 초월해 버린다는 거죠. 패러다임 자체를 넘어서 있고 틀 자체를 바꿔 버렸기 때문에 다른 방식으로 논의를 해야 한다는 거죠.

장대익 다시 한 번 여쭐게요. 그것이 디지털 혁명의 일반적 특징, 가령, 우리가 지하철 안에서도 VOD를 볼 수 있고 TV드라마를 다운받아서 바로 볼 수 있다는 그런 일반적 특징과 다른 게 뭐가 있을까요?

김운하 아, 다른 게 있죠. 패러다임이 바뀌었다는 거죠. 이 스마트폰이 보여 주는 세계는 일종의 원더랜드입니다. 마법의 왕국, 그러니까 이상한 나라의 앨리스, 거울 나라의 앨리스 있잖아요? 거울을 통과하면 현실과는 완전히 다른 초현실적인 세계로 들어가게 되잖아요? 그런데 이 세계는 뭔가 굉장히 마법적이거든요. 스마트폰이 보여 주는 세계는 뭔가 하면 성인용·디즈니랜드예요. 쉽게 말해서 이 가상세계가 보여 주는 것은 완벽한 놀이 세계, 엔터테인먼트와 놀이와 재미만 있는 세계입니다. 사적인 놀이와 재미의 세계에서 도덕을 운운하는 건 굉장히 웃기는 거죠.

이명호 저는 김두식 씨의 『욕망해도 괜찮아』라는 책을 오늘 오기 직전까지 읽고, 이게 포르노 현상의 어떤 징후적 드러남으로 읽힐 수 있겠다, 그런 생각을 했는데요. 그 책 자체에 대한 평가는 다양할 수 있다고 봅니다. 저는 그 책을 그렇게 높이 평가하지는 않는데, 이 책이 출현하는 것과 포르노에 대한 논의는 상당히 연관된 지점이 있다는 생각을 해요. 여러 가지 이야기를 할 수 있지만, 아주 간단히 요약하자면 성적 욕망을 포함한 다양한 욕망을 발설할 수 없었던 어떤 사람들이, "그거 나 이제 해도 좀 괜찮게 내버려 둬라"라는 것이거든요. 그게 이제 권력의 욕망일 수도 있고 그다음에 물질의 욕망, 강남으로 진입하고 싶은 물질의 욕망일 수도 있고요. 「색계」라는 영화를 보고서 '계'를 넘어서고 넘어서서 '색'에 도달하고 싶어 하는 어떤 강한 욕망을 이제 나 좀 죄의식 안 갖고 싶다고 하는 것이 어떤 공적 담론의 장에 자극이 되어 나온 게 김두식의 책이었다고 생각하는데, 사실 그 비슷한 징후는 한 10년 전부터 이미 있어 왔다고 생각해요. 90년대 이후부터 들어왔다가 이게 조금씩 내부적 검열에 걸렸던 거죠. 내부적인 검열에 걸렸다가 이제 점점 그 검열의, 내부 검열의 수준이 와해되면서 "나, 욕망, 이제 해도 괜찮아"라고 하는 단계에서 지금 우리는 이제 포르노를 말할 수 있는 시점이 아닌가 싶습니다.

그리고 이러한 욕망에 대해 말하고 있는 화자는 누구이고, 그 사람은 어떤 욕망을 어떻게 말하고 싶어 하는가, 이런 부분이 지금 단계에서 우리가 얘기해야 할 주제라고 생각합니다. 저는 이처럼 욕망을 솔직하게 표현하는 것이 정상적인 현상이라고 보지만 욕망을 말하는 방식, 화자의 시점과 입장 등 여러 가지에 대해서는 더 이야기를 할 필요가 있지 않나 생각합니다.

김종갑 그런데 저는 다른 생각을 가지고 있습니다. 20년 전이나 30~40년 전이라면 몰라도 2012년에 『욕망해도 괜찮아』와 같은 책이 왜 주목을 받는지 도저히 이해가 안 됩니다. 예를 들어, 조금 전 이야기 주제처럼 『섹스 포르노 에로티즘』의 주제가 욕망을 긍정하라는 요청이거든요. 그것이 사이버섹스든 동성애든 긍정하라는 것이지요. "욕망해도 괜찮다"는 것은 이제 구태의연하게 되었습니다. 왜 이 낡은 주제가 다시 등장하는지 이해가 되지 않아요.

장대익 기독교의 정신적 지체 현상? (웃음)

서윤호 김종갑 선생님께서 말씀하셨듯이 『욕망해도 괜찮아』는 그냥 욕망 일반에 초점을 맞추고 있는데, 이미 그건 예전에도 충분히 논의되었던 것으로 볼 수 있지요. 오히려 포르노와 관련해서는 올해 초에 나온 책 중에

『포르노를 허하라』라는 도발적인 제목의 책이 있습니다. 물론 그 내용을 보면 『포르노를 허하라』라는 제목은 여러 주제 중 하나에 지나지 않지만, 그래도 이렇게 도발적인 제목을 붙인 책이 출간되는 최근의 현상들을 보면, 이제 우리 사회도 포르노에 대해서 사회적 논의를 할 상황이 되지 않았는가 생각합니다.

김석 개인 이야기를 해야 하는데 자꾸 이야기가 쟁점화되는 것 같은데요. 먼저 개인적 동기에 집중해서 일단 이야기를 하고 그다음에 본격적인 논의로 넘어가면 좋을 것 같아요. 자꾸 이렇게 되면 논의의 초점이 없어지는 것 같거든요?

서윤호 그리고 김운하 선생님이 아까 말씀하신 부분, 작년 몸문화연구소 학술대회에서도 논의한 적이 있는 것으로 기억합니다만, 내 손안의 포르노 시대, 즉 아이포르노(i-porno) 시대가 이미 도래했다는 것을 봐도 이제 포르노에 대한 담론이 무르익은 것이 아닌가 생각합니다. 이와 같은 아이포르노 사회에서 지금 이 지하철 야동남 문제는 사실은 언제든 터질 수밖에 없는 사건이지 않았는가 생각합니다. 이미 누구나 언제라도 내 손안의 포르노를 즐기는 상황이 되었는데, 이게 우발적이든 의도적이든 사건화되고 유튜브에 올라가면서 이 사건이 지금 사회적으로 이슈가 되고 커다란 관심의 대상이 되었다는 것이죠. 하지만 그 징조는 이미 꽤 오래되었다고 봐야 할 겁니다. 스마트폰이 엄청난 속도로 전 국민에게 보급되면서, 동시에 포르노도 정보기술과 빠르게 결합하면서 급속도로 퍼지게 되었죠. 과학기술의 적극적인 수용은 군사 분야와 포르노 분야, 이런 쪽이 가장 선봉에 서는데, 그런 맥락에서 보면 이번 지하철 야동남 사건은 충분히 예견이 되지 않았나 싶네요.

김종갑 지하철 야동남 이야기가 나왔으니까 말인데, 그 문제의 남자는 지하철에서 포르노를 즐기고 있어요. 그런데 또 그렇게 즐기는 그를 보면서 재미있어 하는 지하철 승객들이 있어요. 그리고 그 포르노를 보는 남자를 스마트폰으로 촬영해서 인터넷에 올리는 사람이 있고, 또 그것을 보면서 좋아하는 인터넷 사용자들이 있어요. 쾌락과 욕망의 연쇄 사슬이 있는 것이지요. 되먹임 고리, 그런 식으로 돌고 돌면서 쾌락이 극대화된다고 할 수 있습니다. 여기에 나비효과가 있지요. 지하철에서 야동을 본 일회적 사건이 있는데, 그것이 일파만파로 확대되어 전 국민들을 성적으로 사로잡고 있는 것이지요. 서로 주거니 받거니 하면서 단순한 사건을 성적으로 극화시키는 구조가 인터넷으로 인해서 생겨난 것이지요.

김윤하 그런데 그 지하철 야동남이, 제가 아까 상징적인 사건이라고 했는데, 서윤호 선생님께서 말씀하신 대로 이미 몇 년 전부터 포르노가 스마트폰 혹은 태블릿PC와 같은 디지털 기기들을 통해서 일상 속으로 완전히 침투해 버렸다는 거죠. 그래서 일상 속의 포르노, 내 손안의 포르노가 되어 있다는 걸 대중들은 다 알고 있어요, 이미. 그렇지만 포르노는 아직까지는 사회에서 상당히 금기시되어 있는 금기어거든요. 도덕적으로도 그렇고. 한국 사회는 굉장히 도덕적으로 이중적인 사회이기 때문에 다 알면서도 숨기고 있는데, 그것이 공적 영역에 나타났다는 거죠. 그래서 우리는 그것을 사유해야 한다는 겁니다. 왜냐하면 이건 이전과는 다른 획기적인 현상이고 그래서 아까 욕망 이야기도 했는데, 제가 문제 삼는 것은 그래요. 사실 욕망의 시대는 저도 이미 지났다고 보거든요. 이제는 포르노와 관련해서도 욕망을 허하라고 요구하는 사회에 내가 내 욕망을 누릴 수 있도록 허락해 달라고 요구할 수 있는 시대는 지났어요. 누구나 다 욕망을 누려요, 오히려. 제가 보기에는 오히려 욕망의 과잉일 정도이고요. 특히 개인들의 사적인 영역 속에서는. 왜냐하면 현실만 놓고 보자면 마음만 먹으면 언제든지 그냥 포르노 볼 수 있는데 뭘 금지해요? 이제는 누구도 금지할 수 없다는 게 현실이거든요. **지금은 오히려 욕망의 단계를 지나고 이젠 그냥 유희의 단계에 왔다는 거죠,** 제가 보기에는. 모든 것이 유희예요, 놀이. 그러니까 제가 보기에는 이제 사회가 완전히 '재미 사회'로 가고 있다는 거죠, 재미 사회. 왜? 온라인, 이게 디지털 세계가 보는 스크린 세계인데요, 이 스크린이 보여 주는 세계는 완전히 재미 사회거든요. 게임, 포르노, 영화, 쇼핑, 채팅…… 뭐 안 되는 게 없어요. 완전히 정말 원더랜드거든요. 그래서 요즘 신문을 보면 '노모포비아'(nomophobia), '인터넷 중독', '디지털 노예' 같은 표현이 자주 등장하고 이런 현상을 다룬 기사들을 많이 볼 수 있는데요, 그만큼 디지털 기계에 대한 의존과 중독이 매우 심각하다는 거죠.

김종갑 좋습니다. 다른 분 이야기를 들어 보죠.

김석 제가 조금 모범적으로 이야기해 볼게요. 두 가지 동기인데, 하나는 개인적 동기이고 하나는 학문적 동기입니다. 개인적으로 보면 사람이 자기가 잊어버리고 싶은 걸 망각하는 경우가 많이 있거든요. 최근에 포르노에 관한 글을 쓰면서 집사람하고 다시 포르노 이야기를 했는데, 제 기억과 달리 예전에 둘이서 많이 봤다는 거예요. 그런데 충분히 그럴 수 있어요. 나는 집사람하고 뭐든지 나눠야 하는 사람이니까요. 그런데 왜 그런 걸 잊었을까 곰곰이 생각해 보니, 집사람은 결국 포르노를 보면서 재미를 전혀 느끼지 못했다는 거예요, 전혀. 이게 어찌 보면 여자와 남자의 일반적 심리일 수 있는데, 뭐 나쁘고 해롭고가 아니라 재미도 없고 아무런 의미도 못 찾겠으니까 안 본 거고 저는 그래도 간간이 봤거든요. 또 최근에 친구들과 연극을 한 편 봤는데, 친구가 연출한 연극이 80년대 이른바 운동권이 몰락하고 방황하는 이런 줄거리예요. 주인공이 시인이고요. 주인공이 밤에 포르노를 보다가 마누라한테 혼나고 막 이런 장면이 나오더라고요. 끝나고 나서 연출한 친구한테 "왜 그런 장면을 넣었냐?" 물었더니, "너희들은 포르노 안 보냐?" 하고 반문하더군요. 그래서 다른 친구들에게 물으니 다들 포르노를 보더라고요. 그런데 그 친구들이 결혼생활에 불만이 있거나 부인과의 관계가 안 좋거나, 전혀 아니거든요.

그러니까 사실 남자들한테는 포르노가 굉장히 일상화되어 있다는 겁니다. 예컨대 김운하 선생님이 말씀하셨듯이 그게 디지털 매체의 영향도 분명 하나의 측면이 있고, 또 진화심리학적으로 말하자면 남성의 공격적 성향 뭐 이런 것도 있지만, 그런 게 모든 포르노 현상을 설명하긴 좀 부족하다는 생각이 들고요. **심리적으로 왜 남자들한테 포르노가 일상이 되고 있을까**, 이런 것들을 저는 우선 규명하고 싶었습니다. 그리고 기존의 두 가지 정도의 관점이 학문적으로 별로 마음에 안 들었는데요. 하나는 심리학 혹은 진화심리학인데, 남성과 여성의 성적 차이를 강조하면서 성적 행동의 차이로 포르노를 소비하는 양상을 설명하는데 꼭 그렇진 않다는 겁니다. 예를 들어 포르노는 성적 욕망 실현의 한 양상인 것 같지만 그 이상으로 나아갈 수도 있고, 또 실제 성과 전혀 관계가 없을 수도 있다는 게 제 생각입니다. 제가 쓴 글이 '기호화된 몸에 대한 주이상스'라는 주제인데, 주이상스가 실은 자연적 쾌락이 아니거든요. 거기서 예를 들어 포르노는 강간의 실천이라든지, 아니면 여성에 대한 성적 탐구라든지 이런 양상 이상으로 넘어갈 수 있다는 게 제 생각이고요. 결과적으로 제가 비판은 안 했지만 사실 아까 이야기한 심리학, 진화심리학, 그리고 여성학적 입장과는 조금 다른 관점에서 포르노가 사람들한테 소비되는 메커니즘을 좀더 규명하고 싶었습니다. 포르노를 연구하면서 제가 내린 결론은 포르노는 매우 남성적인 것이다라는 겁니다. 이건 실제 남자들이 포르노를 많이 본다는 의미가 아니라, 포르노의 양상 자체가 어쨌든 여성의 몸을 대상화하는 것으로 여자들도 거기에 나르시시즘적으로 끌리면서 여배우의 섹시미를 자신과 비교한다든지 하는 것이고, 남자들 같은 경우에는 굉장히 이상화된, 혹은 자극적인 차원의 몸 자체를 추구하는 거죠. 그러니까 남자 여자 할 것 없이 **여성의 몸을 보는 환상의 구조가 결국은 포르노 소비의 양태에서 나타나지 않나 하는 겁니다.** 그런 현상을 디지털 매체가 조금 더 수월하게 만드는 측면도 있지만, 저 같은 경우에는 그런 향유의 측면을 더 규명하고 싶었다고 할 수 있죠.

김종갑 모범 답안은 아닌 것 같은데요? (웃음) 글은 나중에 이야기할 기회가 있을 것입니다. 이제 이은정 선생님 말씀을 들어 보기로 하지요.

이은정 저는 솔직히 문제의식이 그렇게 충만한 상태에서 이 연구에 참여했던 게 아니었고 그래서인지 연구를 진행하는 동안에 어려움이 좀 있었습니다. 무엇보다도 먼저 포르노를 열심히 봐야 했고, 그리고 철학적으로, 제 전공이 그래서, 철학적으로 포르노를 어떻게 풀어내야 할지, 포르노를 담론화하는 일 자체가 제게는 매우 어려운 과제였어요. 그러한 과정에서 특히 고민되었던 것이 포르노를 에로티시즘의 **한 형태**로 보아야 할지, 아니면 에로티시즘의 **변질된** 한 형태로 보아야 할지, 이 두 가지의 관점 사이에서 제 생각을 정리하는 일이었어요. 후자의 관점, 곧 포르노는 에로티시즘의 변질된 한 형태라는 것이 제 처음의 관점이었는데요. 그러한 관점은 포르노에 관한 부정적 시각을 담고 있죠. 그리고 포르노를 과히 즐기지 않을뿐더러, 포르노에 대해 일반적 반감을 갖고 있던 저로선 그러한 시각에 편승하는 일이 더 쉬웠다고 이야기할 수 있겠어요. 그런데 포르노에 관한 여러 논의를 접하고 그에 관한 제 생각을 진행할수록, 좀 다른 시각에서, 달리 말하면 좀더 긍정적인 시각에서 포르노를 보고자 하는 시도가 생겼고, 그러한 시도의 결과가 제 글이라 할 수 있겠어요. 하지만 저의 그러한 시도가 성공했는지는 모르겠어요. 어쨌든, 포르노를 긍정적으로, 곧 에로티시즘의 한 형태로 바라보고자 저는 노력했고, 그랬을 때 이야기해야 할 것이 에로티시즘에서 제가 생각할 때 가장 중요한 개념이 관능과 쾌락과 욕망, 이 세 가지 개념이죠. 이 세 가지 개념을 철학적으로 재규명하면서 그것을 중심으로 '포르노 현상'이라고 말해지는 것을 이해하고자 했던 것이 제 글의 한 축을 이루었다고 할 수 있겠어요. 그리고 여자의 욕망과 남자의 욕망이 갈라지는 지점, 그러니까 여자는 로맨스를 하고 싶고 남자는 포르노를 하고 싶다는 일반적인 견해에 의문을 제기하면서, **여자의 욕망과 남자의 욕망이 그 본질에서 다르지 않으면서, 그렇지만 포르노에서 나타나는 '성차'가 어디에 근거하며, 이를 어떻게 설명할 것인가**가 제 글의 두번째 축을 이루었다고 할 수 있겠어요. 그런데 글 이야기는 나중에 하자 하셨는데, 어찌하다 보니 제 글을 요약한 셈이 되어 버렸네요. 어쨌든 포르노 연구를 진행하는 동안 제 고민의 지점이 어디에 있었는가는 보여 주었다고 생각해요. 그 지점과 지금 현시점에서, 왜 (다시) 포르노인가를 군이 연결하자면, 포르노를 소비하는 계층이 주로 남성에만 머무르던 이전과 달리 지금은 여성도 점점 더 포르노를 소비하고 있으며, 이러한 변화를 포르노 논의에서 새로 조명해 볼 필요가 있다고 봐요.

장대익 이번엔 제가 모범 답안을 내보겠습니다. (웃음)

이은정 한 가지 더 덧붙이면, 다른 선생님들은 그러한 관점을 어떻게 보시는지, 저는 에로티시즘하고 포르노의 관계에 대해서 고민을 하잖아요. 저한테는 그러한 것을 규명해 보는 일이 흥미롭고 새롭게 여겨지지만, 다른 선생님들은 지금 시점에서 그러한 것을 이야기하는 것이 조금은 고루하다고 보실 수도 있을 거 같아요. 이후에 시간이 되면, 이에 대한 선생님들의 의견을 듣고 싶네요. 이상입니다.

김종갑 지금부터 모범 답안이 시작됩니다. (웃음)

장대익 왜 우리는 지금 여기서 포르노를 논의하기 위해 모였는가? 저는 김종갑 선생님이 오라고 해서 왔습니다. (웃음) 저는 이것을 논의해야 할 필연적인 이유는 없다고 봅니다. 사실, 남의 짝짓기를 훔쳐보는 것은 오늘만의 일은 아닐 겁니다. 포르노 소비를 촉진시키는 신경 메커니즘도 존재하니까요. 물론 포르노를 위한 뇌가 진화한 것은 아니고, 진화된 뇌가 포르노에 민감하게 반응한다고 해야 할 겁니다. 여하튼 훔쳐보기는 본능 같은 것이죠. 우리가 여기 모여서 이렇게 포르노에 대해 열띤 토론을 하는 이유는, 포르노가 특이하거나 새삼스러워서라기보다는, 포르노 테크놀로지가 우리의 진화된 뇌를 엄청나게 자극하는 방향으로 진화하고 있기 때문일 것입니다. 이런 변화에 대한 다양한 측면에서 성찰이 요구되기에 이런 자리가 마련된 것이 아닐까요? 다른 분들은 각자 다른 각도에서 이야기를 전개하시겠지만, 저는 진화학자답게 외계인의 시선으로 포르노 현상을 바라보려고 합니다.

김종갑 정답 같네요. (웃음) 자, 그러면 이 시점에서 왜 우리가 포르노를 이야기해야 하는가의 문제는 대충 짚어 본 것 같고, 이번엔 그 글을 쓰면서 나한테 어떤 일이 일어났는가, 거기서 못다 한 이야기들은 무엇인가 하는 이야기들을 해보지요.

21세기 포르노 환경을 보는 여러 관점들

서윤호 지금 분명히 포르노에 대한 사회 환경, 기술 환경이 엄청 변했어요. 사실 이제 아이포르노 시대에 돌입했고 포르노의 편재성에 대해 이야기하고, 누구나 언제나 원한다면 옛날처럼 번거로운 방식이 아니라 쉬운 방식으로 포르노를 다 볼 수 있단 말예요. 그런데 이제 뭐가 문젠가 하면 이와 같은 아이포르노 시대에는 포르노가 더 이상 법으로 규제할 수 없는 영역으로 들어갔는데, 형법적인 차원에서는 여전히 기존의 규제 법리로 대응하고 있다는 거지요. 이 둘 사이에 존재하는 편차들, 이걸 어떻게 해소할 것인가 하는 문제가 법적 관점에서는 남아 있어요. 이미 미국의 판례에서도 인터넷 포르노에 대해서는 기존의 법적 규제 방식으로는 더 이상 규제할 수 없음을 인정하고 있거든요. 그런데 우리는 아직까지도 막연하고 애매모호한 개념으로 그리고 매우 전방위적인 포르노 규제 법리를 가지고 대응하고 있지요. 그것도 성도덕주의적이고 성보수주의적 입장에서 코에 걸면 코걸이, 귀에 걸면 귀걸이 식으로 전부 다 문제 삼을 수 있는 형국이지요. 저는 글에서 이 문제를 분명히 지적하고 우리나라의 음란물 관련 판결에 대해서 그것이 가진 성 정치학적인 측면들을 좀더 세밀하게 분석하고 싶었지만, 앞부분에서 법리에 관한 논의를 쭉 전개하다가 성 정치학의 문제로 접근하자니 말과 톤이 달라지는 문제가 있어서, 그래서 성 정치학의 문제는 간단히 언급만 하고 빠져나왔는데요. 문제의 핵심은 뭔가 하면 더 이상 우리가 과거의 방식으로는 이러한 인터넷 포르노, 아이포르노 시대에 대응할 수 없는데도 법은 여전히 과거의 규제 방식에 머물러 있고, 또 포르노를 바라보는 사회적인 인식, 즉 우리 인식 자체가 아직까지 변화하지 않은 채 고정되어 머물러 있다는 거죠. 이 둘의 긴장이라고 해야 할까요, 이게 서로 융화될 수 없을 만큼 심각하게 갈라져 있다는 거죠. 이것이 현재 법의 관점에서 포르노의 문제에 대해 어떻게 대응해야 하는가 하는 문제에서 중요한 물음이라고 할 수 있지요.

김종갑 그럼 제가 말씀을 드리겠어요. 제가 관심을 가졌던 포르노는 극소카메라가 등장하는 포르노였어요. 극소카메라를 남자 성기에 붙이고, 삽입된 여성의 질 안을 확대해서 보여 주는 포르노 장르입니다. 이거 참 재미있는 연구 주제라고 생각했습니다. 이러한 포르노를 보고 흥분이나 쾌락을 느낄까, 궁금했던 것이지요. 물론 이러한 포르노는 테크놀로지 때문에 가능하죠. 그리고 테크놀로지는 단순히 테크놀로지의 문제가 아니라 그것이 새로운 감각을 만들어 낸다는 것이죠. 요즘 많이 논의되는 자크 랑시에르의 용어를 빌리면, **감각의 재배치 혹은 재분배**라고 할 수 있겠지요. 과거에는 보이지 않던, 지각되거나 쾌락의 대상이 될 수 없었던 미세한 육체의 움직임이 이제 성적 욕망을 자극하기 시작했다는 것이지요. 그리고 또 하나 지적되어야 하는 것으로, 이러한 극소카메라 포르노가 현대사회의 성격을 잘 보여 준다는 것입니다. 다시 이 포르노 장르에 대해 부연하자면, 먼저 아름다운 여자가 있지요. 그런데 포르노를 보는 사람은 이 여자의 모습으로 만족하지 못합니다. 그녀의 성적 매력이 어디에 있는지 궁금해지는 것이지요. 이 궁금증을 해소하기 위해서 클로즈업 기법이 등장합니다. 가슴이나 다리를 확대해서 보여 주다가, 마침내는 성기로 카메라를 돌립니다. 그렇지만 포르노를 보는 사람은 이 성기로도 만족하지 못합니다. 그래서 이제는 성기 안으로 들어가야 하고, 그것을 클로즈업을 하고, 그러다 보면 힘줄과 붉은 살덩어리에 이르게 됩니다. 이와 같이 파편화되고 확대되면서 처음에는 여자가 해체되고, 마지막에는 성기가 해체되어 버리죠. 파편화와 확대, 해체의 과정이 맞물려 있는 것이지요. 전체가 부분으로, 매력적인 여자가 붉은 살덩어리로 바뀌게 되는 것이죠. 욕망의 대상 자체가 해체되는 단계에 이르게 되는 것입니다. 몸이 전체의 맥락에서 벗어나서 부분 부분으로 독립되고 분화되는 과정이거든요. **이것을 저는 몸의 탈맥락화라고 보는 것입니다. 그리고 포르노는 탈맥락화의 관점에서 정의되어야 한다는 것이 저의 주장입니다.** 이건 제가 글을 쓰면서 나중에 깨달았던 것입니다. 포르노를 재정의해야 한다는 것이지요. 일반적으로 포르노는, 성적인 자극을 유발하기 위해서 성을 적나라하게 묘사하거나 보여 주는 재현으로 규정됩니다. 이러한 정의에 따르면 직나라한 누드는 포르노로 분류되게 마련입니다. 하지만 이것은 올바른 접근이 아닙니다. 똑같은 누드라고 할지라도 어떠한 맥락에 놓여 있는가에 따라서 고급예술이 될 수도 있고 포르노가 될 수도 있습니다. 서양 미술사에서 재현의 대상만 놓고 본다면 포르노로 분류될 수 있는 명화들이 많이 있습니다. 마네의 「올랭피아」가 대표적인 예라고 할 수 있지요. 그러나 마네의 그림은 특정한 사회문화적 맥락을 전제하고 있습니다. 그런데 포르노에서는 그러한 맥락이 전적으로 배제되어 있지요. 따라서 **맥락에서 벗어난 성적 행위의 재현이 포르노라고 정의해야 합니다.** 사랑하는 두 남녀가 있다고 가정을 하지요. 그리고 사랑을 하기 때문에 이들은 섹스를 하기도 합니다. 결혼을 하면 가슴이 두근거리는 신혼 첫날밤을 가지게 되지요. 만약 데이트에서 사랑, 사랑에서 결혼, 결혼에서 첫날밤으로 진행되는 이야기를 보여 준다면, 이것은 아무리 적나라하다고 할지라도 포르노가 아니라 드라마나 에로티시즘이라고 해야 합니다. 포르노는 거두절미하고, 즉 앞뒤 맥락을 잘라 버리고 성행위만을 보여 주는 시각적 재현입니다. 성기 확대의 경우에는 두말할 나위도 없지요. 섹스의 상황으로서 사랑과 삶, 생활, 몸 등의 맥락이 제거된 것입니다. 저는 이것이 우리 현대인의 상황을 반영하고 있다고 봅니다. 현대인도 탈맥락화된 삶을 살고 있기 때문입니다. 과거에 남녀관계는 신분, 부모님, 중매, 대가족 등의 공동체적 맥락에 매여 있었습니다. 그래서 아내도 그냥 나의 아내가 아니라 우리 아내가 되고, 나의 자식이 아니라 우리 자식이 되었던 것이지요. 달리 말하면 남녀관계가 세트로 갔던 것입니다. 선물도 세트로 할 수도 있고, 낱개로 살 수도 있잖아요. 과거에는 세트로 관계가 이루어졌던 것이지요. 하지만 현대에서 남녀관계는 신분이나 부모님, 공동체와 무관하게 이루어집니다. 두 사람만 서로 좋아하면 되는 것입니다. 부모님의 반대도 개의치 않지요. 이런 식으로 남녀관계에서 공동체나 부모, 이웃 등의 맥락이 떨어져 나간 것이 현대의 관계입니다. 두 사람의 일대일의 관계인 것이지요. 이와 같이 맥락에서 벗어난 관계를 '순수' 관계라고 할 수 있습니다. 섹스를 위한 섹스라면 더 말할 나위가 없지요. 극소카메라 포르노는 그와 같이 탈맥락화되는 현대의 상황과 맞물린 지점에 있다고 할 수 있지요.

장대익 흥미로운 지적인데요. 그렇다면 탈맥락화는 왜 적지 않은 사람들을, 주로 남자들이겠죠, 그토록 흥분시키는 것일까요?

김종갑 우리가 탈맥락화된 사회에 살고 있거든요. 그래서 현대인은 외롭고 쓸쓸합니다. 그것이 극단화되면 운둔형 외톨이가 되는 것이지요. 아무튼 현대인은 외롭기 때문에 외로움에서 벗어나기 위해 안간힘을 쓰게 됩니다. 이때 포르노가 등장하는 것이지요. 포르노도 관계의 일종입니다. 성적인 관계를 맺지 못하는 남자에게 포르노가 대체 관계의 역할을 하는 것이지요. 그리고 대체 관계이기 때문에 진짜 관계보다 더욱 매력적일 수 있습니다. 진짜 관계는 어떤 식으로든지 맥락화가 이루어지게 마련입니다. 상대를 배려하고 상대의 의사와 의지를 존중해야 하고, 그러한 이유로 내가 하고 싶은 대로 편하게 상대와 관계를 가질 수가 없습니다. 그러나 포르노는 우리에게 무한한 절대적 자유를 줍니다. 언제 어디서든지 원하면 인터넷과 접속할 수 있고, 시간도 자기 마음대로 정할 수 있습니다. 이러한 이유로 현대인들이 대체 관계로서 포르노에 열광하게 되는 것이지요. 이 점에서 포르노는 고독한 현대인의 약이면서 동시에 독이라고 할 수 있습니다.

이명호 아까 김운하 선생님 말씀을 종합해 보면 매체의 혁신, 특히 디지털 매체의 발전이 포르노 현상을 어떤 새로운 단계로 끌고 갔다, 그래서 포르노 논의를 다른 차원에서 해야 한다, 이런 지적들로 요약할 수 있을 것 같습니다. 사실 저는 매체의 혁신에 대한 이런 담론화가 그렇게 실감나게 다가오지 않아요. 과잉 담론화되고 있다는 느낌마저 듭니다. 기술에 대해 보이는 이런 열광은 다른 문화 담론 안에서는 굉장히 익숙한 일이에요. 장 보드리야르의 시뮬레이션 논의나 과잉 실재 논의도 모두 기술이 인간의 지각이나 재현의 방식 자체를 바꾼다는 주장이었지요. 20여 년 전 포스트모더니즘 논의가 국내에 들어올 때 가장 먼저 주창되었던 것이 이런 측면이었어요. 당시에도 그렇고 지금도 그렇고 저는 매체 혹은 기술에 대한 과잉 담론화가 일면적이라는 생각이 듭니다. 기술의 혁신이 우리 지각이나 삶의 체험에 영향을 미친다는 것은 당연한 지적이지만, 그 영향에 대한 지적이 기술결정론 수준으로까지 나아가면서 현실 추인으로 기능하고 있다는 생각이 들어요. 디지털 기술이 포르노 체험을 이렇게까지 바꾸었다, 따라서 이제 완전 일상이 된 포르노에 대해 찬반 운운하는 이야기는 의미를 잃었다, 이런 생각이 그 기저에 깔려 있지 않나 싶습니다. 그런데 저는 아까 장대익 선생님이 질문하신 것이 아주 중요하다고 봅니다. '왜 이런 매체 환경의 변화가 유독 포르노 현상과 접합되는가'라는 질문 말입니다. 김운하 선생님이 이야기하신 '데카르트적 주체'라고 하는 그런 주체의 변형이 일어나는 단계에서, 왜 하필 포르노가 기술혁신과 접합되는가, 이 부분이 해명되지 않는다면 포르노는 기술혁신의 효과를 말해 주는 부가적 현상 이상이 아니라는 생각이 듭니다.

그런데, 내 손안의 스마트기기에서 할 수 있는 게 참 많은데, 왜 하필 포르노이지요? 영화도 보고 책도 보고 정보 검색도 하고 게임도 하고 그러지 않습니까? 다른 매체에서 포르노를 봤을 때하고, 스마트기기에서 포르노를 봤을 때 어떤 변화가 있느냐는 질문도 유의미한 질문이라고 생각해요. 새로운 매체가 등장할 때마다 문화연구에서 사실 이런 질문을 많이 던져 왔지요. 저는 이런 질문을 던지는 것도 중요하지만 그 못지않게 우리가 던져야 할 질문도 있다고 봅니다. '왜 이런 기술의 변화, 환경의 변화에서도 사람들은 다른 걸 안 찾고 포르노를 찾는가?', '왜 포르노인가' 이런 질문을 던져야 하지 않을까요? 그렇지 않다면 매체/기술 담론이 포르노를 기술 결정론적으로 묘사하는 것 이상의 다른 이야기를 하기 힘들다고 생각됩니다. 영상 매체든 디지털 매체든 매체와 기술의 측면에서 포르노를 이야기하는 것이 지금 우리 사회에서 포르노를 논의할 때 정말 질적으로 다른, 절박한 차원의 문제를 제기하고 있는가에 대해서 사실 저는 크게 공감이 되질 않습니다. 아마 제가 스마트기기로 포르노를 별로 보지 않기 때문일지도 모르겠네요.

오히려 저는 아까 이야기했듯이 왜 이 단계 한국 사회의 주체들이, 남성과 여성으로 젠더화된 주체들이 포르노라는 문제를 이야기하는가, 혹은 조금 우회해서 욕망이니 쾌락이니 환상이니 하는 표현을 써서 말하게 됐는가 이것이 중요하다고 생각합니다. 누가 포르노를 말하느냐는 것이지요. 저는 압도적으로 남성들이라고 생각합니다. 사실 저는 제 스마트폰에 포르노를 알리는 그 많은 메시지가 들어오면 정말 귀찮거든요. 이런 문자를 이렇게 무차별적으로 보내는 것 자체가 공해라는 생각이 들지 포르노 감상에 혁신적 변화가 일어났다, 이런 생각은 별로 하지 않습니다. 그래서인지 몰라도 서는 과도한 기술결정론이나 미래 담론이 포르노 논의에 들어오는 것에 저항이 있습니다. 기술을 통해 포르노 현상을 추인하고 싶은 남성들의 욕망이 작동하고 있지 않나 의구심이 들기도 합니다.

김운하 제가 좀 말씀을 드리면 디지털 기술, 매체 환경의 변화가 하필이면 포르노와 어떤 접점을 갖게 되느냐는 별로 중요하지 않은 문제라고 말씀하셨지만, 저는 근본적인 문제라고 보거든요. 사실 전 어쩌면 기술결정론자일지도 모릅니다. 사회의 발전 단계로 보면 지금은 기술, 특히 디지털 기술이 인간을 더 많이 결정하는 시대가 되었습니다. 그렇다면 왜 디지털 시대에 들어와서도 포르노가 부각되느냐 생각해 보면 결국 포르노가 인간의 원초적 본능인 사랑 혹은 성욕과 관계가 있기 때문입니다.

생물학적 차원에서 볼 때 인간한테 제일 중요한 거는 생존과 번식이거든요. 냉정하게 보면 그렇잖아요? 탄생하고 생존하다가 때가 되면 자동적으로 성욕이 나오고 번식하고 나이 들어서 죽고. 이건 진화생물학에서도 그렇게 이야기하거든요, 사실은. 성욕은 인간의 욕망 중에서 가장 강렬한 욕망입니다. 누구나 인정하잖아요. 그렇죠? 또 그런 성적 욕망이 강력했기 때문에 어떤 환경에서나 즉 원시시대, 중세, 근대, 전근대, 탈근대를 관통해 성적인 것과 관계가 있는 뭔가를 보고자 하는 호기심, 대리 만족을 추구하는 성향이 늘 있었습니다. 그럼 왜 하필 지금 이런 디지털 기술이 포르노 관련해서 이렇게 중요해졌느냐. 그건 이전의 어떤 단계와는 다르게 말 그대로 완전히 개인화된, 전면적으로 개인화된 일상 속으로 들어온 그런 환경의 변화가 지금 진행되고 있다는 점인데, 문제는 이것이 아직까지는 시작 단계에 불과하다는 것입니다. 이제 2010년대예요. 모바일 환경이라든지 이러한 기술은 이제 정말 시작 단계일 뿐이거든요, 제가 보기에는. 지금 디지털 기술이 혁명적인 변화의 초기 단계인데 이게 10년, 20년, 앞으로 30년만 지나도 어쩌면 지금 우리가 상상하는 것 이상의 더 큰 변화가 성적인 삶에서 일어난다고 보는 거지요. 인간 생활의 제일 중요한 것 중 하나가 성생활이잖아요. 성생활 그다음에 노동이거든요, 그렇잖아요. 일과 사랑이거든요. 결국 인간의 삶에서, 그중에서 절반을 차지할 정도로 성생활이 사실 중요한데, 그럼 당연히 포르노 논의를 더 큰 비중으로 지금 논의하는 게 저는 당연하다고 봅니다.

김종갑 이명호 선생님의 경우에는, 디지털 매체의 등장이 질적인 변화가 아니라 양적인 변화에 지나지 않는다, 따라서 그것을 너무 확대해석하는 것은 옳지 않다고 보는 것이지요. 맞습니까?

김운하 저는 그 양적인 변화 이상의 변화라고 생각하는데요.

장대익 가능할지는 모르겠지만, 저는 두 분을 종합해 드리고 싶어요. (웃음) 제 생각에는 연속성과 불연속성이 있는 것 같습니다. 연속성은 제 글에서 언급한 연애 본능 또는 짝짓기 본능에 해당되는 부분이에요. 이 본능은 수렵채집기에 진화된 것이지만 지금도 작동 중입니다. 그런데 포르노 테크놀로지의 급속한 발전으로 인해, 남성들의 연애 심리가 엄청난 자극 앞에 놓인 것이죠. 지금 우리의 토론 쟁점 중 하나가 포르노 생산과 소비에 과연 성차가 존재하는가에 관한 것일 텐데요. 저는 분명히 성차가 있다고 봅니다. 그건 저 개인을 봐도 그렇고, 주변 사람들을 봐도 그렇고, 이론적으로도 그렇다고 봐요. 포르노 테크놀로지의 진화는 남성의 입장에서는 엄청난 혁명적 변화예요. 여성의 입장에서 보면 귀찮은 게 계속 오는 거죠.

김운하 그렇죠, 똑같은 거죠. 어차피 남자가 여자를 폭력으로 대하는 게.

장대익 포르노는 기본적으로 남성을 위한 테크놀로지예요. 그렇기에 여성들은 포르노를 왜 이 시점에 다시 다루어야 하는가에 대해서 남성만큼 큰 문제의식을 갖고 있지 않은 것 같아요. 한마디로 자신들의 문제는 아닌 것이죠.

서윤호 우리 연구에서도 실제로 여성 연구자와 남성 연구자들 사이에서 계속 의견 대립이 있었지요.

이은정 저 또한 과학기술 혁명이 포르노에서 양적인 변화 외에, 어떤 질적인 변화를 가져왔는지 궁금해요. 더 많은 사람이 더 자주 포르노를 접할 수 있다는 사실 외에 어떤 질적 변화를 가져왔는지, 이 부분을 좀더 명확히 이야기해 주셔야 할 거 같아요.

서윤호 질적 변화는 포르노 그 자체가 아니라 지금 이 포르노 기술이 앞으로 미래로 갈수록 엄청나게 다른 형태로 진화된다는 거죠.

김운하 그러니까, 그냥 집에서 보던 걸 아무 데서나 볼 수 있다, 이게 단순히 양적인 것처럼 보이는데, 제가 말하는 것은 그것이 아니고 이런 테크놀로지의 변화가 개인들의 성생활 자체에 영향을 미치고 바꾼다는 거죠, 질적으로. 그건 지금 당장은 아직 정확하게 드러나지 않고 있는데, 저는 글쎄요, 이걸 연구하면서 미국 쪽 자료, 그러니까 미국 쪽에서 나온 다큐멘터리도 보고 여기저기 관련된 최근 연구들도 많이 봤거든요. 저는 굉장히 놀랐어요. 물론 제가 테크놀로지에 관심이 많았기 때문에 더 열심히 들여다본 것도 있지만, 지금 진행되는 과정을 어떻게 보면, 사실은 거의 사회가 해체되고, 기술 자체가 그렇게 몰아가고 있거든요. 이제는 전부 다 개인들이 완전히 파편화되고, 제 글에도 썼지만 지금까지는 우리가 섹스라고 하면 남자와 여자가 있어야, 짝이 있어야 되잖아요. 그런데 테크놀로지가 이제는 상대가 필요 없게 만들어 버린다는 거죠. 혼자서 자기만족적으로, 자급자족이 가능하다는 거죠. 테크놀로지를 통해서.

이명호 그런데 저는 그런 주장도 사실은……

김운하 그런데 그런 게, 여성들은 안 받아들일 거라고 봐요. 왜냐하면 일단 포르노를 별로 접하지 않거든요. 그래서 그 변화상에 대해 잘 모르는 것이지요.

김종갑 그런데 잠깐만요. 우리가 너무 많은 시간을 테크놀로지에 할애하지 않았나요. 다른 주제로 넘어가는 게 좋지 않을까요?

이명호 그런데 이 지적은 꼭 하게 해주십시오. 김운하 선생님은 테크놀로지 자체가 주체 자체를 근본적으로 변화시키는 3차 혁명의 단계에 우리가 왔다고 계속해서 말씀하고 계시죠. 그런데 저의 질문은 왜 하필 이런 혁명적 기술이 오래된 문화 형식인 포르노와 만나느냐는 것이었죠. 이 질문에 답하신 게, 섹슈얼리티라는 건 노동과 더불어서 인간의 보편적인 어떤 속성이기 때문에 그렇다고 하신거구요.

김운하 그건 인간의 근원적인 생물학적 본성과 연관되어 있기 때문이지요.

이명호 네. 그런데 저는 그런 대답을 들을 때마다 어떤 느낌이 드냐면, 가장 급진적 혁신이 가장 올드패션화된 콘텐츠와 만난다는 생각이 듭니다. 가장 혁신적인 기술이 봉사하는 것은 인간의 가장 오래된 욕구인 성욕이라고 주장하고 계시는 거니까요. 하지만 정말로 어떤 새로운 재현 기술이 재현 행위의 주체 자체를 변화시키는 혁명적인 것이라면, 재현의 콘텐츠든 재현의 방식이든 이런 부분까지 어떤 근본적인 변화가 일어나야 되는데, 사실 선생님의 글을 읽다 보면 관심의 초점 자체가 포르노 안에 어떤 변화가 일어났느냐, 이런 것이라기보다는 기술의 변화가 일어나서 그게 어떻게 포르노 향유 방식을 바꾸었느냐 여기에 초점이 맞추어져 있다는 거죠.

김운하 매체의 변화가 일종의 메시지를 바꾸거든요. 지금까지는 그냥 2차원 화면으로만 보죠. 그런데 3D화가 되고 4D화가 되고, 이제는 실제로 지금 미국에서 나오는 테크놀로지는 말 그대로 뇌와 직접 인터페이스가 되는, 그런 단계로까지 가고 있거든요.

이명호 그런데 지금 말씀하신 그것도 기술 형식이죠.

김운하 그런 형식이 실제로 삶의 지각 방식 자체를 완전히 바꾸는데 그게 어떻게 단순한 형식입니까?

이명호 제 말씀은 지각 방식을 바꾸는 것은 사실인데, 그렇게 바뀌어진 지각을 통해 보는 포르노는 옛날에 나왔던 포르노하고 별로 달라진 것이 없다는 거예요. 더 자극적이고 감각적이긴 하지만, 기본적으로 비슷한 내용의 포르노를 본 것 같아요.

김운하 그건 아니죠. 그냥 예를 들면 우리가 소설책을 읽을 때 상상하고 느끼지만, 머릿속에서만 느끼는 거잖아요. 그런데 실제 사람하고 섹스하는 것은 우리가 촉각으로 느끼는 것이고, 온몸으로 느끼는 거잖아요. 포르노 테크놀로지가 그 촉각을 직접 제공해 준다는 거예요. 사람하고 직접 하는 것처럼.

김종갑 이명호 선생님이 제기하는 질문의 요점은 이것 같아요. 새로운 매체가 등장하면서 인간의 감각의 변화가 생기게 마련입니다. 칼 맑스와 마셜 맥루한이 이 점을 언급했습니다. 예를 들어, 사진과 영화가 등장했을 때 우리는 내가 보이는 존재구나 하는 사실을 새삼 깨닫게 됩니다. 슬로우모션이나 화면의 정지를 생각해 보세요. 이것은 우리에게 새로운 감각의 단계로 접어들게 만듭니다.
그리고 또 이명호 선생님이 가진 또 하나의 의문은 왜 테크놀로지의 발달이 특히 포르노에 집중되느냐 하는 것이지요. 그리고 이걸 설명하기 위해서는 인간의 성적 본능만 가지고는 충분치 않다는 것이죠.

김석 아니, 이야기가 나왔으니까 해야 될 것 같은데요. 기본적으로는 김운하 선생님의 관점에 어느 정도 동의하지만, 성을 너무 이렇게, 어떻게 말할까, 좀 질적 변화의 차원에서만 자꾸 바라보시는 것 같아요. 그런데 장 선생님이 이야기했듯이 **연속성**이 있는 것이고, 성욕이라는 기본적인 것 자체는 원시인이나 우리나 크게 바뀌지 않는다는 겁니다. 단지 그걸 향유하는 방식이 테크놀로지의 진화와 더불어서 상당히 많이 변화할 수는 있지만, 그것 자체를 마치 성의 변화처럼 일반화시키는 것은 조금 문제가 있는 것 같습니다. 그러니까 예를 들어 아까 테크놀로지가 발달하면서 손안의 포르노가 가능해졌지만, 어디서나 접속이 가능하다고 해서 영화관에 안 가는 건 아니거든요. 사실은 고정적으로 우리가 누리는 기본 양상을 이해하면서 단지 그것이 조금 보완되는 양태로 봐야지, 그걸 너무 섹슈얼리티의 질 자체가 바뀌는 것으로 해석하는 것은 무리가 있다고 봅니다.

김운하 그렇죠. 포르노를 본다고 남자가 여자가 된다는 건 아니니까요.

김석 그리고 성차도 전문가인 장대익 선생님이 이야기하시겠지만, 저는 성의 차이, 발현 양상 자체가 없다는 게 아니라, 단지 그 메커니즘을 조금 세심하게 들여다볼 필요가 있다는 거예요. 그러니까 섹슈얼리티＝성＝생물학적인 것, 이것은 아니라는 거죠. 포르노는 그 이상의 것이라는 게 제가 이야기하고 싶은 핵심입니다.

이명호 그게 뭐죠?

김석 그래서 저는 그것을 향유라는 말로 표현했는데 정신분석적 의미도 있지만, 사실은 성관계에서 느끼는 쾌락하고 다른 요소라는 거죠. 거기에 있는 테크놀로지가. 다른 부분적인 것들에 개입될 요소가 있지만……

김운하 저는 그런 걸 일종의 유희 본능, 하위징아가 이야기한 '인간에게는 놀이 본능이 있다', 호모 루덴스라고 이야기를 했잖아요?

김석 놀이일 수도 있고요.

김운하 단지 어떤 성적인 욕망을 대리 만족하기 위해서 포르노를 보는 사람도 있겠지만, 그렇지 않은 사람도 많거든요. 포르노를 보면 요즘은 장르가 발달해서 너무 다양하고 또 말 그대로 일종의 재미있는 놀이처럼 보이기도 합니다. 우리가 일반 영화나 게임을 재미로 보기도 하잖아요? 포르노 자체도 일종의 재미있는 허구적인 장르가 되어 버리는 거예요, 그냥. 그래서 그게 인간의 그런 성욕과 또 관음증적인 호기심과 또 놀이 본능이 그렇게 복잡하게 다 얽혀 있다는 거죠.

장대익 이쯤에서 저는 조금 더 궁극적인 질문을 던져 보고 싶어요. 대체 우리는 왜 그런 재미를 추구하는 것일까요? 동물행동학적으로 포르노는 '초정상 자극'(super normal stimuli)이라고도 할 수 있습니다. 우리의 뇌와 신체는 대개 정상적인 자극에 반응하게끔 진화했는데, **어떤 자극**

의 경우에는 이미 존재하는 본능을 과도하게 발현시키기도 합니다. 이것을 초정상 자극이라고 하죠. 가령 밝은 갈색을 띤 가슴을 가진 수컷 제비에 매직으로 더 짙은 색을 내게 해주면, 방금 전에 퇴짜를 놓은 암컷들이 달려와 그놈과 짝짓기를 하려고 난리를 칩니다. 또 수컷 딱정벌레는 대개 암컷 딱정벌레에 반응하여 정상적으로 짝짓기를 하지만, 어떤 수컷은 암컷과 유사하게 생긴 단추에 더 과도하게 반응하며 몸을 부비기도 합니다. 단추가 초정상 자극처럼 작용하는 경우죠. **인간에게 포르노는 그런 초정상 자극의 사례**일 수 있습니다. 실제 경우보다 더 과장된 모조품에 더 강하게 끌리는 경우이죠. 제 생각에는 우리가 무슨 '놀이하는 인간'이어서 포르노를 '향유'하는 것은 아닌 것 같아요. 저는 기본적으로 우리의 밑바닥에 흐르고 있는 본능이 존재한다고 생각해요. 그리고 그건 수렵채집기를 거치면서 우리에게 장착된 적응이겠죠. 그것이 어떤 환경에 놓이느냐에 따라 발현 패턴이 달라집니다.

포르노 테크놀로지는 우리의 성감대를 극단적으로 자극하는 초정상 자극 같은 것입니다. 하지만 인간은 그런 것이 초정상 자극이라는 사실을 아는 유일한 존재이기도 합니다. 그래서 피하기도 하고 때로는 그것을 엔지니어링하기도 합니다. 즉, 자신의 발아래 둘 수 있다고 생각하는 것이지요. 하지만 여기서 간과하지 말아야 할 것은 그 **초정상 자극이 우리의 통제를 벗어날 수도 있다**는 점입니다. 저는 제 글에서 이것을 '**포르노 밈**'이 되는 과정이라 보았습니다. 일종의 준자율성을 가진 그런 존재가 되는 과정 말입니다. 우리는 그 밈을 통제할 수 있다고 생각하지만, 김운하 선생님이 말씀하신 포르노의 편재성, 접근성, 개인성 등으로 인해 어느덧 거기에 중독되고 통제권을 상실하기도 합니다. 그리고 **마치 포르노가 더 많은 포르노**

를 만들기 위해 우리의 뇌를 숙주로 활용하는 것 같은 구도를 만들어 냅니다. 저는 초정상 자극으로서의 포르노가 준자율적인 밈이 되어 우리의 뇌 속에 확산되기 시작했다는 사실이 바로 포르노의 질적 변화라고 생각합니다.

김종갑 그걸 이런 식으로 설명할 수 있을 것 같아요. 콘돔을 생각해 보자고요. 콘돔이 생기기 전에는 성기와 성기의 직접적 접촉이 있습니다. 신체의 접촉을 중간에서 막거나 매개하는 제3자가 없는 것이지요. 그런데 콘돔은 두 사람의 신체의 사이로 들어가서 그 직접적 접촉을 차단합니다. 그러면 콘돔으로 인해서 성적인 쾌락은 생식의 기능으로부터 독립되지 않겠어요? 생식을 위한 쾌락이 아니라 쾌락을 위한 쾌락, 쾌락의 자율성이 생긴 것이지요. 그리고 아무튼 관계가 끝나면 우리는 콘돔을 성기에서 떼어 내 쓰레기통에 버리게 되지요. 진짜 성기는 아니지만 유사 성기가 나의 몸에서 독립되어, 눈으로 볼 수 있는 시각적인 대상이 되는 것이죠. 이것은 시각적인 욕망과 촉각적인 욕망의 분리를 의미합니다. 그러면서 장대익 선생님의 밈처럼 시각적인 욕망 자체가 하나의 자율적인 기능을 갖게 돼요. 포르노에서 이것은 매우 중요합니다. 진짜 섹스와 포르노의 차이도 거기에 있어요. 자위를 포함해서 섹스의 경우에 흥분과 사정의 사이클이 있습니다. 흥분해서 사정하는 것으로 끝나는 것이지요. 계속 쾌락을 연장시키고 싶지만 일정 시간 이상 지속할 수가 없습니다. 그런데 **자율적인** 시각적 욕망은 그렇지 않습니다. 시각적 욕망은 사정하지 않고 계속해서 발기할 수 있습니다. 하루 종일 포르노를 볼 수도 있지요. 제가 말하고 싶은 것은, **시각과 촉각의 분리와 더불어서 시각적 욕망이 극대화된 것이 포르노라는 이야기입니다.**

이명호 지금 콘돔 이야기하시니까 아, 남자들한테는 콘돔이 저렇게 받아들여지는구나 하는 생각이 듭니다. 여자들한테는 콘돔은 굉장히 혁명적인 재생산 통제 기술이거든요. 여자들은 섹스를 하면 임신의 부담에서 자유로울 수가 없죠. 생물학적으로 그렇죠. 그런데 피임을 통해서 여성들은 쾌락과 재생산을 분리할 수 있게 되었어요. 이제 여성들도 임신과 출산의 부담을 지지 않으면서 성적 쾌락을 즐길 수 있게 된 겁니다. 이건 엄청난 사건입니다. 콘돔이라는 기술적 혁신 덕분에. 그런데 지금 포르노 테크놀로지라고 부르는 것이 여자들한테는 콘돔만큼 혁명적으로 느껴지지는 않습니다.

김운하 아직까지는 그런데, 왜냐하면 지금은 그냥 보는 단계일 뿐이니까요. 아직 촉각적인 단계까지는 안 왔거든. 지금 아직 실험 단계일 뿐이고. 그런데 촉각적인 단계까지 가면 여자들도 그 콘돔으로 일어났던 혁명적인 변화만큼 혁명적으로······

김종갑 그런데 김운하 선생님은 여자는 없어도 된다는 거지요.

김운하 여자도 마찬가지로 남자가 없어도 되는 거죠.

이명호 제 이야기는 뭐냐 하면, 기술에 대한 반응 양식도 성차에 따라 굉장히 다를 수 있다는 이야기를 하는 거예요. 김종갑 선생님 설명을 들으면서 콘돔이 남성들에게는 시각과 촉각의 분리라는 형태로 경험되고, 의미화되고 있구나 하는 것을 알게 되었습니다. 저는 깜짝 놀란 게, 콘돔 하면 여자들한테는 무엇보다도 섹슈얼리티의 자율화의 혁명적 도구로 경험되는데, 남자들에게는 아주 다르게 경험된다는 것이에요. 마찬가지의 이야기를 포르노 테크놀로지에도 할 수 있지 않을까요. 김운하 선생님이 말씀하신 포르노 테크놀로지가 여자인 제겐 그렇게 혁명적으로 느껴지진 않았습니다. 테크놀로지에 대한 경험과 판단은 남녀에 따라 다를 수 있다, 이런 이야기를 좀 말씀드리고 싶어요. 특히 몸과 성에 대한 체험에서는요.

장대익 저도 아무리 3D나 촉각 포르노로 발전을 하더라도 남자만큼 여성들이 그걸 즐길 거라고 생각하지는 않아요. 성차가 거기서도 나타날 거라고 보거든요.

김운하 저도 그렇게 생각해요. 여자들은 일반적으로 조금 더 정서적인 밀착을 원하기 때문에. 남자들은 대부분 동물적인 욕망만이 사실 만족되면 되거든요. 그런데 여자들은 단지 성적인 오르가즘 더하기 정서적인 친밀감, 어떻게 보면 정서적인 친밀감에 더 높은 가치를 부여하는 경향이 있더라고요. 제가 주변에 물어보면 남자랑 자는 것도 단지 오르가즘을 위해서 자는 것이 아니고 같이 포옹을 한다든가, 직접적인 육체관계보다 그런 정서적인 친밀감, 그런 걸 더 높이 평가하고 그걸 위해서 잔다고 하는 거예요.

포르노를 보는 남녀 간의 성차가 존재하는가?

김종갑 지금 테크놀로지에서 남녀 차이로 이동을 했네요. 그럼 이은정 선생님이 할 이야기가 많을 것 같은데요.

김운하 그런 면에서 저는 분명히 성차가 있다고 봐요.

이은정 그런데 그런 성차도 달리 생각해 봐야 하는 게, 저는 그게 어떤 본래적인 성적 경향이나 진화론에서 이야기하는 양육 본성 따위에 기반을 둔다고 생각하지 않아요. 그보다는 오히려 사회문화적인 맥락을 좀더 살펴보아야 한다고 생각해요. 우리 사회는 아직까지 여성들이 성적 쾌락을 추구하고 향유하는 일을 인정하지 않아요. 그러한 것에서 여성들은 상당히 배제되어 있죠. 보수적인 사회 이념으로 여성들은 자신의 성을 억압하고, 성적이지 않은 것으로 말하자면 승화(sublimation)하였다고 볼 수도 있지 않나 생각해요. 성적 쾌락이나 욕망의 적극적 발현보다는 정서적인 친밀감이나 감정적 교류를 더 선호하는 데는 이런 억압·승화의 과정이 있지 않았을까요? 이러한 것을 좀더 제 글에서 밝혔더라면 좋았을 거란 생각이 지금 드네요.

김운하 그러니까 관능적인 본질, 성적인 욕망의 그런 강도라든가 그 질적인 면에서는 동일하다는 이야기죠, 성적인 욕망으로 쾌락을 추구하고자 하는 면에선. 단지 표현되는 방식에 있어서 조금 다를 수 있지만.

장대익 선생님도 정말로 그렇게 생각하세요?

이은정 저는 여성들의 보수적인 성 의식이 그들의 욕망을 막고 있다고 생각해요. 대개는 그 욕망에 대해서도 뚜렷이 인식하지 못하죠. 사실 의식의 전환이란 쉽게 이뤄지지 않아요. **그러나 어떠한 방식으로든 자신의 욕망을 가**

로막던 의식에서 벗어날 수 있다면, 자신의 욕망을 억누르던 이념에서 탈피할 수 있다면, 다른 사회 또는 다른 의식이 가능하다면, 여성들도 얼마든지 포르노적인 것들을 즐길 수 있다고 봐야죠.

이명호 그런데 성을 즐기는 것과 포르노를 즐기는 것은 다른 문제잖아요. 포르노를 즐기지 않는다고 해서 성을 즐기지 않는다고 말할 수는 없지 않을까요? 여자들이 성을 즐기지 않는다고 말하는 사람들은 없을 겁니다. 성에 대한 문화적 억압 같은 것이 남자와 여자에게 역사적으로 다른 방식으로 적용되어 왔기 때문에 여자들이 더 심한 성적 억압을 받아 왔던 것은 사실이지요. 하지만 21세기, 지금 이 시점의 한국 사회에서 유교나 기독교적 세계관을 가진 일부 사람들을 제외하고는 그런 억압이 작동한다고 말하기는 어렵지 않을까요? 요즘은 소녀들조차 섹시해야 되는 세상이 아닌가요? 원론적으로 인간은 남자나 여자나 다 성적인 존재죠. 그건 틀림없는 사실이지요. 제가 보기에 문제는 **포르노적 방식으로 성적 쾌락을 향유하는가, 아닌가인 것 같습니다.**

장대익 그렇죠. 그 질문에 대해서 이은정 선생님은 여성도 그렇게 사회화될 수 있다는 말씀이실 텐데요.

이은정 자신도 성을 즐긴다고 생각하고 말하는 것과 실제 그러한 것 사이에는 괴리가 있을 수 있다고 봐요. 자신은 그렇게 생각하지만, 사실은 성에 대한 억압을 자신도 모르게 행하고 있을 수 있죠. 그렇기에 적나라한 성행위나 성적 환상의 재현으로서 포르노를 보면 불쾌해지는 거죠. 쾌락이어야 할 것이 불쾌로 바뀐다고 말하는 것이 더 정확할까요? 억압의 효과로서 말이죠. 다른 측면에서, 보수적 성 의식에서 벗어나 성에서 좀더 자유로운 것 같은데도, 현대 여성들이 포르노를 보았을 때 남자들만큼 열광하거나 흥미를 느끼지 못하는 이유를 또한 고려해 볼 수 있죠. 그건 바로 대부분의 포르노가 남자의 쾌락을 위해 제작된 까닭입니다. 이때 우리가 간과할 수 없는 것이 전희의 중요성입니다. 실제 사정보다도 전희는 성생활에서 더 큰 비중을 차지하죠. 다시 말해 더 큰 쾌락을 가져다줍니다. 그것은 남자에게나 여자에게나 마찬가지입니다. **포르노는 남자의 전희를 위해 존재하지 여자의 전희를 위해 존재하지 않아요.**

김종갑 저도 이 선생님과 같은 입장인데, 요새 연속극을 보면 연상 연하 커플들 많이 등장하잖아요. 여기에서는 전통적인 성적 차이가 무의미해져요. 연하의 남자는 대부분 아내보다 수입이 적고, 집에서 가정 살림을 하는 경우도 있습니다. 이때 남자는 여자의 역할을 맡게 됩니다. 아내가 늦게 집에 들어오면 잔소리하고, 아내가 사랑한다고 끊임없이 말해 주기를 바라게 되지요. 이것이 얼마나 현실과 일치하는지는 모르지만, 아무튼 연속극에 나타난 연상 연하 커플에서 중요한 것은 성적인 차이가 아니라 경제적인 차이입니다. 성적 차이와 무관하게 돈이 많은 사람이 남자처럼 행세할 수가 있는 것이지요. 이 점에서 여자를 위한 포르노나 여자의 포르노 관람을 이야기할 수 있습니다. 여자가 수입이 많으면 권력적으로도 위에 있게 됩니다. 여자가 위에서 아래로 남자를 바라보는 것이지요. 여자는 보고 남자는 보여지게 되지요. 달리 말해서 여자가 능동적으로 시각적 장을 장악하게 된다는 이야기입니다. 성적으로도 마찬가지입니다. 이때 여자는 남자를 바라보면서 성적인 쾌감을 느낄 수가 있습니다. 지금까지 남자들이 독점적으로 포르노를 즐겼던 이유도 남자가 권력을 가지고 있었기 때문이었습니다. 그러나 이제 세상이 바뀌고 있지 않습니까. 이렇게 이야기를 하면 장대익 선생님의 진화론을 비판하게 되겠지만, 중요한 것은 남녀의 성적인 차이가 아니라 권력의 차이라는 것이지요. 여자의 권력이 커지는 속도와 비례해서 여자가 포르노도 더욱 많이 보게 될 것입니다. **알파걸들이 등장하면서 포르노를 즐기는 여자들의 숫자도 증가하고 있습니다.**

김석 저도 기본적으로 그 생각에 동의하지만 저는 해부학은 운명이다라는 사실이 특히 성행동에서는 어느 정도 작용하는 것 같아요. 남녀 성차, 특히 성행동에서는 서로 다르게 분화시키는 요소가 있다는 겁니다. 그러니까 남자도 여자도 성적인 존재라는 이야기는 맞아요. 그런데 성을 표현하는 방법이나 성에 자극받는 방법, 그리고 그걸 향유해 나가는 방식에서는, 물론 생물학이 그걸 결정한다는 것을 저는 반대하지만, 상당 부분 다르게 구조화시키는 요인이 있을 수 있고, 거기에 문화적인 것들이 영향을 미칠 수도 있지만, 제가 보기에 남자 여자의 행동의 모든 체계가 다 생물학적으로 나타난다는 건 아녜요. 뭐, 극단적으로 다 성적으로 결정이 되기 때문에 그렇다는 건 아니지만, 최소한 포르노가 성적 기원을 갖는다고 했을 때는 분명히 그 받아들이는 방식의 차이가 있다는 거죠. 그러니까 **관능이라는 용어를 쓰든, 주이상스라고 쓰든, 성적 즐거움이라는 면에서는 동일하지만, 그것이 남녀 간에 전혀 차이가 존재하지 않는다는 이야기는 아니라는 거죠.**

이은정 저는 분명히 성차는 존재한다고 봐요.

이명호 그런데 김종갑 선생님과 이은정 선생님의 생각에는 초점의 차이가 존재하는데, 지금 김종갑 선생님은 그 차이가 사실은 성적 차이가 아니라 권력의 차이라는 것이지요. 사회문화적으로 여성이 권력의 위치에 올랐을 때는 여성도 포르노적인 쾌락 양식을 얼마든지 즐길 수 있다, 이 이야기를 하신 거죠? 그렇게 생각하시는 거예요?

이은정 저는 그렇게 볼 수도 있을 거 같아요. 여태까지는 남자들이 성적 쾌락을 시각적으로 즐길 수 있는 지위를 누렸다고 보는 거죠. 또는 그런 문화의 소비자로서 이는 특권에 해당하죠. 그래서 그런 재현의 형태들이 나타났다면, 이제는 상황이 다르다고 볼 수 있죠.

장대익 그런데 지금 선생님들의 말씀을 지지해 줄 경험 데이터는 과연 있을까요? 제 지식으로는 없는 것 같아요. 실제로 포르노 연구에서 매우 중요한 논의 중 하나가 여성 포르노를 위한 수많은 시도들이 왜 성공하지 못했는가라는 부분입니다. 여성도 포르노를 남성들만큼이나 즐길 수 있다는 말씀은 '정치적으로 올바른' 이야기일 수는 있겠지만, 경험적으로는 근거를 찾기 힘든 이야기 같아요.

이명호 저는 그게 정치적으로 올바른지도 잘 모르겠습니다. 이런 식의 대응은 사실 여자들이 손쉽게 할 수 있는 방식이라는 생각이 들어요. 우리는 지금까지 당해서 못 즐겼다, 그런데 우리도 즐길 수 있는 돈과 권력이 있으면 남자와 똑같이 즐길 수 있다, 이런 것이잖아요. 이런 식으로 남자와 똑같이 즐기겠다는 것은, 기회의 불평등을 문제 삼는 효과는 분명 있겠지만, 여성으로서 자신의 쾌락과 욕망을 남성에게 맞추는 것이 아닐까요? 제 개인의 경험으로 봐도 최소한 현재 유통되고 있는 포르노적 방식으로는 쾌감이 잘 느껴지지 않습니다. 왜 포르노에 나오는 여자들은 남자가 찔러 넣기만 하면 아무 때나 그렇게 소리를 질러 대는지 잘 이해가 가지 않습니다. 그러니까 제 말씀은 **이제 여성들도 쾌락을 즐겨야 하는 것은 맞는데, 포르노적인 향유 방식이 여성에게 적합하냐는 것입니다. 여성들이 쾌락을 즐기지 않는다거나 즐기지 말자는 것이 절대 아닙니다. 인간은 남녀를 불문하고 성적 존재이고, 쾌락을 추구하는 존재입니다. 하지만 포르노적 쾌락의 향유 방식이, 이제 여성들도 그걸 즐길 돈과 권력을 가졌다고 해서 여성에게 적합한 것이냐는 다른 문제라는 것이지요.**

김종갑 그러면 이런 식으로 질문을 바꾸면 어떨까요. 이게 성감대의 문제라고 생각을 합니다. 지금까지 남자들이 눈의 성감대를 독점해 왔습니다. 온몸이 성감대일 수도 있는데, 남자의 경우에는 특히 눈으로 성감대가 영토화되었다는 것이지요. 많은 페미니스트들이 주장하듯이, 눈으로 쾌감이 집중되지 않았기 때문에 여자들은 온몸이 성감대라고 할 수 있다는 것이지요. 그런데 흥미롭게도 이러한 성감대의 차이는 사실 문명화된 서양과 문명화되지 않은 원주민의 차이이기도 합니다. 이러한 차이는 인류학자들이 즐겨 연구하는 주제의 하나이기도 합니다. 사모아 섬을 비롯해서 남태평양 원주민들을 대상으로 조사한 성풍속도에 따르면 원주민들은 온몸이 성감대라고 합니다. 반면에 서양 남자들은 성기중심주의라는 것이지요. 성행위를 할 때에도 서양 남자들이 성기만 가지고 섹스를 한다면 원주민들은 온몸으로 섹스를 한다고 합니다. 이러한 차이를 성적인 차이로 바꾸어 말한다면, 서양인은 남성적이고 원주민은 여성적이라고 할 수 있지요. 또 이 것을 문명의 차이로 말한다면 중앙집권화된 사회에서는 성감대도 생식기로 중앙집권화되고, 원시적인 사회, 즉 아직 권력이 중앙집권화되지 않은 사회에서는 성감대가 온몸으로 퍼져 있다고 할 수 있지요. 그리고 현대사회의 여자는 아직 중앙집권적 권력을 쟁취하지 못한 지방분권화의 공간에 있고, 그래서 성감대도 지방분권적이라고 할 수 있지요.

장대익 은유적으로는 재미있는 해석인데 근거가 없어요. (웃음)

김석 근거가 아니라 너무 앞서 나가는 것 같은데요.

이명호 아니, 그렇게 설명하시면 중앙집권화하는 게 더 발전된 권력 형태라는, 정치적으로 문제 있는 발언으로 읽힐 수도 있습니다. 여자들이 중앙집권적 권력을 쟁취하면 눈으로 성감대가 집중되는 포르노를 즐길 수 있다는 말이 되는데…….

장대익 데이터를 갖고 이야기를 해보자고요. 여성들이 포르노를 똑같이 즐길 수 있다고 하시는데, **지금까지 인류학적인 증거들이나 실험을 해보았을 때 포르노를 실제로 보게 된 여성이나 남성은 흥분하는 건 비슷해요. 하지만 포르노를 소비하기까지의 과정이 너무나 달라요. 여성은 남성에 비해 확실히 소비를 꺼립니다.**

김운하 아뇨, 저는 장대익 선생님이 말씀하신 진화론적으로, 남자와 여자

사이에 그러한 성적 차이가 본질적으로 있다는 점은 분명 인정해요. 그건 정말 생물학적인 문제이고. 그렇지만 인간은 또 문화적 동물이기 때문에 어떤 식으로 문화적으로 조직화되느냐에 따라서 그 발현 양태는 또 달라질 수 있거든요. 즉 **사회적 시스템 문제**가 있습니다. 여성이 권력을 잡는 방식으로 가모장제다, 그러면 그 발현된 양태가 또 다를 거라고 봅니다. 그 두 개가 조금씩 섞여 있기 때문에, 정확하게 데이터로 분리하기는 조금 어려운 문제라고 봅니다. 제가 보기에 문제는 지금 질문하신 거, 남자는 다 포르노 보는데 여자는 포르노 안 본다, 이게 도대체 뭐냐.

김석 보기 싫다는 거죠.

김운하 보기 싫다고도 이야기하는데, 지금 이은정 선생님이 그런 거 아닙니까? 여자도 남자와 똑같은, 마찬가지로 본능적 욕망을 가지고 있고 포르노도 즐길 수 있다, 생물학적으로는. **그런데 왜 못 즐기느냐?** 지금의 포르노는 **남자의 시선으로 만들어진 거거든요, 99%가. 90% 이상이. 그렇기 때문에 지금 현재 여성들이 보기에는 이게 자기가 주인이 아니에요.** 자기 시선이 아니기 때문에.

이은정 남녀의 성차가 있는데요.

장대익 포르노의 정의를 생각해 봤을 때 여자를 위한 포르노는 어렵다는 거예요. 그러니까 중요한 것은 여성들도 본다, 안 본다의 문제가 아니에요. 보는데 남성만큼은 안 본다는 거죠. 그러면 그 시간에 여성들은 뭘 하냐? 이게 남는 문제고 중요한 문제입니다. 섹슈얼 판타지가 다르다는 거예요. 예를 들면 여성들은 남성에 비해서 훨씬 더 많이 로맨틱한 드라마를 본다든가 소설을 읽는다는 거죠. 그러니까 성적 판타지에 있어서 소비 형태가 다르다는 걸 이야기를 해줘야 되는 거예요.

김종갑 그런데 지금 전제가 잘못되지 않았을까요? 이은정 선생님만이 여자가 즐긴다고 말하고 다른 분들은 모두 여성의 쾌락을 부정했으니까요.

이명호 아니, 여자도 즐긴다니까요. 그걸 부정하지 않았습니다.

장대익 판타지를 즐기죠.

이명호 즐기는데 포르노적 방식으로는 안 즐긴다는 거죠.

김종갑 그런데 과연 여자가 포르노를 즐길 수 없을까요? 최근의 통계를 보면 포르노를 즐기는 여자들의 숫자가 급증하고 있습니다. 그럼에도 불구하고, 우리는 포르노를 보는 여성이 없는 것처럼 20~30년 전의 관점에서 이야기하고 있지 않을까요. 그건 시대착오적이지요. 그리고 장대익 선생님도 과학적인 증거를 말씀하시는데, 그것은 정당한 주장이 아니라고 생각합니다. 사랑과 성적 쾌감도 문화적이기 때문이지요. 우리가 생각하는 사랑과 미국인들이 생각하는 'love' 사이에는 많은 차이가 있으니까요.

장대익 저는 그런 차원에서 한 이야기가 아니라 결이 조금 다른 얘긴데.

서윤호 아마도 통계자료만 놓고 본다면 증가하고 있다는 게 맞을 거예요. 그러나 증가했다고 하는 통계가 맞다고 해서 여성들이 그걸 더 즐긴다고 할 수는 없는 것 같아요. 둘 사이에는 뭔가 더 매개가 필요하고 아직은 약간 편차가 남아 있지요. 그리고 남자들의 경우도 포르노를 보는 숫자가 증가했겠죠. 여자들이 증가한 폭과 남자들이 증가한 폭이 어느 정도 되는지 모르겠지만, 남자들의 경우는 꾸준히 포르노를 즐겼을 거라 생각할 수 있는데, 여성들의 경우는 포르노를 보는 숫자가 증가했더라도 여전히 그걸 즐기지는 않는다면, 왜 남자들보다는 덜 즐기는가 이게 지금 좀 해결이 되어야 할 것 같아요.

이명호 지금 자꾸 오해가 생기는 것 같은데, 여자들이 포르노적 방식으로 즐기지 않는다는 이야기가 성적으로 즐기지 않는다는 말은 아닙니다.

김운하 그런데 포르노적 방식으로 즐긴다는 게 무슨 말씀이세요? 포르노그래피를 안 본다는 거예요?

이명호 제가 이야기를 끝내게 해주십시오. 여자들이 성적으로 즐기지 않는다는 이야기가 아녜요.

장대익 성적인 것에 관해서가 아니라 성적 판타지에 대한 이야기를 하셔야 할 것 같아요.

이명호 저는 현재 통용되는 포르노적 쾌락 향유 방식이 여자들한테 즐거움을 주지 못한다는 이야기를 하고 있습니다. 그러면 포르노적 방식으로 안 즐기면 나머지는 뭐냐, 로맨스만 있느냐, 그건 아녜요. 다른 형태의 성적 즐거움의 방식이 있을 수 있고 개발될 수도 있는 거죠. 우리가 지금 말하고 있는 포르노를 '특정한 방식의 성적 표현 양식'이라고 한다면 그 '특정한' 양식이라는 것은 사실은 '남성적인 것'이라는 점을 전제하고 하는 이야기예요. 사실 현재 유통되는 포르노 대부분은 남성의 시각적 쾌락을 만족시키기 위해 만들어지고 있는 남성적 장르입니다. 만남-흥분-사정으로 이어지는 전형적인 남성적 서사를 띠고 있고 그 핵심에 발기된 남성 성기가 놓여 있습니다. 포르노란 '노골적인 성적 재현'이라고 정의되지만, 문제는 노골성 그 자체가 아니라 남성의 성기를 중심으로 즉물적·파편적 성관계를 제시한다는 것입니다. 저는 이것이 포르노적 재현의 특징이라 봅니다. 여성들은 감정이 개입되지 않은 이런 즉물적이고 파편화된 성관계에서 만족을 느끼기 어렵습니다. 저는 이것이 섹슈얼리티 향유 방식에 나타나는 성차라 봅니다. 여자들이 포르노적 방식으로 즐기지 않는다고 하면 옛날처럼 새침하고 성을 즐길 줄 모르는, 성적으로 미성숙한 존재 취급을 받지만, 그렇게 곧장 건너뛸 필요는 없습니다. 제가 보기에 **실제로 많은 여자들이 성을 즐기고 있습니다. 그렇지만 그 즐김이 포르노적 방식이라고 말하기는 어렵다는 것이 제 요지입니다. 여성을 위한 포르노를 만든다면 그건 현재의 포르노와는 아주 많이 다른 것이 되어야 할 겁니다. 현재의 포르노를 단순 뒤집는 것으로는 여자들을 만족시킬 수 없을 것이라고 봅니다.**

이은정 저 또한 포르노적 방식으로 즐긴다는 말이 정확히 무엇을 이야기하는 건지 잘 모르겠는데, 만일 포르노에서 보이는 재현 방식을 말하는 거라면, 저는 그러기에 여자들이 포르노를 즐길 수 없다고 보는 거죠. 지금의 포르노는 대부분 남자의 욕망을 재현하는 방식으로 제작되고 있거든요. 여성들은 물론 그러한 포르노를 그들의 방식으로 즐길 수 있어요. 그러나 거기에는 한계가 있다고 볼 수 있죠.

김종갑 포르노와 성차에 관련해서 한 가지 덧붙이겠습니다. 성욕에 대한 과학자들의 연구인데요. 남자 집단과 여자 집단으로 나눠 놓고서 포르노를 보여 주는 실험이 있습니다. 그들의 성기에 전극을 붙이고 반응을 살피는 것이지요. 여기에서 재미있는 결과는, 남녀가 똑같이 성적으로 흥분한다는 사실입니다. 차이가 나는 것은 반응에 있습니다. 남자들이 흥분하는 순간 바로 섹스의 모드로 돌입하는 반면에, 여자들은 흥분했지만 머릿속에서 검열을 한다고 합니다. 성적으로 흥분하면서도 불쾌하다, 재미없다는 식으로 반응을 하는 것이지요. 이때 우리는 그러한 **검열 장치, 그 자체가 문화적이라고 할 수 있습니다.** 만약 실험 결과에서 남녀의 흥분도가 다르게 나났다면 문화적 차이가 개입할 여지가 없겠지요. 하지만 포르노를 볼 때 남녀가 똑같이 흥분지수가 올라간다는 사실, 그러나 여자의 경우에는 문화적인 검열 장치를 가동한다는 사실이 중요하다고 봅니다. 이 점에서 너무나 성차를 강조하는 것은 옳지 않다고 생각합니다.

장대익 그런데 저는 아직 포르노 소비의 성차에 대한 뇌과학적 연구는 본적이 없어요. 지금 선생님의 연구에 대해 궁금해지네요.

김종갑 『포르노 보는 남자, 로맨스 읽는 여자』에 그러한 자료가 있어요.

김석 실험을 했을 때 몸이 반응하는 것을 좀 비판적으로 볼 필요가 있습니다. 예를 들어 심리학에서 정서 현상에 대해 논쟁하듯, 흥분이 되어도 심장이 뛰고 무서워도 심장이 뛰고, 그러니까 이게 성적 흥분인가 아니면 다른 데서 오는 몸의 반응인가 이것은 조금은 냉정하게 볼 필요가 있는 것 같습니다. 다만 그건 있는 것 같아요. 이른바 에로틱하다는 것은 남녀 공히 다 느끼는 감정이잖아요. 여자는 뭐 에로틱에 대해서 반응을 안 하고 남자들만 에로틱한 것을 좋아하고 그런 것은 아니고. 실제로 보면 역사적으로 고대부터 남자가 문화적으로 지배해 온 것도 있지만, 어쨌든 여성의 몸을 숭배하고 에로틱하게 보는, 그런 현상이 동서고금에 다 있기 때문에 그걸 다 문화결정론만으로 설명하는 것도 조금 문제가 있다고 봅니다.

김운하 **본능과 양육** 사이의 문제네요. 굉장히 오래된 논쟁거리이고. 특히 포르노와 관련해서는 제가 봤을 때는 아직 연구 자체가 덜 되었기 때문에 여기에서 우리가 명확히 결론 내리기가, 서로 영향을 미치는 건 사실인데, 정확하게 잘라서 어디까지라고 경계를 정하기가 정말 어려운 것 같아요.

장대익 현상을 그냥 기술하는 정도는 있는데, 실제로 그걸 경험적으로 실험하고 입증을 받는 설명들은 아직 많지 않아요.

포르노와 법적 규제의 문제들

김종갑 그러면 성차에 대해서는 많은 이야기를 나누었으니까, 이제 법적인 문제로 옮겨 가 볼까요? 최근에 제가 읽은 글에, 올해 6월 『월간조선』에 마광수의 『즐거운 사라』의 재판을 맡았던 담당 검사가 쓴 글이 있었습니다. 제목이 「국민검사 심재륜의 수사일지 ⑥음란서생 퇴출기: 『즐거운 사라』 마광수 교수 구속 사건」이었습니다. 심재륜 판사가 누군지 아세요? 아무튼 이분이 당시에 하도 말이 많으니까 마광수의 책을 사서 보았다고 해요. 그리고 이것은 문학작품이 아니라 포르노라는 생각이 들었습니다. 그래도 자기 판단을 믿을 수가 없어서 문학에 견문이 많은 후배 판사에게 책을 주면서 읽어 보라고 권했다고 합니다. 그는 매우 망설이고 주저하면서 책을 받았습니다. 당시 외설적이라는 이유로 문학을 법정에 세우는 그런 분위기가 아니었거든요. 그 후배는 이 책을 정독했다고 합니다. 그리고 다음 날 출근해서 이러한 작품을 그냥 방치해 두면 안 된다고 심재륜 판사에게 수사를 촉구했습니다. 그 결과 마광수 교수는 형을 언도받았지요. 그리고 마 교수는 심문과 취조 과정을 거치면서 많이 망가졌다고 합니다. 대인기피증도 생기고. 여기서 우리가 질문을 할 수가 있지요. 『즐거운 사라』와 같은 책을 읽고 '이것은 포르노이다, 이런 포르노를 방치하면 사회적으로 무책임하며, 판사로서는 직무유기다'라고 할 수 있을까요?

서윤호 검사가 사회정의, 그러니까 이 경우에는 성 정의를 실현하겠다고 작정하고 기소를 하기 위해서는 죄형법정주의에 따라 먼저 형법전에 그걸 처벌할 수 있는 조항이 있어야 하죠. 잘 아시다시피 우리나라는 광범한 형태로 관련 조문을 두고 있지요. 검사가 사건을 기소했을 경우에는 판사는 어쩔 수 없이 그에 대한 법적 판단을 할 수밖에 없죠. 그런데 판사들도 역시 성보수주의 입장을 취하고 있기 때문에, 검사와 판사 사이에 긴밀한 연대감이 형성될 수 있는 거죠. 문제의 발단은 우리나라의 성 형법, 즉 포르노와 관련되는 형법상의 규정이 매우 막연한 형태로 되어 있어서 그걸 규제하려고 마음을 먹으면 어떻게든 규제를 할 수 있다는 거예요. 만약 형법에서 우리가 규제해야 할 포르노를 엄격하게 제한한다면, 예를 들어 현재 국제적으로 인정하고 있는 세 가지 포르노의 영역에만 국한한다면, 예컨대 아동 포르노물, 범죄적 성표현물, 일방의 성을 다른 성의 종속적 대상으로 묘사한 성표현물에 국한한다면, 마광수와 같은 케이스는 기소하기 쉽지 않겠죠.

장대익 그렇죠. 영화 「거짓말」 같은 경우에도 그렇고.

서윤호 문학작품과 관계된 것은 다 그렇죠. 우리 헌법재판소의 결정에서도 알 수 있지만, 이런 예술 작품에 대해서 형법적인 개입을 한다는 것이 더 이상 시대에 맞지 않는다는 정도는 이제 사회적 합의가 이루어지지 않았나 싶습니다. 그렇지만 우리나라 대법원은 아직까지도 보수적인 입장이 강한 편입니다. 예를 들어 김인규 미술교사 사건 경우에 1심과 2심은 무죄를 선고했는데, 대법원은 음란물로 유죄 판정을 내렸지요. 대법원은 문제 되는 여섯 개의 사안에서 세 개는 음란물이 아니지만 나머지 세 개는 음란물이라고 판단을 하면서 유죄 판정을 내렸어요. 그래서 파기환송, 그러니까 고등법원으로 다시 돌려보냈는데, 고등법원은 대법원의 결정에 따라 음란물이라는 전제조건에서 다시 판결을 할 수밖에 없었지요. 고등법원은 다시 무죄 선고는 내릴 수 없는 상황에서 고민 끝에 궁여지책으로 500만원 벌금형으로 결국 선고를 했지요. 그게 2005년에 시끌벅적했던 김인규 미술교사 사건의 결론입니다.

여기서 두 가지 문제를 발견할 수 있습니다. 하나는 이 사건에서 음란물로 초점을 맞춘 것은 사실 형법상의 규정 자체에 뭔가 문제가 있다는 것이고, 다른 하나는 이 규정을 법적으로 적용하는 과정에서도 뭔가 쉽게 납득할 수 없는 문제가 있다는 겁니다. 그 법을 적용하는 과정에서는 건전한 성관념, 성도덕 그리고 일반인을 기준으로 법원에서 판결을 내리게 되어 있는데, 법관들이 일반인의 판단이라고 생각을 하고 내리는 결정이 사실 알고 보면 우리와 같은 일반인의 판단이 아니라는 것이죠. 일반인의 판단이라고 주장하는 법관의 판단이 실제 다수 일반인의 판단과 차이가 나면서 사회적으로 커다란 논란의 대상이 되었죠. 그래서 어떤 사람들은 실질적인 대안으로 음란물 여부의 판단을 배심원 또는 실제 사회 일반인의 판단에 맡겨야 한다고 주장하기도 했습니다. 이게 정말 음란한지 아닌지, 이게 정말 사회적으로 유해해서 규제가 필요하고 꼭 형사처벌을 해야 하는 사안인지, 아니면 그냥 자유로운 성도덕의 영역으로 놔둬야 하는지 이런 문제에 대해서는 일반인의 판단이라고 주장하는 법관 개인의 판단에 맡길 것이 아니라 정말 사회 일반인의 판단에 넘기는 것이 필요하지 않느냐 이야기도 많이 나왔지요.

이명호 그런 문제는 어떻게 생각하세요? 포르노물을 생산하거나 제조하거나 배포하는 것을 규제하는 것과 성인영화, 포르노를 어떤 제한된 장소나 공간에서만 판매하도록 한정하는 것, 이 두 개는 별개의 문제잖아요? 비디오방에 가서도 포르노물 코너는 따로 만들어 놓고, 인터넷에서도 포르노 사이트는 따로 만들어서 거기는 적극적으로 보고 싶은 사람만 가서 보게 하고, 불특정 다수가 그것을 다 봐야 하는 것은 막는 식으로 접근할 수는 있다고 생각되거든요. 그건 규제하고 조금 다른 논의지만, 포르노를 안 보는 사람의, 안 보고 싶은 사람의 그 권리를 인정할 수 있는 그런 거라는 생각이 드는 거죠.

김석 문제가 우리나라는 포르노 전용 영화관이나 비디오를 볼 수 있는 데가 없어요, 공식적으로. 이게 사실 굉장히 이중적이잖아요. 인터넷을 통해서는 다 보는데, 현실에서는 전혀 못 보게 하고.

이명호 우리가 이중 기준을 갖고 있다는 건 모두가 다 인정하는 것이지요. 막고 있지만 모두가 다 보고 있죠, 사실은.

김석 그렇죠. 모두가 보지 말라면서 모두가 보는 거죠.

김운하 다 비공식적인 범죄자들이네요.

이명호 그러면 거기에 개입하는 방식이 어떤 것이 될 거냐는 걸 생각해 보자는 거예요.

김종갑 지금 이중 기준을 이야기를 했잖아요. 왜 혼자 사적인 공간에서는 포르노를 보는데 공적인 공간에서는 그것이 허용되지 않는가 하는 문제지요. 왜 포르노 전용 극장이 없는가 하는 질문이기도 하지요. 그리고 『즐거운 사라』의 경우에 우리가 이것이 예술 작품인지 아니면 포르노인지 판단할 수가 있을까요?

제가 제기하는 문제는 예술과 쓰레기로 나누는 것의 정당성에 관한 것입니다. 여기에 분명히 이중 기준이 적용되거든요. 만약 『즐거운 사라』를 마광수 교수가 아니라 무명의 노숙자가 책을 썼다면 그가 기소될까요? 전 아니라고 생각을 합니다. 이때 우리는 한편에 노숙자, 다른 한편에 교수로 나눠 놓고서 사태를 바라 보는 것이지요. 이건 인종차별과 비슷한 신분차별이 아닙니까?

김석 예를 들어 프랑스를 보면, 포르노 전용 극장은 아니지만 이른바 준포르노로 분류될 만한, 예를 들면 「살로 소돔의 120일」 이런 걸 상영하는 곳이 있거든요. 그리고 비디오방에 가면 구석에 X등급 영화들이 따로 진열되어 있어요. 완전 포르노죠. 그런데 우리나라는 그걸 모두 법으로 금지하면서 포르노를 인정하지 않는데, 정반대로 현실 인터넷 환경 속에서는 모든 접근이 가능하니까, 이게 이중성이라기보다는 극도의 모순이지요, 사실.

이명호 그런데 김종갑 선생님이 법적인 문제를 이야기하셨을 때 사적인 곳에서 허용하는 것을 왜 공적 공간에서 하면 규제하느냐, 이렇게 반박을 하셨잖아요. 그런 것보다는 사적으로 하는 그 행위가 다른 사람에게 피해를 주느냐 아니냐, 그게 법적 판단이 문제를 삼는 것이 아닌가요? 혼자만 봤을 땐 다른 사람에게 피해를 주지 않으니까 규제를 할 근거가 없는 것이지요. 관건은 포르노를 공적 공간에서 보는 것이 타인에게 피해를 주느냐 아니냐에 대한 판단 차이겠지요. 지금 논란이 되는 지점은 '피해' 혹은 '침해'라고 하는 기준이 도대체 누구의 어떤 관점에서 이루어지느냐 하는 것이고요. 그래서 제가 아까 던졌던 질문을 다시 해보면, 저는 지금까지 포르노 문제에 대응하는 방식이 포르노가 사회에 피해를 주기 때문에 규제하느냐 마느냐 하는 문제에 너무 과도하게 사로잡혀 왔지 않나 싶습니다. 페미니스트들도 이 점에서는 마찬가지구요. 이제는 이런 접근보다는 안 보고 싶은 사람의 안 볼 권리 보호 차원에서 접근하는 것은 어떨까 싶습니다. 이 메일이나 핸드폰에 무차별적으로 살포되는 포르노물의 경우, 그 제작자의 창작 행위 자체를 법적으로 규제할 필요까지는 없지만 불특정 다수에게 본인 동의도 없이 살포하는 것은 규제해야 하지 않을까 싶습니다. 사실 지금 포르노 살포는 거의 공해 수준인 측면이 없지 않거든요.

서윤호 그 문제는 조금 달리 봐야 할 필요가 있지 않을까요. 현재의 상황으로부터 출발을 한다면, 이미 여자들이 혐오스런 포르노를 안 볼 수 있는 권리가 충분히 '제대로' 보장되어 있는지는 모르겠지만, 적어도 그걸 관철하고자 하면 관철시킬 수 있는 구조는 갖춰진 것 같아요. 왜냐하면 현재의 법률은 포르노와 관련하여 광범한 처벌 규정을 가지고 있기 때문에 포르노에 대한 자유를 허용해 달라는 논의가 주된 맥락이라고 할 수 있지요. 그러니까 여성주의자들은 현재의 법 상황을 이용하여 언제라도 규제와 처벌을 강화할 수 있는 셈이지요. 우리와는 반대로 미국과 같은 사회는 포르노와 관련하여 폭넓은 자유가 허용되어 있기 때문에, 오히려 규제를 해달라고 요구할 수 있겠지요. 그래서 저는 논의가 조금 바뀌었다고 봅니다. 그러니까 이 선생님의 논의가 가능하기 위해서는 전제조건으로 포르노가 완전히 허용이 되어 있어야 해요. 그런 전제조건 속에서 포르노를 보고 싶지 않은 사람들이 이런 것들은 안 봤으면 좋겠다, 좀더 규제하는 것이 좋겠다고 하는 논의가 타당할 수 있겠지요. 그런데 우리의 경우에는 포르노가 광범하게 일반적인 규제의 대상이 되고 있다는 것이 문제입니다.

이명호 포르노가 합법화되어 있는 미국에서는 페미니스트들 중에 이런 논의를 하는 사람이 있는 것 같아요.

서윤호 그렇죠. 그건 미국의 상황에는 맞아떨어질 수 있죠. 그쪽 논의에서는 그게 맞겠지만, 우리의 경우에는 오히려 거꾸로 형법이 워낙 강하게 규제하고 있는 상황이라 언제라도 문제 삼고자 하면 문제가 될 수 있지요. 그렇기 때문에 우리에게는 오히려 이걸 명확하게 제한하는 법리가 필요한 게 아닌가 생각합니다. 규제의 대상이 무엇인지를 구체적이고 명확하게 규정할 필요가 있지요. 포르노와 음란성 말고도 선정성, 저속성 이런 것까지 다 음란물 판단의 대상이 되니까 실제로는 문제가 심각한 거죠.

김석 당장 음란물은 둘째 치고 우리가 펴내기로 한 책에도 삽화 같은 거 못 집어넣는다는 것이 심각한 문제죠. 나는 명화로 불릴 만한 것을 가지고 포르노에 대해서 설명하려고 하지만 표현 정도가 심하면 삭제될 수도 있는데. 그렇지 않아요? 그거 집어넣는 순간에 처벌의 대상이 될까봐 신경 써야 하고…….

포르노와 공동선의 윤리 문제

김운하 결국은 제 생각에는 그래요. 우리 사회는 특히 성문제와 관련해서 포르노도 그렇고, 포르노 산업을 합법화할 것인가, 또 공적으로 매춘을 합법화할 것인가 이런 문제에 대해서 제대로 된 공적인 토론이 이루어져서 법제화된 적이 없어요. 그냥 국가기관이 형법으로 일방적인 법의 논리로 눌러 왔던 것뿐이지요. 그래서 **이건 공동선의 문제이고, 따라서 우리 사회가 윤리적 표준을, 성 모럴에 관한 윤리적 표준을 어떻게 가질 것인가, 어디까지 가능하고 어디까지가 불가능한 것인가,** 이런 문제를 이제는 우리 사회가 제대로 토론을 해야 한다고 봐요.

김석 그 부분을 설명할 필요가 있는데, 제가 이명호 선생님 이야기에 동의하면서도, 예를 들어 제가 설명하는 포르노 영화에 대해 연구를 할 때 저는 필요한 장르를 꼭 넣고 싶어요. 그런데 만약에 그걸 여성의 입장에서 보면 충분히 성적 수치심을 유발할 수가 있거든요. 예컨대 여성을 사슬에 매서 동물처럼 취급하는 그런 장면이 한 컷이라도 들어가면 그런 게 학문 연구를 위한 자료더라도 성적 수치심을 유발할까봐 넣을 수 없는 것이 한국의 현실이라는 것이죠.

김운하 우리 사회가 21세기 현재 아이포르노의 시대이고, 모든 것이 법으로는 금지됐지만 실제로 내면적으로는 이미 누구나 일상적으로 다 보고 있는 이런 현실과 법의 심각한 괴리를 보면서, 공동선의 차원에서 어디까지 가능한 것인가를 고민해야 한다는 겁니다. 지금 통계 나온 걸 보면 한국이 이 포르노그래피에 지출하는 돈이 세계 1위거든요. BBC에서 발행한 『포커스』라는 잡지에서 30개국 통계를 냈는데, 한국이 돈을 제일 많이 써요. 그런데 대부분 다 해외로 빠져나가는 돈이거든요. 그래서 이렇게 음지에 묶어 놓고 규제하는 게 좋을 것인지, 아니면 차라리 합법화시켜 가는 것이 나을 것인지 봐야 합니다. 북유럽의 네덜란드나 이런 나라에서는 아예 합법화시켜서 철저하게 위생이라든가 모든 것을 관리하잖아요? 그렇다고 합법화되어 있다고 해서 그러면 성적으로 한국보다 훨씬 더 타락했느냐, 제가 보기엔 안 그렇거든요. 그래서 그런 문제도 가능한 것과 가능하지 않은 것을 공론화시켜 제대로 토론을 하고, 어디까지가 공동선에 부합하느냐, 우리가 추구해야 할 성적인 공동선이 어디까지냐 하는 것을 제대로 담론화시켜야 한다고 봐요. 지금까지 무조건 국가에서 일방적으로 명령처럼, 그냥 수동적으로 국민들이 받아들이기만 했는데 이제는 조금 변해야 되지 않느냐……

이명호 국가의 명령에 따를 것이 아니라 공론화시켜 공동선을 만들어야 한다, 이런 부분에 대해서는 저도 기본적으로 동의합니다. 아마 원론적 선에서 김운하 선생님이 하신 말씀에 동의하지 않을 사람은 없는 것 같아요. 적어도 우리들 중에서는요. 문제는 공동선이라고 하는 지점에 우리가 어떻게 접근할 수 있는가, 이게 진짜 어려운 문제잖아요.

김종갑 공동선의 문제를 예술과 외설의 구분과 관련해서 이야기를 해보지요. 저는 어떤 식으로든지 포르노와 외설을 구분하는 것은 올바르지 않다고 보는 입장입니다. 그리고 선별된 포르노 작품만을 전용 극장에서 상연해야 한다는 주장에도 반대합니다. 그러한 구분 자체가 인위적이며 폭력적이거든요. 그리고 구분하는 순간에 억압과 검열이 뒤를 따르게 됩니다. 공동선에 대해서도 마찬가지예요. 그러면 공동선의 내용을 정하는 순간, 즉 어떤 것을 배제하고 다른 것을 포함하는 순간에, 억압이 될 수밖에 없습니다. 예를 들어, 포르노에서 여성을 강간하는 플롯을 다루면 안 된다는 공동체적 규범을 정할 수 있습니다. 그러면 강간에 해당하는 영화는 검열을 통과하지 못하겠지요. 그런데 강간의 기준과 범위를 우리가 분명하게 말할 수 있을까요? 기준은 그것의 정당성에 대한 문제를 야기하게 마련입니다. 그렇다면 공동선은 다른 관점에서 접근해야 하지 않을까요. 규범화된 공동선보다는 타인에 대한 배려의 차원에서 논의하는 게 낫다고 생각합니다. 나에게 아무리 좋은 것이라고 할지라도 주위에 있는 사람들이 불쾌하고 불편해한다면 하지 않아야 하는 것이지요. 관용이나 자유주의의 경우에는 타자에 대한 배려가 매우 소극적입니다. 그러나 타인에 대한 배려로서 공동선은 보다 적극적이지요. 명시적으로 규정할 수는 없지만 사회적인 공동의 정서는 존재합니다. 지하철에서 포르노를 보면 옆 사람이 불편해한다는 것도 그러한 공동의 정서의 하나입니다.

이명호 어쩌면 그런 게 미국에서 포르노 전용 공간이라는 형태로 나타나는 것 같다는 생각이 들어요. 포르노냐 아니냐를 규정한다든지, 혹은 포르노적인 것이라고 정의된 것을 규제한다든지 이런 방식을 취하지 않고, 포르노를 합법화하되 포르노가 어떤 사람들한테는 수치심, 불쾌감, 굴욕감, 아니면 위협이라고 부르든, 어쨌든 타인의 자존감을 해치는 감정을 유발했다면 이들이 그것을 보지 않을 권리를 허용하고 보호하는 방식으로 풀어냈던 것이 아닌가 생각됩니다. 이것이 공동선에 이르기 위한 합리적 조정방식이 아니었을까 싶습니다. 법학자이신 서윤호 선생님 말씀을 들어 보니, 우리 현실에서 이 방식이 적절하진 않겠지만 공동선에 이르는 한 가지 길이란 생각은 듭니다. 이제 포르노를 규제할 수는 없는 거고요. 규제한다고 하면 늘 기준이 문제될 수밖에 없고, 설령 기준을 세운다 해도 그 기준을 위반하는 건 계속 나올 수밖에 없지요. 그래서 저는 사람들의 보지 않을 권리라는 측면에서 이 문제에 접근하는 게 옳지 않나 생각했던 것입니다.

김종갑 그 문제를 이렇게 달리 풀어서 말을 하면 어떨까요? 신문에서 읽었는데, 요즘 유사 성행위를 하는 여자 대리운전기사가 있다고 합니다. '아름다운 대리운전기사'라고 쓰여진 전단지가 그렇다고 하더라고요. 제가 말하고 싶은 건, 이때 피해를 받는 여성 대리운전기사들이 생겨나게 됩니다. 전혀 그렇지 않은데 손님들이 그렇게 보는 것이지요. 이게 포르노를 안 볼 권리하고 비슷하다고 생각을 합니다. 여자를 성적 대상으로 삼는 포르노를 누군가 주위에서 보고 있으면 여자들은 자기네들이 성적으로 비하되고 있다는 느낌이 드는 것이지요.

이명호 그런데 이 문제를 흡연구역을 정하는 것과 연결시켜 보면 어떨까요? 담배를 불법화하지는 않지만 공공장소에서 피우는 것을 제한할 수는 있지요. 이 비유가 적절한지는 잘 모르겠지만, 담배를 피웠을 때 안 피우는 비흡연자한테는 해로움을 줄 수 있지요. 하지만 그렇다고 담배 피운다고 벌금을 물리거나 감옥에 보낼 수는 없죠. 그러나 담배를 공공의 장소에서 피우지 못하게 규제해서 불특정 다수를 흡연의 피해에서 보호하는 것이 지금 흡연 정책인데, 포르노에 대해서도 이런 식의 접근을 취할 수는 없을까요? 한번 생각해 보는 거예요.

김종갑 여기에 대해서 어떻게 생각하세요?

서윤호 아까도 말씀드렸지만, 구체적인 상황에서 출발한다면 우리는 포르노를 전방위적으로 규제하고 있기 때문에, 사실은 포르노를 마음껏 볼 수 있는 자유가 지금 없어요. 포르노를 볼 수 있는 자유를 허용해 달라고 지금 우리 상황에서 요구를 하고 있는데, 포르노를 안 볼 자유를 달라고 하는 것은 뭔가 말이 안 맞는다는 거예요. 그러니까 포르노와 관련하여 현재 논의가 전개되고 있는 각 진영의 상황을 살펴보면 여러 세계관들이 충돌할 수 있지요. 성자유주의자들은 포르노를 허하라고 강하게 요구하고 있고, 성보수주의자들은 이미 장악한 규제의 헤게모니를 계속 유지하려고 하고, 여성주의자들은 그 중간에서 여성에 대한 배려가 필요하다는 식으로 중간의 틈바구니를 노리고 있는 형국이지요. 이 세 가치관이 서로 충돌할 때 조정을 해줘야 하는데, 사실 지금은 조정 국면이 아니라 아직 이게 공론화되지도 않았기 때문에, 현재로서는 성도덕주의자들과 성보수주의자들이 일방적으로 상황을 규정하고 있는 국면이지 않나 생각합니다.

김종갑 다시 담배 이야기로 돌아가지요. 최근에 흡연자에 대한 제한이 강해지는 것은, 담배를 피우지 않는데도 간접흡연으로 피해를 받는 사람이 있기 때문입니다. 그래서 일종의 절충안으로 흡연구역을 따로 만들고 있잖아요. 간접흡연은 유사 성행위 대리운전기사들로 인해서 피해를 받는 대리운전기사라고 할 수 있지요. 그렇다면 피해를 받는 대리운전기사가 없도록 하기 위해서 흡연구역처럼 유사 성행위 대리기사를 따로 선발해야 할까요? 또 담배 피울 수 있는 흡연구역을 만들듯이 포르노를 볼 수 있는 극장도 만들어야 할까요? 그리고 성을 사고팔 수 있는 사창가도 만들어 줘야 할까요?

서윤호 저는 그런 질문에 대해서는 어떻게 대답을 해야 할지 사실은 잘 모르겠어요. 그렇게 국소화시켜서 거기서만 허용을 한다? 이게 과연 법적인 사고와 잘 맞아떨어지는지 모르겠습니다. 하지만 여기에서 분명히 이야기할 수 있는 건, 어떤 경우이든 이해관계들이 충분히 다 개진되어야 하는데 포르노 규제 법리에서는 이해관계가 일방적으로 규정되어 있다는 겁니다. 그런 걸 푸는 방식을 그런 성인 전용 포르노 상영관을 만들어 주자, 그리고 거기에서만 보게 하자, 이런 논의로 흘러가야 하는지는 좀더 고민해 봐야 할 문제가 아닌가 생각합니다. 어쨌든 지금 여기서는 논의가 그쪽으로 흘러가는 건 피하는 게 좋겠네요. 분명한 건 우리나라의 실정법에서 규정하고 있는 포르노에 대한 입장들이 너무 일방적이라는 거예요.

이명호 그 주장에 동의하고요, 그런 일방적이고 보수적이고 도덕주의적인 포르노 규제에 문제가 있다는 점에 합의하지 않으실 분은 없을 것 같아요. 그러면 그다음 단계에서 우리가 법적으로 할 수 있는 일을 생각해 보자는 차원에서 제가 던진 질문입니다. 조금 논의가 지나갔지만, 김종갑 선생님이 비유적으로 든 유사 성행위 대리운전과 포르노가 서로 유추될 수 있는지는 잘 모르겠습니다. 피해라는 측면에서 연결된다고 보셨지만, 대리운전 기사가 유사 성행위를 한다면 이것은 다른 운전기사에게 피해를 주기 때문에 문제가 아니라 불법 성 판매 행위이기 때문에 문제가 아닌가 싶습니다. 그렇기 때문에 이들을 따로 뽑아야 될 필요는 없는 것이지요.

서윤호 그건 제 글에서도 밝혔지만, 독일에서는 포르노를 너무 심하게 규제한 형법의 규정이 위헌의 소지가 있다고 한 1969년 판례의 영향을 받아서

1973년에 형법을 개정해서 제한적으로만 포르노를 처벌하게 됩니다. 그런데 지금 2012년 우리나라는 독일보다 40년 후인데도 과거 형태의 규제 법리를 가지고 있는데, 일단은 이것부터 좀 고쳐야 하지 않을까요? 그러니까 성인 포르노 전용관을 만들고 거기서만 보게 하자는 논의와, 광범한 규제의 처벌 규정부터 바꾸고 규제 법리를 완화시키자는 논의는 편차가 있다는 것이죠. 즉 형법 개정을 통해서 규제 법리를 완화시키자는 논의와, 꼭 거기서만 담배를 피우거나 포르노를 보게 하자는 논의 사이에는 많은 중간 단계가 있지 않은가요? 최근에 논란되고 있는 서초구나 강남구의 흡연 규제와 관련하여 많은 논의가 가능하지요. 그게 괜찮다고 보는 사람, 그건 문제 있다고 보는 사람, 이게 가장 좋은 방안인가 등등 많은 논란의 여지가 남아 있는데, 이렇게 논란의 여지가 남아 있는 걸 이미 결정된 것처럼 이야기를 하는 건 문제가 있다고 생각해요. 성인 포르노 전용관을 만드는 게 좋은가 나쁜가 이런 논의도 마찬가지라고 생각해요.

장대익 그런데 아까 테크놀로지가 그렇게 개인화되고 있는데 성인 포르노관을 만든다는 건 난센스예요. 누가 가겠어요? 거기에.

서윤호 성인 포르노 전용관에 대해서는 우리가 지금 바로 논의를 하기에는 중간 단계가 너무 많다는 겁니다.

이명호 아니, 그게 굳이 성인 포르노관이 아니더라도 다른 형태로 접근할 수 있지요. 제 말의 요지는 당사자 동의 없이 무차별적으로 이루어지는 포르노 살포, 이에 대한 어떤 개입은 있을 수 있다는 이야기를 하는 거예요.

김운하 지금 예를 들면 청소년들이 스마트폰을 통해 음란 유해물에 접근하는 통계가 국가 차원에서 나와 있거든요 보면 거의 절반 이상, 2009년, 2010년, 2011년까지 몇 년 통계 나온 걸 보면 계속 증가하고 있어요, 그 접근하는 게. 남학생도 그렇고, 여학생도 그렇고. 당연하죠, 이거 너무 쉬우니까. 그래서 지금 국가가 정부 차원에서 학부모들이 관리할 수 있도록 접근을 차단하는 무료 앱을 보급을 하고 있어요.

이명호 그런데 김운하 선생님은 거기에 동의하세요?

김운하 저는 어린이나 청소년에 대해서는 그런 걸 차단해야 한다고 봅니다.

김석 이야기가 조금 이상하게 흘렀는데, 포르노 극장을 만들자 이런 게 아니라, 규제 일변도 정책이 문제가 있다는 것입니다. 이야기했듯이 에로틱 영화 중에서도 노출이 심한 게 있거든요. 그런 거 상영 못하잖아요. 예를 들면 그런 것들을 표현의 자유 차원에서 좀더 열어야 된다는 거죠. 아까 책에서 삽화의 표현 수위라든지 이런 것에 대한 정책을 우리가 조금 인문학적으로 문제를 삼아야 하는 거지, 포르노를 따로 보게 해주고 말고 이게 핵심은 아닌 것 같아요.

서윤호 그렇죠. 그 이야기는 너무 나아간 거죠.

김운하 저도 하고 싶었던 이야기가 우리나라는 아직까지 사실 표현의 자유 영역조차도 너무나 제한되어 있다는 거죠, 국가권력에 의해서. 그래서 이

걸 조금 더 확장시켜야 되고 이 영역에서 성인들이 포르노를 보는 자유까지도 저는 포함되어야 한다고 봅니다. 예를 들어서 미국 같은 경우에는 영화로도 나와 있잖아요? 『허슬러』를 창간한 래리 플린트라는 사람이 미국에서 법정투쟁 벌인거요. 결국은 표현의 자유 문제가 되어 그 사람이 이겼거든요. 그래서 그게 합법화됐어요. 지금도 미국에서는 포르노 산업 자체도 합법화되어 있고, 합법화된 내에서 규제를 하죠. 등급을 구체적으로 세분화해서요. 즉 미국에서는 그 사회가 추구하는 공동선에서 개인이 추구하는 표현의 자유가 최상위에 있다는 거죠. 그런데 한국에서는 그런 합리적이고 공적인 토론도 없이 무조건 도덕 문제를 가지고 그냥 예술과 표현의 자유를, 그래서 뭐 『즐거운 사라』 같은, 별로 야하지도 않은 그런 걸 법으로 기소해 버립니다. 그런 면에서 굉장히 문제가 많다는 거죠, 제가 보기에는.

아직도 다루지 못한 이야기들

서윤호 우리가 포르노에서 못 다룬 것들이 있는데, 예를 들면 포르노 산업 문제와 같이 미처 충분히 다루지 못한 부분들에 대해서 조금 이야기하고 가는 게 어떨까요?

장대익 포르노에 문화 차이가 있다는 이야기를 혹시 누가 하셨나요? 포르노 애호가들(?)은 일본·유럽·미국의 포르노가 뭔가 조금씩 다르다고 합니다. 그런데 정확히 어떻게 다른지, 그리고 왜 다른지를 밝히는 일은 쉽지 않지만, 매우 중요한 주제입니다.

김종갑 사실은 포르노의 문화적 차이를 말하고 싶었습니다. 서양과 동양의 포르노, 그리고 특히 일본의 포르노에 대해 흥미로운 것들이 많이 있거든요. 아마 포르노를 즐겨 보는 사람들은 그러한 차이에 대해서 잘 알고 있을 것입니다. 술자리에서 그런 이야기가 오가기도 합니다. 그런데 그러한 동양과 서양의 차이를 말하는 것은 굉장히 위험스러운 일입니다. 문화적 일반화, 스테레오타입을 만들 위험이 있기 때문이지요. 일반화의 오류에 빠질 수가 있기 때문에 포기했습니다.

서윤호 우리나라 포르노의 특징들이 뭐가 있는지, 다른 나라와는 달리 일본 포르노를 좋아한다든가, 우리나라에서 포르노가 소비되는 구조들도 좀 들여다봤으면 싶었는데, 확실히 포르노의 산업적인 구조를 전혀 다루지 못한 것은 이번 연구의 한계인 것 같습니다.

김석 저도, 사실 제 글에서 그 부분을 이야기하긴 했지만, 독일 포르노와 일본 포르노를 비교해 보고 싶었어요. 그런데 우리나라 정서상 수용이 잘 안 될 것 같아 접고 그것 자체가 논의의 핵심이 아니기 때문에 그냥 건드리는 정도만 했는데요. 사실은 향후에 연구할 과제는 많이 있는 것 같아요. 포르노가 굉장히 만연한 현상이기 때문에, 이 자체를 뭐 법이나 정책 차원뿐만 아니라 좀더 인문학적으로 진지하게 고민할 때가 된 것 같고 한국 현실에서 그런 필요성을 제기하는 게 우리 연구가 주는 의미가 아닌가 싶습니다.

이명호 저는 실제 수용자층을 좀더 구체적으로 들여다봤으면 좋겠다는 생각이 들어요. 아주 추상 수위에서 남자, 여자, 성차, 이런 이야기를 했는데,

포르노 수용자의 가장 핵심층이라고 할 부류들을 실제 심층 인터뷰하거나 조사하는 게 필요한 게 아니었나, 그래서 정말 그들이 어떻게 느꼈는지, 그리고 그게 자기의 행동에 어떤 영향을 미쳤는지, 이런 현장의 육성이 들어왔어야 하지 않았느냐는 생각이 듭니다.

김운하 저도 전적으로 동의를 하는데요. 한국이 굉장히 소비를 많이 하고 있지만 워낙 음지에 들어가 있고, 또 공론의 장에서 이걸 금기시하기 때문에 학자들도 연구를 거의 안 해요. 그래서 이번에 준비하면서 느꼈지만 정말 국내의 데이터가 거의 전무해요. 이론적인 접근은 있는데, 장대익 선생님이 늘 강조하듯이 실제 데이터가 있어야 그걸 가지고 조금 더 심층적으로 우리가 논의를 할 수 있는데, 전혀 데이터가 없어요, 한국 같은 경우에.

서윤호 아마도 데이터와 관련해서는 인터넷 웹하드 등에서 포르노물이 어느 정도 비중을 차지하고 있는지 수치로 파악할 수 있지 않을까 싶은데요.

김운하 그건 어떤 연구자든지 그걸 테마로 연구해야……

이명호 있긴 있어요. 제가 재미있게 읽었는데, 『포르노 All Boys Do It』이라고 엄기호 씨가 쓴 거예요. 이 책이 꽤 오래전에 출판되었어요. 그래도 한국 안에서 포르노를 보는 고등학교 남자 아이들의 목소리가 그나마 드러난 거의 유일한 책이 아닌가 싶습니다.

김종갑 포르노에 대한 사회과학적인 접근이 있어요. 포르노에 대한 규제나 현안, 실태를 다룬 글들도 많이 있습니다. 그런데 우리 프로젝트의 경우에 이러한 자료는 별 도움이 되지 않았습니다. 포르노를 즐겨 보는 사람들이 자기의 경험을 육성으로 말하는 자기 서사가 없기 때문이었지요. 그래서 저는 미국 자료를 구해서 읽어야 했습니다. 그런데 그러한 자료도 도움이 되지 않기는 마찬가지였습니다. 한결같이 자위를 위해 포르노를 본다고 증언하고, 계속 보다 보면 포르노 중독이 된다는 내용들이 대부분이었습니다. 제 생각에, 포르노 관람을 현상학적으로 깊이 있게 다루기 위해서는, 프루스트와 같은 소설가가 자기의 체험담을 서사화해야 할 것 같습니다.

장대익 그런데 우리 중·고등학교 (남)학생들을 포르노의 주 소비층으로 가정해 보자구요. 우리 중·고등학교 교육 시스템과 미국이나 유럽의 시스템이 다르잖아요. 우리에겐 그 왕성한 호르몬을 창조적으로 발산할 수 있는 장과 시간이 너무 부족해요. 가령 입시감옥인 학교에서 스포츠를 즐긴다는 것은 사실상 불가능합니다. 이런 상황에서 벌어지는 포르노의 소비와 좀더 느슨하고 자율적인 유럽과 미국에서의 소비가 동일할 것 같지는 않아요. 물론 포르노를 보는 이유는 뻔할 수 있긴 한데, 그 패턴 자체에 문화차가 있을 수도 있다는 생각이 듭니다. 하지만 이에 대한 연구는 거의 없어요. 선생님이 말씀하신 것처럼, 학생들 심층 인터뷰 하면 뻔할 거 같긴 한데요, 이런 이유에서 문화 차를 비교해 보면 재밌을 것 같아요.

김종갑 그리고 미국 사람들이 성적으로 굉장히 자유롭잖아요. 특히 성해방이 이루어진 다음에는 포르노가 사라질 것이라고 진단한 사람들이 많았습니다. 포르노를 보는 대신 진짜 섹스를 할 것이라고 예상한 것이지요. 그런데 사실은 그와 정반대였습니다. 더욱더 포르노가 범람하게 된 것이지요.

김운하 그 연장선상에서 본다면, 애인이 있다 하더라도 사람들은 포르노를 보거든요. 왜냐하면 포르노가 단지 억압된 성욕, 내가 성적인 배출을 못해서 이걸 보면서 단지 자위용으로만 보는 것이 아닌 그 이상의 무언가를, 쾌감을, 쾌락을 제공한다는 거죠. 그 이상의 것이 무엇이냐라고 했을 때, 아까 제가 말씀드렸던 대로 성적 판타지를 만족시켜 준다는 거죠. 그건 분명히 엔터테인먼트적 요소가 굉장히 많고, 게임과 마찬가지로 재미있기 때문에 중독이 되는 거예요. 중독 가능성이 크다는 거죠. 게다가 실제 지금 전 세계에 나와 있는 포르노 산업에서 제공해 주는 포르노 장르를 보면 정말 다양해요. 옛날에는 20~30년 전에는 굉장히 단순했잖아요. 그냥 만나면 둘이 옷 벗고 바로 관계 들어가지만, 지금은 굉장히 다양한 상황 설정이라든지 연극적인 설정도 가능하고, 장르도 애니메이션도 나오고 너무나 다양하기 때문에 보는 입장에서는 훨씬 더 재미가 있다는 거죠. 그래서 더 깊은 연구를 하려면 그런 변화, 포르노 내의 변화도 사실은 또 추적을 해봐야 할 것 같다는 생각도 듭니다.

김종갑 저도 마지막으로 한마디 하겠습니다. 과거 신분제 사회와 달리 자유로운 민주주의 사회에서 살아가는 우리들은 이제 성을 통해서 자기 정체성을 만들게 됩니다. 만약 성이 정체성이라면, 성적으로 흥분하지 않은 상태는 정체성이 소멸되는 상태라고 할 수 있습니다. 우리가 "너 머리가 나쁘다"라는 말은 참을 수 있어도 "너는 남자도 아니야"라는 말은 못 참거든요. 따라서 성의 이미지로서 포르노에 대한 집착을 정체성의 측면에서 조명할 필요가 있는 듯이 보입니다.

자, 아쉽지만 이제 마무리할 시간이 되었습니다. 귀한 시간을 내주셔서 감사하고, 긴 시간 열심히 토론하시느라고 수고 많이 하셨습니다. 고맙습니다.

참고문헌

1장 / 포르노그래피의 자연사 · 장대익

장대익, 「일반 복제자 이론: 유전자, 밈, 그리고 지향계」, 『과학철학』 11, 2008, 1~33쪽.

최재천·한영우·김호·황희선·홍승효·장대익, 『살인의 진화심리학: 조선 후기의 가족 살해와 배우자 살해』, 서울대학교출판부, 2003.

Barkow, Jerome H. et al., *The Adapted Mind*, Oxford; New York: Oxford University Press, 1992.

Blackmore, Susan, *The Meme Machine*, Oxford; New York: Oxford University Press, 1999[『문화를 창조하는 새로운 복제자 밈』, 김영남 옮김, 바다출판사, 2010].

Buss, David M., *Evolutionary Psychology*, 2nd edition, Boston: Allyn and Bacon, 2004.

_____, "Sexual Conflict: Evolutionary Insights into Feminist and the "Battle of the Sexes"", eds. David M. Buss and N. M. Malamuth, *Sex, Power, Conflict: Evolutionary and Feminist Perspectives*, Oxford; New York: Oxford University Press, 1996, pp.296~318.

_____, *The Evolution of Desire: Strategies of Human Mating*, Revised edition, New York: Basic Books, 2003[『욕망의 진화』, 전중환 옮김, 사이언스북스, 2007].

Buss, David M. et al., "Jealousy and the Nature of Beliefs about Infidelity: Tests of Competing Hypotheses about Sex Differences in the United States, Korea, and Japan", *Personal Relationships* 6(1), pp.125~150.

Carroll, Joseph, "Evolutionary Approaches to Literature and Drama", eds. Robin Dunbar and Louise Barrett, *The Oxford Handbook of Evolutionary Psychology*, Oxford; New York: Oxford University Press, 2007, pp.637~648.

_____, *Literary Darwinism: Evolution, Human Nature, and Literature*, New York: Routledge, 2004.

Crawford, Charles and Dennis Krebs eds., *Handbook of Evolutionary Psychology*, Mahwah, N.J.: Lawrence Erlbaum, 1998.

Daly, Martin and Margo Wilson, *Homicide*, New York: A. de Gruyter, 1988.

Darwin, Charles, *On The Origin of Species*, London: Murray, 1859.

Dawkins, Richard, *The Selfish Gene*, Oxford; New York: Oxford University Press, 1976[『이기적 유전자』, 홍영남 옮김, 을유문화사, 2006].

Dennett, Daniel, *Breaking the Spell: Religion as a Natural Phenomena*, New York: Viking, 2006[『주문을 깨다』, 김한영 옮김, 동녘사이언스, 2010].

_____, *Darwin's Dangerous Idea: Evolution and the Meanings of Life*, New York: Simon&Schuster, 1995.

Dunbar, Robin and Louise Barrett eds., *The Oxford Handbook of Evolutionary Psychology*, Oxford; New York: Oxford University Press, 2007.

Ellis, Bruce J. and Donald Symons, "Sex Differences in Fantasy: An Evolutionary Psychological Approach", *Journal of Sex Research* 27, 1990, pp.527~556.

Gallese, Vittorio, Morton Ann Gernsbacher et al., "Mirror Neuron Forum", *Perspectives on Psychological Science* 6(4), 2011, pp.369~407.

Gangestad, Steven W. and Randy Thornhil, "Human Sexual Selection and Developmental Stability", eds. Jeffry A. Simpson and Douglas T. Kenrick, *Evolutionary Social Psychology*, Mahwah, N.J.: Erlbaum, 1997, pp.169~195.

Gottschall, Jonathan and Donald S. Wilson eds., *The Literary Animal: Evolution and the Nature of Narrative*, Evanston: Northwestern Press, 2005.

Iacoboni, Marco, *Mirroring People*, New York: Picador, 2009[『미러링 피플』, 김미선 옮김, 갤리온, 2009].

_____, "Neurobiology of Imitation", *Current Opinion in Neurobiology* 19(6), 2009, pp.661~665.

Larsen Randy J. et al., "Sex Differences in Jealousy: Evolution, Physiology, and Psychology", *Psychological Science* 3, 1992, pp.251~255.

Mouras, Harold et al., "Activation of Mirror-neuron System by Erotic Video Clips Predicts Degree of Induced Erection: An fMRI Study", *NeuroImage* 42, 2008, pp.1142~1150.

Ogas, Ogi and Sai Gaddam, *A Billion Wicked Thoughts*, Dutton, 2011[『포르노 보는 남자, 로맨스 읽는 여자』, 왕수민 옮김, 웅진지식하우스, 2012].

Pinker, Steven, *How the Mind Works*, New York: Norton, 1997[『마음은 어떻게 작동하는가』, 김한영 옮김, 동녘사이언스, 2007].

Rizzolatti, Giacomo and Maddalena Fabbri-Destro, "Mirror Neurons: From Discovery to Autism", *Exp. Brain Res.* 200(3-4), 2010, pp.223~237.

Salmon, Catherine and Donald Symons, *Warrior Lovers: Erotic Fiction, Evolution and Female Sexuality*, New Haven: Yale University Press, 2001.

Symons, Donald, *The Evolution of Human Sexuality*, Oxford; New York: Oxford University Press, 1979[『섹슈얼리티의 진화』, 김성한 옮김, 한길사, 2007].

Trivers, Robert, "Parental Investment and Sexual Selection", ed. Bernard Campbell, *Sexual Selection and the Descent of Man: 1871-1971*, Chicago: Aldine, 1972, pp.136~179.

2장 / 미래의 포르노는 어떤 미래를 만드는가? · 김운하

매즐리시, 브루스, 『네번째 불연속』, 김희봉 옮김, 사이언스북스, 2001.

보드리야르, 장, 『섹스의 황도』, 정연복 옮김, 솔출판사, 1993.

손화철 외, 『욕망하는 테크놀로지』, 동아시아, 2009.

아즈마 히로키, 『동물화하는 포스트모던』, 이은미 옮김, 문학동네, 2007.

엘륄, 자크, 『기술의 역사』, 박광덕 옮김, 한울, 1996.

캘리, 케빈, 『기술의 충격』, 이한음 옮김, 민음사, 2011.

한병철, 『피로사회』, 김태환 옮김, 문학과지성사, 2012.

해러웨이, 다나, 『유인원 사이보그 그리고 여자』, 민경숙 옮김, 동문선, 2002.

Levy, David, *Sex with Robots: The Evolution of Human-Robot Relationships*, New York: HarperCollins, 2007.

3장 / 실재를 향한 열정으로서 포르노 · 김종갑

기든스, 앤서니, 『현대사회의 성 사랑 에로티시즘: 친밀성의 구조 변동』, 황정미 외 옮김, 새물결, 2003.

_____, 『현대성과 자아정체성: 후기 현대의 자아와 사회』, 권기돈 옮김, 새물결, 2010.

김민·곽재분, 「디지털 미디어 시대 청소년 사이버섹스 중독」, 『순천향 인문과학논총』 29, 2011.

래쉬, 스콧, 『포스트모더니즘과 사회학』, 김재필 옮김, 한신문화사, 1993.

매킨타이어, 알레스데어, 『덕의 상실』, 이진우 옮김, 문예출판사, 1997.

박창호, 「탈맥락적 삶과 문화적 혼란」, 『사회이론』 27, 2005, 115~139쪽.

벨, 다니엘, 『정보화 사회와 문화의 미래』, 디자인하우스, 1992.

브룩스, 피터, 『육체와 예술』, 이봉지 외 옮김, 문학과지성사, 2000.

오가스, 오기·사이 가담, 『포르노 보는 남자, 로맨스 읽는 여자』, 왕수민 옮김, 웅진지식하우
　스, 2012.

윤예진·신성만, 「대학생의 사이버섹스 중독과 권태감, 삶의 의미, 신앙 성숙도와의 관계」,
　『한국기독교상담학회지』 18, 2009, 187~216쪽.

이노우에 세쓰코, 『15조 원의 육체산업: AV시장을 해부하다』, 임경화 옮김, 씨네21, 2009.

지젝, 슬라보예, 『삐딱하게 보기』, 김소연 옮김, 시각과언어, 1995.

_____, 『실재의 사막에 오신 것을 환영합니다』, 이현우·김희진 옮김, 자음과모음, 2011.

칼비노, 이탈로, 『반쪼가리 자작』, 이현경 옮김, 민음사, 2010.

_____, 『존재하지 않는 기사』, 이현경 옮김, 민음사, 2010.

쿤, 아네트, 『이미지의 힘』, 이형식 옮김, 동문선, 1995.

헌트, 린, 『포르노그라피의 발명: 외설성과 현대성의 기원, 1500~1800』, 조한욱 옮김, 책세
　상, 1996.

Badiou, Alain, "The Passion for the Real and the Montage of Semblance", *The Century*,
　trans. Alberto Toscano, Cambridge; Malden, MA: Polity Press, 2007, pp.48~57.

Baumeister, Roy F., *Identity: Cultural Change and the Struggle for Self*, Oxford; New
　York: Oxford University Press, 1986.

Berger, John, *Understanding a Photograph: Selected Essays*, London: Pelican, 1972.

Foucault, Michel, *Discipline and Punish: The Birth of the Prison*, New York: Vintage,
　1995.

_____, *The Order of Things: An Archaeology of the Human Sciences*, New York:
　Vintage, 1994.

Freud, Sigmund, "The Uncanny", ed. James Strachey, *The Standard Edition of the
　Complete Psychological Works of Sigmund Freud* XVII, London: The Hogarth
　Publication, 1964.

Leahy, Michael, *Porn @ Work: Exposing the Office's #1 Addiction*, New York: Northfield
　Publication, 2009.

_____, *Porn Nation*, Chicago: Northfield Publication, 2008.

Maltz, Wendy and Larry Maltz, *The Porn Trap: The Essential Guide to Overcoming
　Problems Caused by Pornography*, New York: William Morrow Paperbacks, 2009.

Marcus, Steven, *The Other Victorians: A Study of Sexuality and Pornography in Mid-Nineteenth-Century England*, New York: Transaction Publication, 2008.

Martin, Emily, *Flexible Bodies: Tracking Immunity in American Culture from the Days of Polio to the Age of AIDS*, Boston: Beacon Press, 1994.

Mundinger-Klow, Garth, *Sperm Gone Wild: Bukkake, Gokkun, and the Addiction to Cum*, New York: Olympia Publication, 2010.

Need, Lynda, *The Female Nude: Art, Obscenity and Sexuality*, London: Routledge, 1992.

Radcliffe-Brown, Alfedo R., *The Andaman Islanders*, Cambridge: Cambridge University Press, 1933.

Shattuck, Roger, *Forbidden Knowledge From Prometheus to Pornography*, New York: Mariner Books, 1997.

Taylor, Charles, *A Secular Age*, Cambridge: Harvard University Press, 2007.

Wahler, Jeremy, *45 Years of Sex Addiction and Perversion: True Erotic Stories and Sexual Confessions*, Amazon Digital Services, 2010.

Williams, Linda, *Hard Core: Power, Pleasure, and the "Frenzy of the Visible"*, Berkeley: University of California Publication, 1999.

Wilson, Bryan, "Secularization and Its Discontents", *Modernity: Critical Concepts* II, London: Routledge, 1999, pp.218~235.

Zizek, Slavoj, *Metastases of Enjoyment*, London: Verso, 1994.

4장 / 법은 포르노를 어떻게 판단하는가? · 서윤호

강대출, 「음란물의 판단기준」, 『법제와 입법』 3, 2008.

강진철, 「포르노그라피에 대한 법철학적 고찰」, 『법철학연구』 1, 1998.

권창국, 「음란물의 형법적 규제에 관한 문제점의 검토」, 『형사정책연구』 13, 2002.

김민철, 『포르노를 허하라』, 철학과현실사, 2012.

김영환·이경재, 『음란물의 법적 규제 및 대책에 관한 연구: 포르노그래피에 대한 형사정책적 대책』, 형사정책연구원, 1992.

김희준, 「사이버범죄의 개념과 대응방안」, 『해외연수검사논문집』 18, 2003.

류전철·이형일, 「사이버음란물 유포행위의 형사법적 규제」, 『법학논총』, 2007.

박미숙, 『성표현물의 음란성 판단기준에 관한 연구』, 형사정책연구원, 2001.

박선영, 『가상공간에서의 성표현의 자유와 법적 제한』, 한국법제연구원, 2002.

박용상, 「표현의 자유와 음란규제 및 청소년 보호」, 『헌법논총』 13, 2002.

박종성, 『포르노는 없다: 권력에 대한 복잡한 반감의 표현』, 인간사랑, 2003.

박희영, 「사이버음란물의 유포행위와 형사책임」, 『법학연구』 43(1), 2002.

오생근·윤혜준, 『성과 사회: 담론과 문화』, 나남, 1998.

이용식, 「성적 표현의 형법적 통제에 대한 비판적 고찰」, 『형사정책』 18(1), 2006.

임지봉, 「대법원의 음란성 판단기준에 대한 비판적 검토」, 『민주법학』 29, 2005.

조국, 「음란물 또는 포르노그래피 소고」, 『법학』 44(4), 2003.

_____, 『형사법의 성편향』, 제2판, 박영사, 2004.

5장 / '여성의 몸'과 불가능한 주이상스 · 김석

김민·곽재분, 「디지털 미디어 시대 청소년 사이버섹스 중독」, 『순천향 인문과학논총』 29, 순천향대학교, 2011.

김석, 「남자의 사랑, 여자의 사랑: 「색·계」를 중심으로」, 『라깡과 현대정신분석』 10, 한국라깡과현대정신분석학회, 2008.

_____, 『에크리, 라캉으로 이끄는 마법의 문자들』, 살림, 2007.

김수기·서동진·엄혁 엮음, 『섹스 포르노 에로티즘: 쾌락의 악몽을 넘어서』, 현실문화연구, 1994.

김주환, 『디지털 미디어의 이해』, 생각의 나무, 2008.

라캉, 자크, 『정신분석의 네 가지 근본개념』, 맹정현·이수련 옮김, 새물결, 2008.

맥아피, 노엘, 『경계에 선 줄리아 크리스테바』, 이부순 옮김, 앨피, 2007.

버스, 데이비드 M., 『마음의 기원』, 김교헌 외 옮김, 나노미디어, 2005.

보드리야르, 장, 『시뮬라시옹』, 하태완 옮김, 민음사, 2001.

브룩스, 피터, 『육체와 예술』, 이봉지 외 옮김, 문학과지성사, 2000.

스톡, 웬디, 「여성에게 미치는 포르노의 영향」, 전석호 엮음, 『포르노 섹스 그리고 미디어』, 가산, 1999.

시먼스, 도널드, 『섹슈얼리티의 진화』, 김성한 옮김, 한길사, 2007.

어빈, 윌리엄 B., 『욕망의 발견』, 윤희기 옮김, 까치, 2008.

오가스, 오기·사이 가담, 『포르노 보는 남자, 로맨스 읽는 여자』, 왕수민 옮김, 웅진지식하우스, 2011.

이노우에 세쓰코, 『15조 원의 육체산업: AV시장을 해부하다』, 임경화 옮김, 씨네21, 2009.

지젝, 슬라보예, 『향락의 전이』, 이만우 옮김, 인간사랑, 2002.

지젝, 슬라보예 외, 『성관계는 없다』, 김영찬 외 옮김, 도서출판b, 2005.

크리스테바, 줄리아, 『공포의 권력』, 서민원 옮김, 동문선, 2001.

_____, 『시적 언어의 혁명』, 김인환 옮김, 동문선, 2000.

프로이트, 지그문트, 『성욕에 관한 세 편의 에세이』, 김정일 옮김, 열린책들, 2003.

_____, 『예술, 문학, 정신분석』, 정장진 옮김, 열린책들, 2004.

_____, 『정신분석학의 근본개념』, 윤희기 옮김, 열린책들, 2003.

핑크, 브루스, 『라캉과 정신의학』, 맹정현 옮김, 민음사, 2002.

Bernard, Girard, "Comprendre l'explosion de la pornographie", Paris: n.p., 2008.

Copjec, Joan, *Imagine There's No Woman*, London: MIT Press, 2004.

Lacan, Jacques, *Écrits*, Paris: Seuil, 1996.

_____, *Le Séminaire livre VII: L'éthique de la psychanalyse*, Paris: Seuil, 1986.

_____, *Le Séminaire livre XI: Les quatre concepts fondamentaux de la psychanalyse*,
    Paris: Seuil, 1973.

Laplanche, J. et J.-B. Pontalis, *Vocabulaire de la psychanalyse*, Paris: PUF, 1992.

Philippe Sollers, "Préface", *Dictionnaire de la psychanalyse*, Encyclopaedia Universalis,
    Paris: Albin Michel, 2002.

Sylvie, Richard-Bessette, "La pornographie, ou la dominance sexuelle rendue sexy",
    Paris: n.p., 2011.

김도형, 「일본 AV 배우 5만 엔에도 벗어요」, 『한겨레신문』, 2012년 4월 19일자.

남원상, 「일 변태클럽 '해프닝바'에선 무슨 일이……」, 『동아일보』, 2010년 6월 8일자.

헬스조선 편집팀, 「음란물 중독에 관한 3가지 궁금증」, 『조선일보』, 2010년 1월 8일자.

6장 / 여자도 포르노를 할 수 있을까? · 이은정

밀레, 카트린, 『카트린 M의 성생활』, 이세욱 옮김, 열린책들, 2010.

서동진, 「누가 성 정치학을 두려워하랴!」, 김수기·서동진·엄혁 엮음, 『섹스 포르노 에로티
    즘: 쾌락의 악몽을 넘어서』, 현실문화연구, 1994.

시먼스, 도널드·캐서린 새먼, 『낭만 전사』, 임동근 옮김, 이음, 2005.

아즈마 히로키, 『동물화하는 포스트모던』, 이은미 옮김, 문학동네, 2010.

알베로니, 프란체스코, 『여자는 로맨스하고 싶고 남자는 포르노하고 싶다』, 최선희 옮김, 거
    송미디어, 1998.

오가스, 오기·사이 가담,『포르노 보는 남자, 로맨스 읽는 여자』, 왕수민 옮김, 웅진지식하우스, 2011.

조영미,「한국 페미니즘 성연구의 현황과 전망」, 한국성폭력상담소 엮음,『섹슈얼리티 강의』, 동녘, 2004.

Freud, Sigmund, "Au-delà du principe de plaisir", *Essai de la psychanalyse*, trans. Samuel Jankélévitch, Paris: Payot, 1976[『쾌락원칙을 넘어서』, 박찬부 옮김, 열린책들, 1997].

_____, *Trois essais sur la théorie sexuelle*, trans. Philippe Koeppel, Paris: Gallimard, 1998[『성욕에 관한 세 편의 에세이』, 김정일 옮김, 열린책들, 1998].

Henry, Michel, *Généalogie de la psychanalyse*, Paris: PUF, 1985.

_____, *Incarnation: Une philosophie de la chair*, Paris: Seuil, 2000[『육화, 살의 철학』, 박영옥 옮김, 자음과모음, 2012].

_____, *Phénoménologie matérielle*, Paris: PUF, 1990[『물질 현상학』, 박영옥 옮김, 자음과모음, 2012].

_____, *Philosophie et phénoménologie du corps*, Paris: PUF, 2003.

Kierkegaard, Søren, *Le concept de l'angoisse*, trans. Knud Ferlov et Jean-Jacques Gateau, Paris: Gallimard, 1994[『불안의 개념』, 임규정 옮김, 한길사, 1999].

Ovidius, *Les métamorphoses*, trans. Danièle Robert, Arles: Actes Sud, 2001[『변신 이야기』, 이윤기 옮김, 민음사, 1998].

Sade, Donatien Alphonse François, *La philosophie dans le boudoir*, Paris: Gallimard, 1993[『규방철학』, 이충훈 옮김, 도서출판b, 2008].

7장 / 남성 성자유주의를 넘어 · 이명호

김두식,『욕망해도 괜찮아』, 창비, 2012.

김수기·서동진·엄혁 엮음,『섹스 포르노 에로티즘: 쾌락의 악몽을 넘어서』, 현실문화연구, 1994.

김종갑,「실재를 향한 열정으로서 포르노」,『포르노(Pornography)를 말한다』건국대학교 몸문화연구소 2012년 춘계 학술대회 발표집, 2012, 57~73쪽.

박종성,『포르노는 없다: 권력에 대한 복잡한 반감의 표현』, 인간사랑, 2003.

발리바르, 에티엔,『대중들의 공포』, 서관모·최원 옮김, 도서출판b, 2008.

신상숙,「성폭력의 의미구성과 '성적 자기결정권'의 딜레마」,『여성과사회』13, 2001, 6~43

쪽.

심영희, 「포르노의 법적 규제와 페미니즘」, 『한국여성학』 10, 1994.

오가스, 오기·사이 가담, 『포르노 보는 남자, 로맨스 읽는 여자』, 왕수민 옮김, 웅진지식하우스, 2011.

운동사회성폭력뿌리뽑기100인위원회, 「쥐는 언제나 고양이를 물어서는 안 된다?」, 『경제와사회』 49, 2001, 150~176쪽.

이나영, 「포르노그래피, 억압과 해방의 이분법을 넘어서」, 한국성폭력상담소 기획, 변혜정 엮음, 『섹슈얼리티 강의, 두번째』, 동녘, 2006, 277~311쪽.

이노우에 세쓰코, 『15조 원의 육체산업: AV시장을 해부하다』, 임경화 옮김, 씨네21, 2009.

이재현, 「포르노티즘과 에로그라피 2-1」, 『문화과학』 11, 1997, 113~122쪽.

_____, 「Do the Right thing: 욕설의 진술을 통한 역설의 진술」, 『문학과사회』, 1997년 봄호, 82~96쪽.

주유신, 「포르노그래피와 여성의 성적 주체성: 페미니스트 포르노 논쟁과 두 편의 텍스트를 중심으로」, 『영화연구』 26, 2006, 397~422쪽.

지젝, 슬라보예, 『삐딱하게 보기』, 김소연 옮김, 시각과 언어, 1995.

최성희, 「자아로부터의 비상, 에로스」, 이희원·이명호·윤조원 엮음, 『페미니즘: 차이와 사이』, 문학동네, 2011, 83~109쪽.

헌트, 린, 『포르노그라피의 발명: 외설성과 현대성의 기원, 1500~1800』, 조한욱 옮김, 책세상, 1996.

황정미, 「성폭력의 정치에서 젠더정치로」, 『경제와사회』 49, 2001, 177~199쪽.

Butler, Judith, "The Force of Fantasy: Feminism, Mapplethorpe, and Discursive Excess"; Carter, Angela, "Polemical Preface: Pornography in the Service of Women"; MacKinnon, Catharine A., "Not a Moral Issue"; Russell, Diana E. H., "Pornography and Rape: A Causal Model", *Feminism and Pornography*, New York: Oxford University Press, 2000.

Carter, Angela, "Polemical Preface: Pornography in the Service of Women", ed. Drucilla Cornell, *Feminism and Pornography*, Oxford, UK; New York: Oxford University Press, 2000.

Cornell, Drucilla, *The Imaginary Domain: Abortion, Pornography and Sexual Harassment*, New York: Routledge, 1995.

Coward, Ros, "Sexual Violence and Sexuality", ed. Feminist Review, *Sexuality: A Reader*, London: Virage, 1987, pp.307~326.

Dworkin, Andrea and Catharine MacKinnon, *Pornography and Civil Rights: A New Day*, Minneapolis: Organizing Against Pornography, 1988.

MacKinnon, Catharine A., *Feminism Unmodified: Discourse on Life and Law*, London: Harvard University Press, 1987.

_____, *Only Words*, Cambridge, Mass.: Harvard University Press, 1993.

Marcus, Steven, *The Other Victorians: A Study of Sexualtiy and Pornography in Mid-Nineteenth-Century England*, New York: Transaction Publication, 2008.

최수태, 「욕망해도 괜찮아? '강부자', '고소영', '김재철' 도?!」, 『프레시안』, 2012년 6월 8일자.

찾아보기

지은이 소개

김 석 프랑스 파리8대학에서 「라캉의 욕망하는 주체 개념에 관한 연구」로 박사학위를 받았으며 정신분석 개념과 무의식 이론을 적용해 한국 사회의 여러 현상을 심리적 맥락에서 분석하면서 새로운 주체화 모델을 제시하는 것을 연구하고 있다. 저서로는 『프로이트&라캉: 무의식에로의 초대』, 『에크리: 라캉으로 이끄는 마법의 문자들』, 『프랑스 철학과 문학비평』(공저), 『기억과 몸』(공저), 『인간 본성에 관한 철학이야기』(공저) 등이 있다. 고려대, 시립대, 충북대, 철학아카데미 등에서 철학과 교양강의를 진행했으며 현재 건국대학교 자율전공학부 교수로 재직 중이다.

김운하 서울대학교 사회과학대학 언론정보학과를 졸업하고 미국 뉴욕대 대학원에서 철학 수학. 「죽은 자의 회상」으로 문학사상 신인상을 수상하며 소설가로 등단, 2001년 중편 「자살금지법」으로 동아일보 제1회 인산문학창작기금을 수상한 바 있다. 현재 건국대학교 몸문화연구소 연구원으로 있으며 문화연구 활동도 전개하고 있다. 『137개의 미로카드』, 『그녀는 문밖에 서 있었다』, 『언더그라운더』 등의 소설과 『너무 이른 작별』 등의 번역서와 『애도받지 못한 자들』, 『그로테스크의 몸』 등의 공저가 있고, 2013년 인문에세이 『카프카의 서재』를 출간했다.

김종갑 미국 루이지애나주립대에서 1992년에 박사학위를 취득하고 현재 건국대학교에서 문학비평과 이론을 가르치고 있다. 주된 관심은 몸을 중심으로 한 문화철학에 있으며 몸문화연구소 소장이다. 『타자로서의 몸, 몸의 공동체』, 『문학과 문화 읽기』, 『근대적 몸과 탈근대적 증상』, 『내 몸을 찾습니다』(공저)를 비롯한 많은 저서와 논문이 있다.

서윤호 고려대학교 법학과를 졸업하고 동대학원 법학과 석·박사과정을 마친 후, 독일에 유학하여 함부르크대학교에서 '법존재론과 헤겔의 법개념'으로 법학박사학위를 받았다. 현재 건국대학교에서 학술연구교수로 '이주법제'에 관한 장기간의 연구를 진행하고 있으며, 동시에 몸문화연구소에서 학제 간 연구활동을 적극적으로 펼치고 있다. 저서로는 『사물의 본성과 법사유』가 있으며, 논문으로는 「규범근거지음을 둘러싼 문제」, 「현대 법철학에서 인간 존엄의 문제」 등이 있다. 몸문화연구소에서는 자살, 포르노, 폭력 등 험악하고 미묘한 주제들을 다양한 전공자들과 함께 그야말로 닥치는 대로 연구하면서 사유의 폭을 넓히고 있다.

이명호 1963년 경북 예천에서 태어나 경희대학교 영어영문학과를 졸업했다. 같은 학교에서 석·박사과정을 수료한 후 뉴욕주립대학교 버팔로캠퍼스에서 「아메리카와 애도의 과제: 윌리엄 포크너와 토니 모리슨의 애도작업」으로 박사학위를 받았다. 귀국 후 『여성과사회』 편집장을 역임했고, 현대 미국문학과 비평이론에 대해 다수의 논문을 썼다. 최근에는 기억과 증언의 문제, 감정의 문화정치학, 문화번역학 관련 논의에 관심을 기울이고 있다. 「외상의 기억과 증언의 과제: 프리모 레비의 증언집이 던지는 질문들」, 「공감의 한계와 혐오의 미학: 허만 멜빌의 「서기 바틀비」를 중심으로」, 「문화번역의 정치성: 이국성의 해방과 이웃되기」, 「주체의 복권과 실재의 글쓰기: 슬라보예 지젝의 정신분석적 맑스주의」 등의 논문을 썼다. 현재 경희대학교 영미문화 전공교수로 재직하고 있다.

이은정 프랑스 스트라스부르대학교에서 「정신분석학에 관한 현상학적 비판: 앙리, 프로이트, 라캉」으로 박사학위를 받고, 현재 동국대와 강남대에서 철학강의를 하며, 건국대 몸문화연구소 연구원으로 활동 중에 있다. 현상학과 정신분석학이 주요 연구 분야이며, 현재는 불교 쪽으로 눈을 돌려 연구를 진행하고 있다. '절대 주체성의 철학' 또는 '삶의 현상학'의 관점에서 여러 학문 또는 사상에 관한 비판적 이해를 시도하는 게 주된 연구 방향이다.

장대익 카이스트 기계공학과에서 학사학위를 받은 후 서울대학교 과학사 및 과학철학 협동과정에서 석사와 박사학위를 받았다. 박사학위 중에 영국 런던정경대학교 과학철학센터와 일본 교토대학교 영장류연구소에서 수학했고, 박사학위 후에는 미국 터프츠대학교 인지연구소의 방문연구원을 지냈으며, 이후에 동덕여자대학교 교양교직학부의 교수를 역임했다. 2010년부터 서울대학교 자유전공학부의 교수로 재직 중이며 과학사 및 과학철학 협동과정과 인지과학 협동과정 겸무 교수를 맡고 있다. 주요 연구 분야는 생물철학과 진화학이며, 「호모 리플리쿠스」, 「일반 복제자 이론」, 「이타성의 진화와 선택의 수준 논쟁」 등의 논문과 『다윈의 식탁』, 『종교전쟁』(공저) 등의 저서, 그리고 『통섭』(공역) 등의 역서가 있다. 제11회 대한민국과학문화상(2010)을 수상한 바 있으며, 현재는 문화진화론, 신경인문학, 현대진화론 논쟁 등에 대해 연구 중이다.